21世纪高等院校财经类专业计算机规划教材

U0731419

Excel在经济管理中的应用

——Excel 2013案例驱动教程

李翠梅　于海英　主　编

徐　军　常桂英　副主编

清华大学出版社

北　京

内 容 简 介

本书涵盖了社会生活和企业生产中的大量经典实例,以教学案例为主线,采用任务驱动的方式,深入浅出地介绍了 Excel 2013 的基础知识及其在经济管理中的应用。全书共分为 11 章,前 5 章介绍 Excel 2013 的基础知识,为后面内容的学习奠定基础;从第 6 章开始分别介绍 Excel 在数据统计分析、企业生产和经营管理、销售和业绩管理、信息管理、会计业务处理、金融理财中的应用。力求使学生在掌握 Excel 基础知识的同时,培养其在经济管理中处理数据、分析数据的能力,真正达到"学"以致"用"。为便于读者学习,本书配有电子教案、教学案例和课外实验资料。

本书内容选取精细,章节安排合理紧凑,图文并茂,理论与实践相结合,既可以作为研究生、本科生和专科生学习"Excel 在经济管理中的应用"课程的教材,也可以作为从事经济管理人员的参考用书,还可以作为初学者的自学教材。

图书在版编目(CIP)数据

　Excel 在经济管理中的应用:Excel 2013 案例驱动教程/李翠梅,于海英主编.—北京:清华大学出版社,2014(2021.1重印)
　(21 世纪高等院校财经类专业计算机规划教材)
　ISBN 978-7-302-36422-1

　Ⅰ.①E… Ⅱ.①李… ②于… Ⅲ.①表处理软件－应用－经济管理－高等学校－教材
Ⅳ.①F2-39

　中国版本图书馆 CIP 数据核字(2014)第 096152 号

责任编辑:闫红梅　李　晔
封面设计:傅瑞学
责任校对:李建庄
责任印制:丛怀宇

出版发行:清华大学出版社
　　　网　　　址:http://www.tup.com.cn,http://www.wqbook.com
　　　地　　　址:北京清华大学学研大厦 A 座　　　　邮　　　编:100084
　　　社 总 机:010-62770175　　　　　　　　　　　邮　　　购:010-83470235
　　　投稿与读者服务:010-62776969,c-service@tup.tsinghua.edu.cn
　　　质量反馈:010-62772015,zhiliang@tup.tsinghua.edu.cn
　　　课件下载:http://www.tup.com.cn,010-83470236
印 装 者:三河市铭诚印务有限公司
经　　　销:全国新华书店
开　　　本:185mm×260mm　　　**印　　　张:**14.75　　　**字　　　数:**363 千字
版　　　次:2014 年 8 月第 1 版　　　　　　　　　　　**印　　　次:**2021 年 1 月第 8 次印刷
印　　　数:12501～13500
定　　　价:39.00 元

产品编号:059650-02

本教材是《21世纪高等院校财经类专业计算机规划教材》之一，结合当前财经类专业计算机基础教学"面向应用，加强基础，普及技术，注重融合，因材施教"的理念，将计算机基础教学与财经类专业设置相结合，旨在培养学生应用计算机技术解决经济、管理、金融等专业领域问题的能力。本系列教材结合财经类专业特点来组织和设计教学内容，秉承以教学案例为重点、以学生实践为主体、以教师讲授为主导的教学理念，也是为了适应财经类院校进行面向现代信息技术应用的计算机教育改革需求而编制。

本教材以 Excel 2013 软件作为运行环境，书中所有教学案例和课外实验均由编者做了认真的设计和调试，确保能够正确使用，同时也可在 Excel 2007 或 Excel 2010 环境下运行。全书共分为11章，前5章介绍了 Excel 2013 的基础知识，为后面内容的学习奠定基础；从第6章开始分别介绍了 Excel 在数据统计分析、企业生产和经营管理、销售和业绩管理、信息管理、会计业务处理、金融理财中的应用。具体安排如下：

第1章 Excel 工作簿；第2章 Excel 工作表；第3章 Excel 数据填充与数据导入；第4章 Excel 公式的应用与数据处理；第5章 Excel 图表应用；第6章 Excel 在数据统计分析中的应用；第7章 Excel 在企业生产和经营管理中的应用；第8章 Excel 在销售和业绩管理中的应用；第9章 Excel 在信息管理中的应用；第10章 Excel 在会计业务处理中的应用；第11章 Excel 在金融理财中的应用。

本书特色

1. 经济管理、结合专业
2. 内容翔实、体系完整
3. 案例丰富、短小精悍
4. 接近工作、实用性强
5. 一线教学、由浅入深
6. 强调技巧、设计独特
7. 图文并茂、通俗易懂
8. 一书在手、工作无忧

本书作者长期从事计算机及相关专业的教学，具有丰富的教学和教材编写经验。其中常桂英编写了第1章、第2章、第4章；徐军编写了第3章、第5章、第10章、第11章；于海英编写了第6章、第7章；李翠梅编写了第8章，第9章。本书由李翠梅、于海英任主编，对全书进行了统稿与审核；徐军、常桂英任副主编，对全书做了修改与校对。

　　为了配合教学和参考，本书提供了配套的电子教案、教学案例、课外实验，读者可到清华大学出版社网站（http：//www. tup. tsinghua. edu. cn）下载。

　　由于编者水平有限，书中难免有疏漏与错误之处，衷心希望广大读者批评、指正。

编　者

2014 年 5 月

目录

CONTENTS

VII

第 1 章　Excel 工作簿

本章说明：

  Excel 主要是以电子表格的方式来实现数据的输入、计算、分析、制表、统计，并能根据数据生成各种统计图形。Excel 的工作方式是为用户提供工作簿，每一个工作簿包含若干张工作表，用户在工作表中完成各种数据的处理，最后将工作簿以文件的形式保存或打印输出。本章主要介绍 Excel 工作簿的创建、打开、保存、关闭、页面设置、打印等操作。

本章主要内容：

- ➢ 工作簿窗口的组成
- ➢ 创建工作簿
- ➢ 打开工作簿
- ➢ 保存工作簿
- ➢ 关闭工作簿
- ➢ 打印工作簿
- ➢ 保护工作簿

本章拟解决的重要问题:

1. Excel 工作簿由哪些部分组成?
2. 如何通过名称框进行单元格范围的选取?
3. 如何定义区域名称?
4. 如何创建工作簿?
5. 工作簿的打开方式有哪些?
6. 如何设置工作簿的自动保存?
7. 工作簿的常用关闭方式有哪些?
8. 如何进行打印设置?
9. 如何给工作簿添加密码?
10. 如何修改工作簿密码?

1.1 工作簿窗口的组成

Excel 的工作簿由一张或若干张表格组成,每一张表格称为一个工作表,如图 1-1 所示。Excel 2013 系统将每一个工作簿作为一个文件保存,其扩展名为".xlsx"。

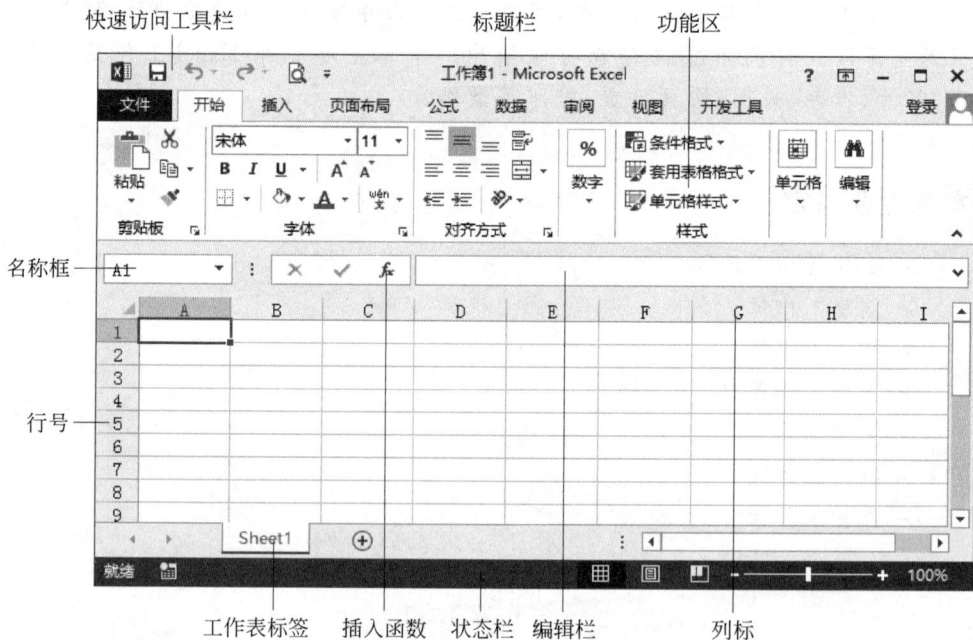

图 1-1 Excel 工作簿窗口的组成

启动 Excel 时,系统会默认创建一个名为"工作簿 1"的空白工作簿,该工作簿包含 1 个空白工作表 Sheet1,此后依次创建的工作簿会被自动命名为工作簿 2、工作簿 3……默认情况下,工作簿名称显示在 Excel 程序窗口标题栏正中间。

1.1.1 标题栏

在使用 Excel 时,标题栏有如下作用:

(1) 判断是否是当前窗口。

(2) 显示当前工作簿的文件名,默认为工作簿 1、工作簿 2……保存后显示的是文件名。

(3) 在标题栏上双击可以最大化或还原当前工作簿窗口。

(4) 标题栏右端是控制按钮,包括最小化、最大化、关闭按钮。

(5) 标题栏左端是快速访问工具栏。系统默认有保存、撤销、恢复命令,单击 ▾ 按钮,从展开的列表中选择某一命令,可以将其添加到快速访问工具栏中,如图 1-2 所示。

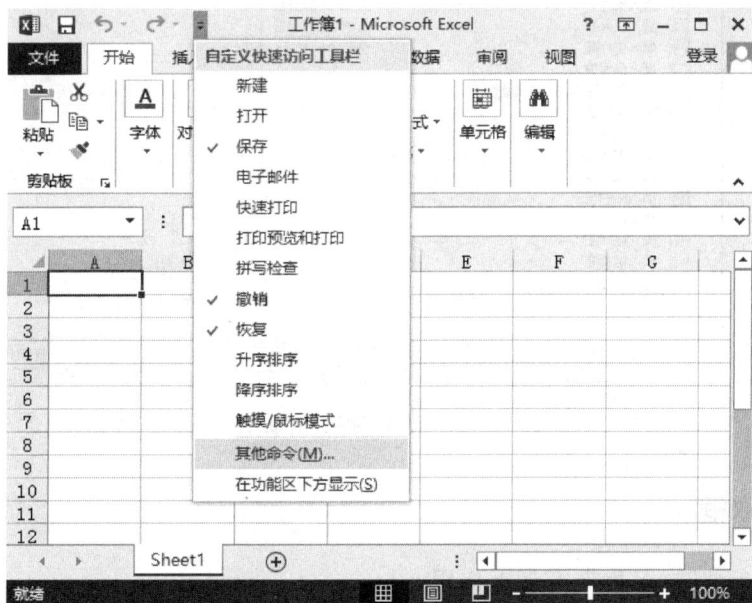

图 1-2   Excel 中的自定义快速访问工具栏

在图 1-2 中,单击"其他命令"命令,弹出"Excel 选项"对话框,如图 1-3 所示,利用该对话框可以将更多命令添加到快速访问工具栏。

例如,将"插入控件"命令添加到快速访问工具栏,可以在"Excel 选项"对话框左侧选择"快速访问工具栏"选项,在"从下列位置选择命令"下拉列表框中选择"所有命令"选项和"插入控件"选项,单击"添加"按钮或双击"插入控件"选项,便在快速访问工具栏中显示 🧰▾ 按钮。

1.1.2 功能区

Excel 的基本功能都可在功能区中实现,功能区中包括开始、插入、页面布局、公式、数据、审阅、视图等选项卡,功能区左端是文件菜单,单击"文件"菜单,展开页面左侧列表中包括新建、打开、保存、选项和关闭等命令。

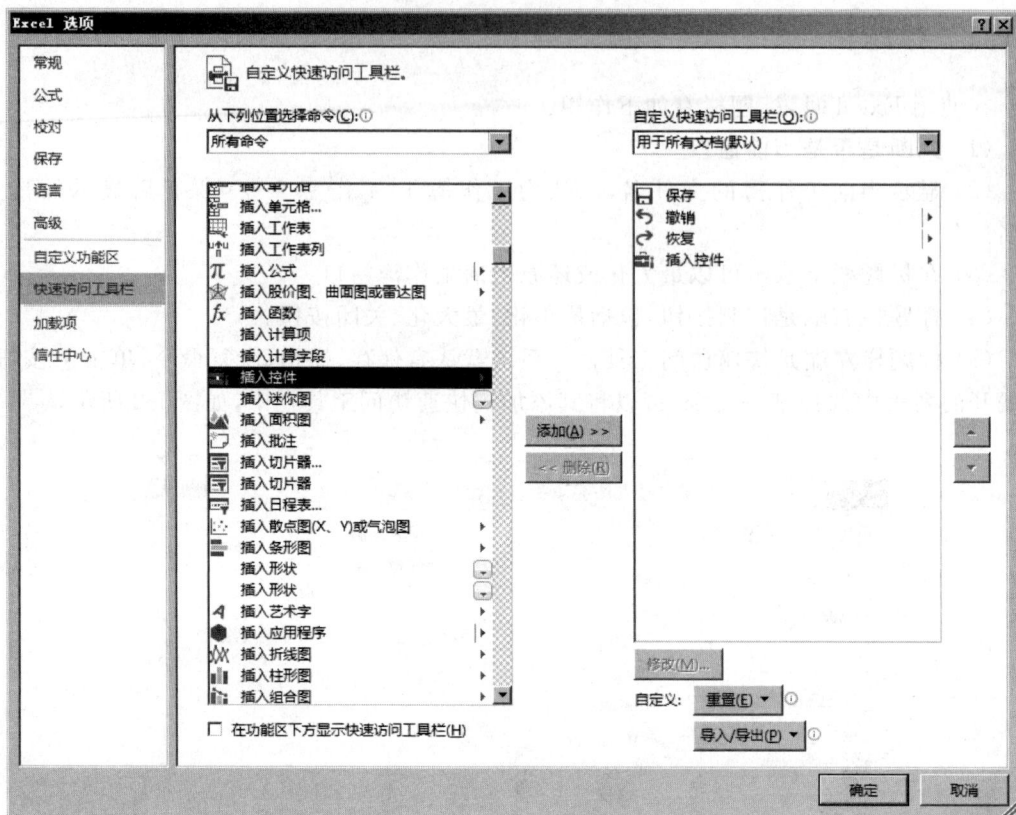

图 1-3 "Excel 选项"对话框

1.1.3 名称框

在使用 Excel 时,名称框有如下作用:

(1) 显示当前单元格,例如在 A1 单元格单击后在名称框中显示 A1。

(2) 进行单元格的定位,例如要定位的单元格为 B5000,如果通过滚动条选择到 B5000 的单元格会很麻烦,可以直接在名称框中输入"B5000",系统会自动定位到 B5000 单元格。

(3) 进行范围选取,利用名称框可以选择指定的行或列,如表 1-1 和表 1-2 所示。例如,输入"100:100"可以选定第 100 行单元格;输入"C:C"可以选定第 C 列等;还可以选取数据区域,例如,输入"A1:C100"可以选定 100 行 3 列数据区域。

表 1-1 引用运算符

运算符	含 义	示 例
:(冒号)	区域运算符,生成对两个引用之间所有单元格的引用(包括这两个引用)	B5:B15
,(逗号)	联合运算符,将多个引用合并为一个引用	SUM(B5:B15,D5:D15)
␣(空格)	交集运算符,生成对两个引用中共有的单元格的引用	B7:D7 C6:C8

表 1-2　范围选取

进行范围选取	在名称框输入
选取第 1 行所有单元格	1:1
选取第 1 行到第 8 行所有单元格	1:8
选取第 1 行,第 3～5 行所有单元格	1:1,3:5
选取 C 列所有单元格	C:C
选取 A 列到 C 列所有单元格	A:C
选取 A 列、C 列到 E 列及 H 列所有单元格	A:A,C:E,H:H
选取 A1 单元格到 C100 单元格	A1:C100
选取 A1 单元格到 C10 单元格,F15 单元格到 I40 单元格	A1:C10,F15:I40
选取 A1、B7、C5、F10 单元格	A1,B7,C5,F10

1.1.4　编辑栏

在使用 Excel 时,编辑栏有如下作用:

(1) 修改数据,单击要修改的单元格,在编辑栏中修改单元格内容。

(2) 录入数据,在名称框中定位单元格后,直接在编辑栏中输入要录入的数据。

(3) 定义公式,定义公式时先在编辑框中输入等号,然后输入相应的公式;也可单击插入函数按钮 f_x 插入函数。

1.1.5　工作表视图

Excel 工作表是由若干行和列组成的一张表格。

(1) 工作表行号,用 1,2,3,…来表示行数,共有 1 048 576 行。

(2) 工作表列标,用 A,B,…,Z,AA,AB,…,AZ,BA,BB,…,BZ 的规律来表示列数,一直到 XFD 列共有 16 384 列。

(3) 网格线,Excel 中网格线是指工作表中行列间的直线,用户可以根据情况来确定是否使用网格线或修改网格线的颜色。

网格线的隐藏:选择"视图"→"显示"→"网格线"选项,可以显示或隐藏网格线,在"视图"选项卡中也可以显示或隐藏编辑栏、标题(即行号和列标)等,如图 1-4 所示。

修改网格线颜色,可在"Excel 选项"对话框中选择"高级"选项,在"网格线颜色"下拉列表框中选择相应的颜色,如图 1-5 所示。

1.1.6　工作表标签及滚动按钮

工作表标签位于窗口的左下方,用于显示工作表名称。右击工作表标签,利用弹出的快捷菜单可以实现插入、删除、重命名、移动或复制工作表、修改工作表标签颜色及保护工作表等功能;双击工作表标签可直接修改工作表名称。

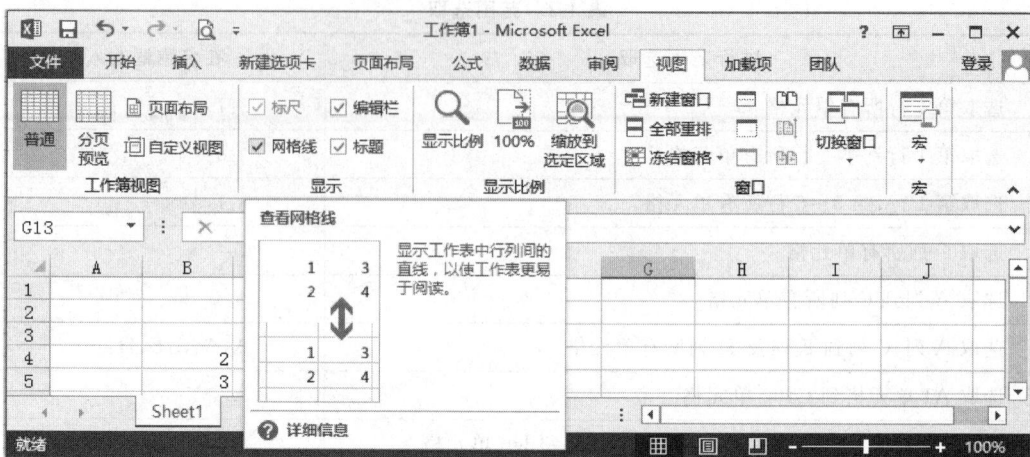

图 1-4　显示或隐藏网格线

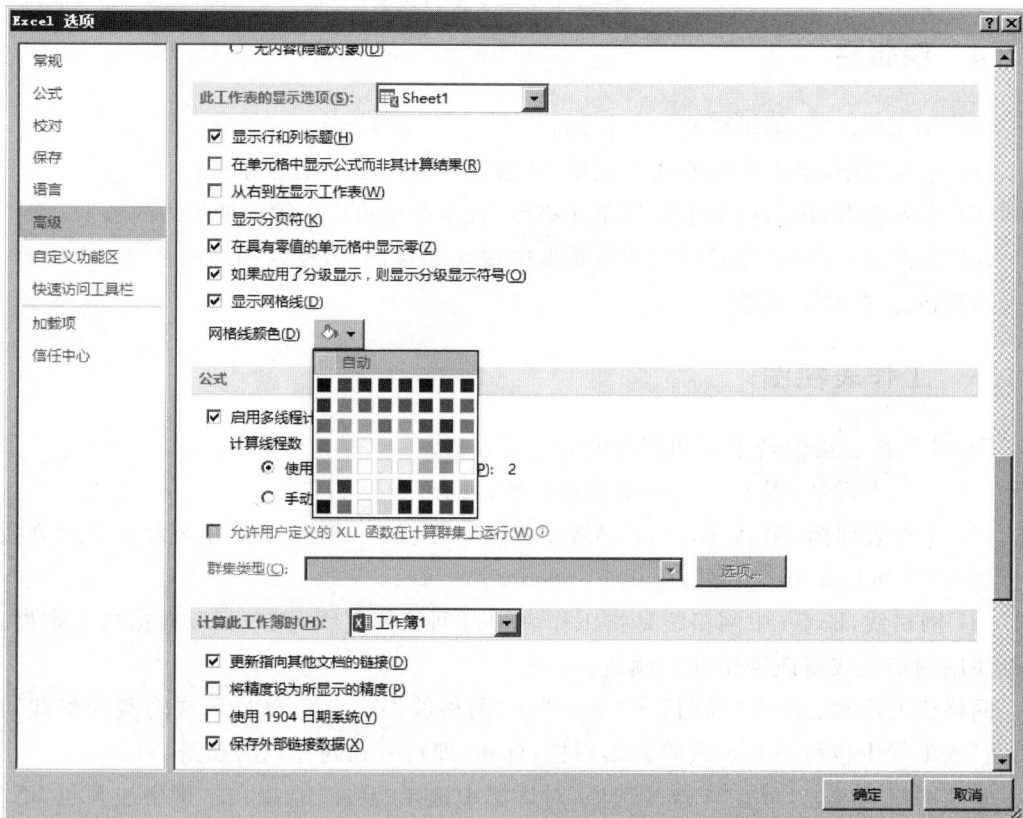

图 1-5　修改网格线颜色

　　在工作表标签区有两个滚动按钮："前一个工作表"按钮 ◀ 和"后一个工作表"
按钮 ▶，按住 Ctrl 键结合这两个按钮，可以快速跳转到第一个工作表或最后一个工
作表。

1.1.7　状态栏

状态栏位于操作界面的底部，显示当前工作的状态和显示比例等。右击状态栏可显示"自定义状态栏"下拉菜单，如图1-6所示。利用该列表可以设置如单元格模式、权限、平均值、最小值、最大值、求和等状态或值是否在状态栏中显示。单击菜单中的某一项，使其前面出现或取消"√"符号，可控制该项在状态栏上是否显示。

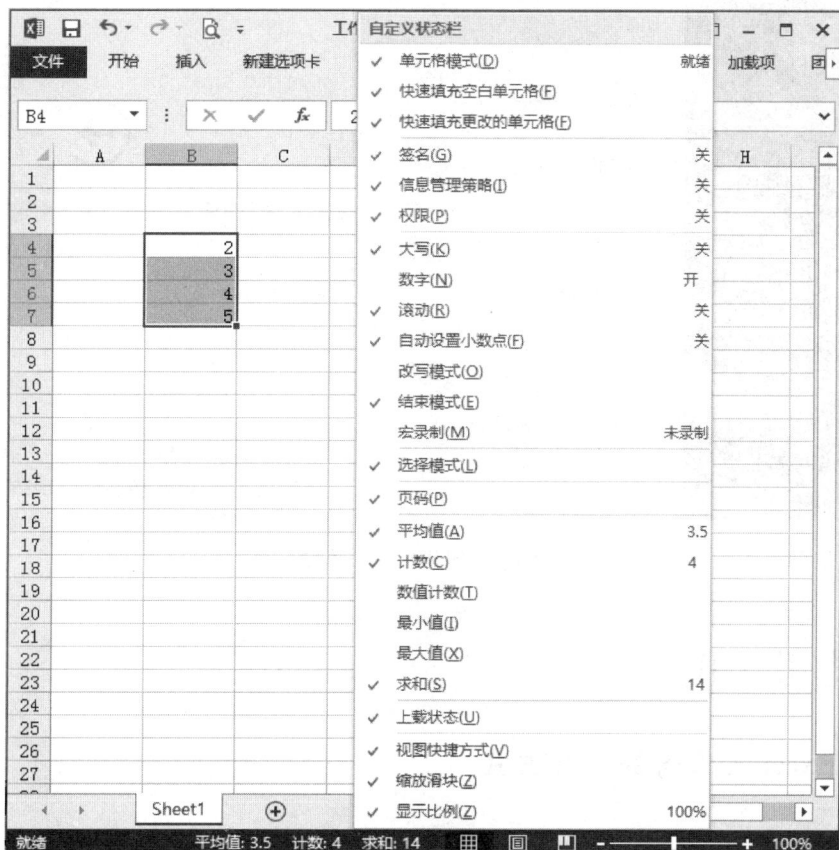

图1-6　自定义状态栏

1.2　创建工作簿

Excel启动时，系统会自动根据"空白工作簿"模板创建一个空白工作簿。用户可以利用"文件"菜单或快捷键创建新的工作簿。

（1）利用文件菜单创建：单击"文件"菜单，打开Backstage视图，该视图默认显示的是当前工作簿的属性信息；从左侧列表中选择"新建"命令，然后选择本地模板或联机模板，系统会根据选定的模板样式创建新工作簿，如图1-7所示。

（2）利用快捷键创建：在Excel启动后，按Ctrl＋N组合键，会自动创建空白工作簿。

图 1-7　创建空白工作簿

1.3　打开工作簿

1.3.1　Excel 工作簿的打开方式

1. 打开 Excel 工作簿

在没有启动 Excel 的情况下，可以直接进入要打开工作簿所在的文件夹，双击要打开的工作簿，或者右击该工作簿，从弹出的快捷菜单中选择"打开"命令即可打开工作簿。在启动 Excel 的情况下，单击"文件"→"打开"命令，在打开的 Backstage 视图中选择"计算机"→"浏览"命令，弹出"打开"对话框，如图 1-8 所示，在"打开"对话框中根据路径查找到所要打开的工作簿，单击"打开"按钮（默认选择的是"打开"下拉列表框中的"打开"命令），即可直接打开此工作簿。

2. 以只读方式打开 Excel 工作簿

如果不希望内容审阅者无意间修改文件，可以"以只读方式打开"Excel 工作簿。以只读方式打开的 Excel 工作簿，可以查看原始文件，但无法保存对它的更改。单击"文件"→"打开"命令，在打开的 Backstage 视图中选择"计算机"→"浏览"命令，弹出"打开"对话

框,在"打开"对话框中根据路径查找到所要打开的工作簿,然后单击"打开"按钮旁的 ▼
按钮,从下拉列表框中选择"以只读方式打开"选项,即可以只读方式打开 Excel 工作簿,
如图 1-8 所示。

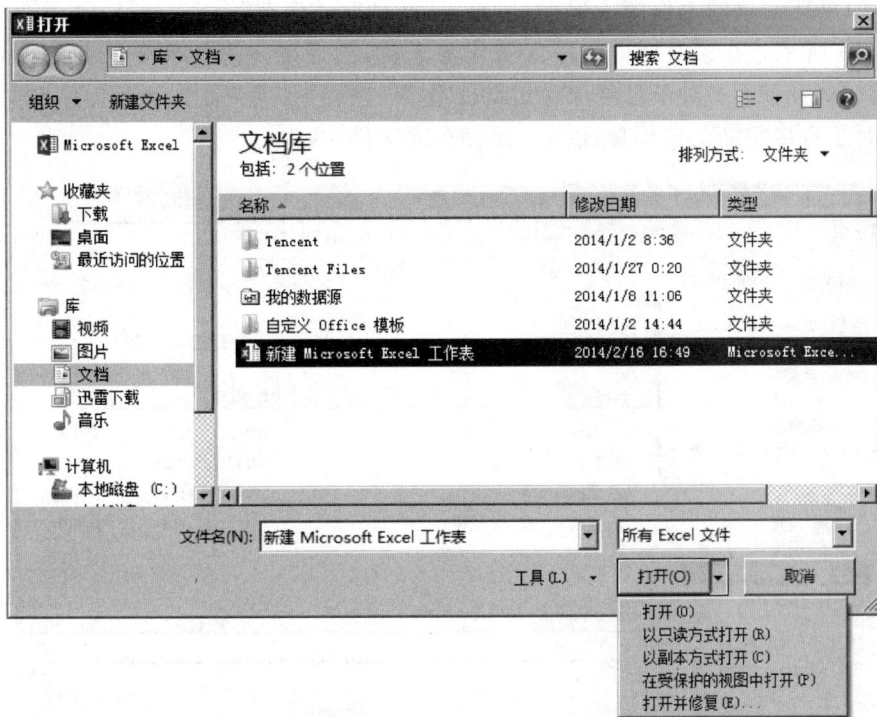

图 1-8　"以只读方式打开"Excel 工作簿

3. 以副本方式打开 Excel 工作簿

以副本方式打开工作簿时,程序将创建工作簿的副本,并且查看的是副本。对工作簿
所做的任何更改将保存到该副本中。程序会为副本提供新名称,默认情况下是在文件名
的开头添加"副本(1)"。在如图 1-8 所示的"以只读方式打开"Excel 工作簿中的下拉列表
框中选择"以副本方式打开"选项,即可以副本方式打开 Excel 工作簿。

1.3.2　打开最近浏览过的工作簿

单击"文件"→"打开"命令,在"打开"页面中部选择"最近使用的工作簿"选项,右侧会
显示"最近使用的工作簿"列表,从中选择一个工作簿将其打开。

1.4　保存工作簿

对于新创建的工作簿,不论其编辑修改操作是否完成,都要将其保存起来,方便以后
使用。

1.4.1　保存新创建的工作簿

保存新创建的工作簿的方法很多。

（1）如果新创建的工作簿未保存过，单击"文件"→"保存"命令，会打开"另存为"对话框，如图 1-9 所示。在该对话框中输入工作簿名称，然后确定工作簿要保存的位置，单击"保存"按钮将其保存；对于已经保存过的工作簿，选择"保存"命令后不会弹出"另存为"对话框，而是直接将新的编辑修改操作保存在原文件中。

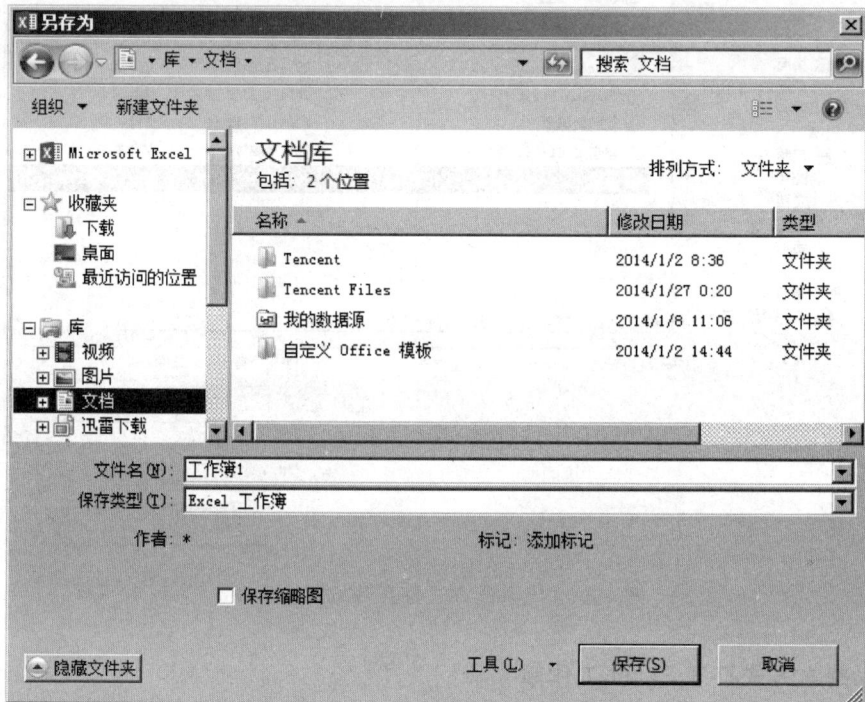

图 1-9　"另存为"对话框

（2）单击"文件"→"另存为"命令，会打开如图 1-9 所示的"另存为"对话框，选择要保存文件的位置、输入名称后，会将文件另存一份，而原文件保持不变。

（3）单击 Excel 程序窗口标题栏右侧的"关闭"按钮，系统会自动弹出如图 1-10 所示的对话框，询问用户是否要保存工作簿，单击"保存"按钮，接下来执行步骤（1）的保存操作。

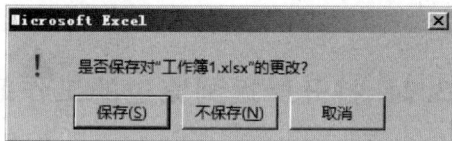

图 1-10　保存提示对话框

（4）单击"快速访问工具栏"中的"保存"按钮 ⊟ 或按组合键 Ctrl＋S，接下来执行步骤（1）的保存操作，也可以实现文件的保存。

1.4.2　保存兼容格式工作簿

Excel 2013 默认保存工作簿的类型为"Excel 工作簿"，扩展名为 xlsx。用户也可将工作簿保存为与以前版本兼容的格式,如"Excel 97-2003 工作簿",以便使用 Excel 2003 及以前版本的用户也可以打开并编辑该工作簿。保存兼容格式工作簿的具体操作如下:

(1)单击"文件"→"另存为"命令,打开"另存为"对话框。

(2)在"另存为"对话框中,选择工作簿的存放路径,在"文件名"文本框中输入工作簿的名称。

(3)打开"保存类型"下拉列表框,选择"保存类型"为"Excel 97-2003 工作簿"选项,如图 1-11 所示。

(4)单击"保存"按钮。

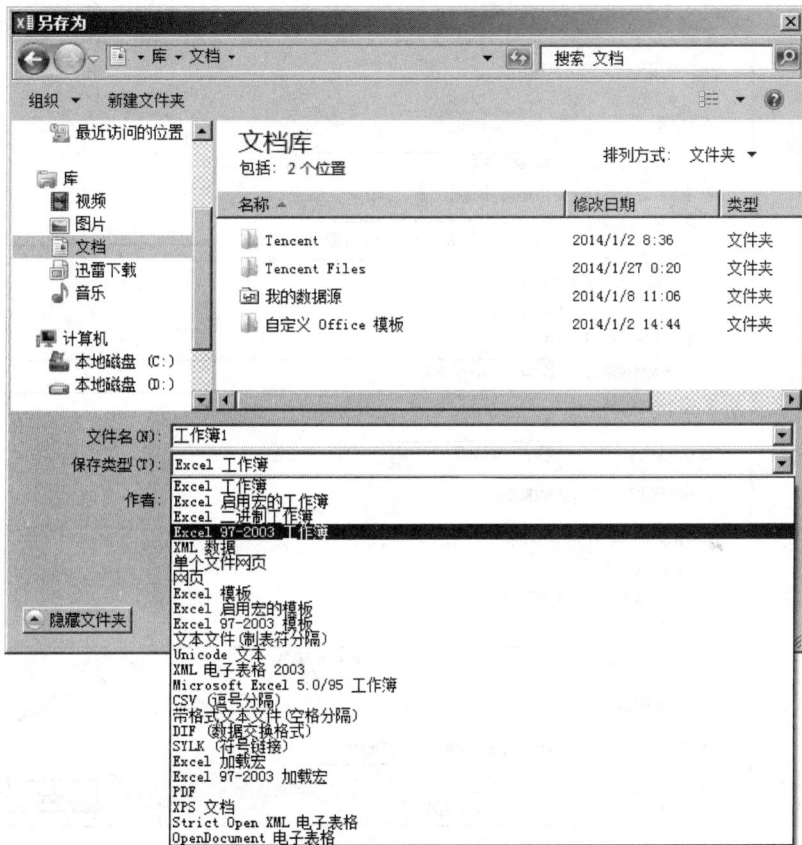

图 1-11　"保存类型"下拉列表框

1.4.3　自动保存工作簿

自动保存工作簿可以防止在突然断电的情况下用户丢失大量未存盘数据。比如用户预先将自动保存设置为 10 分钟,系统每隔 10 分钟就会自动保存一次当前的工作簿。如果由于某种原因,用户没来得及保存当前的工作簿系统便关闭了,再次启动 Excel 时,系统会自动将工作簿恢复到最后一次自动保存的状态下,这样就会大大减少用户的数据丢失。具体操作如下:

(1)单击"文件"→"选项"命令,打开"Excel 选项"对话框。

（2）选择左侧列表框中的"保存"选项，在右侧"保存工作簿"区域，单击"将文件保存为此格式"项右侧的 ▼ 按钮，从下拉列表框中选择默认保存工作簿类型为"Excel 工作簿"。

（3）选中"保存自动恢复信息时间间隔"复选框，并在其后的文本框中输入自动保存工作簿的时间，如"10"分钟。

（4）在"自动恢复文件位置"选项右侧的文本框中，可以设置或修改工作簿自动保存或恢复的路径。

（5）最后单击"确定"按钮，如图 1-12 所示。

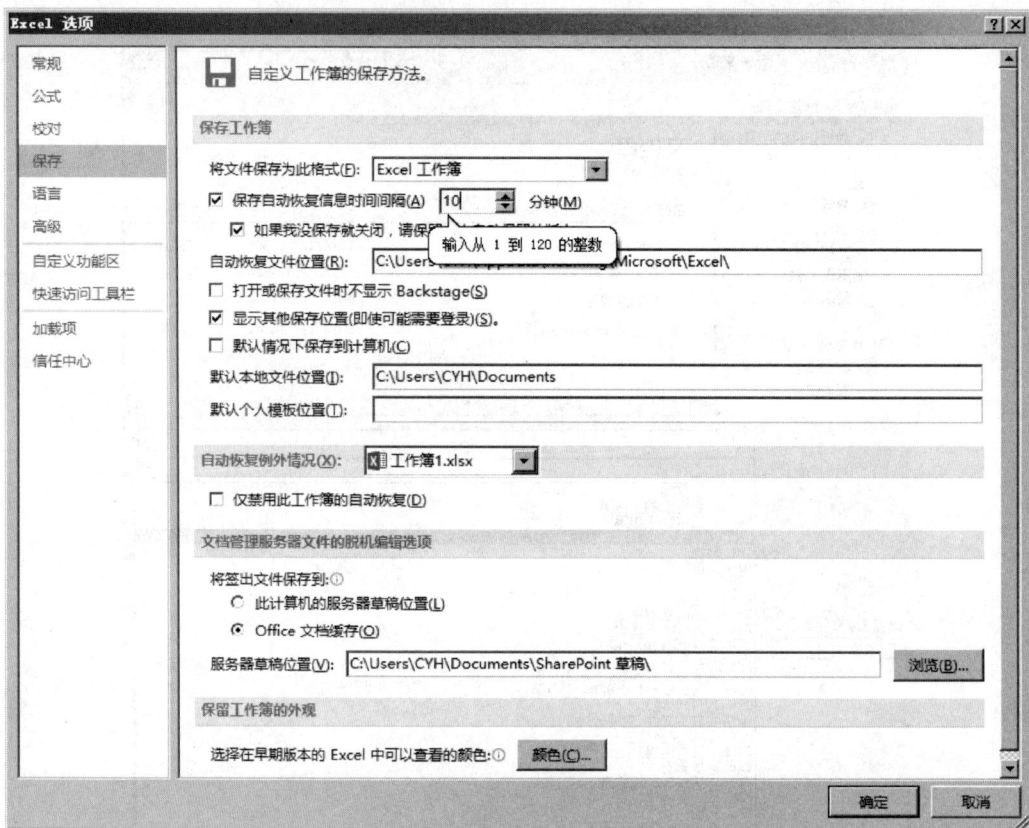

图 1-12　自动保存工作簿

1.5　关闭工作簿

操作完毕的工作簿，要及时关闭，以避免打开的窗口过多或产生误操作。可以通过单击 Excel 系统窗口右上角的"关闭"按钮；或者单击"文件"→"关闭"命令；或者按组合键 Alt＋F4 来关闭当前工作簿。如果当前工作簿修改后并未执行保存操作，会弹出如图 1-10 所示的保存提示对话框，询问用户是否进行保存操作。

1.6 打印工作簿

对工作簿的编辑修改操作完成之后,如果要打印工作簿,在打印之前,要根据打印要求选择打印内容、对要打印的工作簿进行页面设置;设置完成后,还要进行打印预览,查看设置的结果是否满足打印要求,然后再进行打印。

1.6.1 工作簿页面设置

一个工作簿由若干工作表组成,默认情况下打印的是当前工作表。页面设置包括设置纸张方向、纸张大小、打印区域等。在"页面布局"选项卡中单击"纸张大小"、"页边距"等按钮在展开的列表中进行选择,可以单独设置每一项,如图 1-13 所示。也可以通过单击"页面设置"选项组右下角的"对话框启动器"按钮,打开"页面设置"对话框,通过选项卡的切换综合进行设置,如图 1-14 所示。

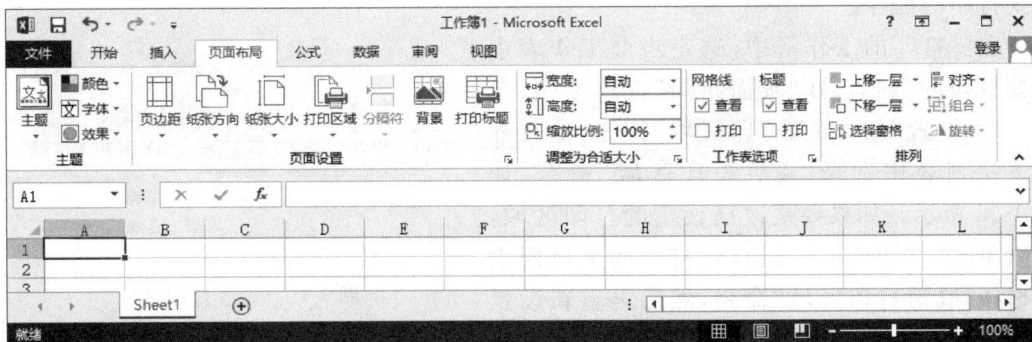

图 1-13 "页面布局"选项卡

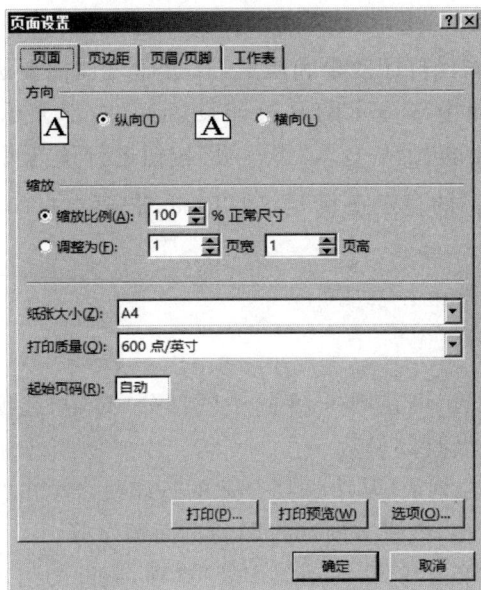

图 1-14 "页面设置"对话框

（1）"页面"选项卡：在"页面"选项卡中设置打印方向、纸张大小以及打印内容的缩放比例。

（2）"页边距"选项卡：在"页边距"选项卡中设置页面上、下、左、右的边距以及打印内容在页面中的"水平"和"垂直"居中方式。

（3）"页眉/页脚"选项卡：在"页眉/页脚"选项卡中设置页眉、页脚的内容以及页眉、页脚的显示方式。选中"奇偶页不同"复选框可以分别定义在奇数页和偶数页上显示不同的页眉或页脚，选中"首页不同"复选框可以定义在首页和其余页上显示不同的页眉或页脚。

（4）"工作表"选项卡：在"工作表"选项卡中设置打印区域、打印标题、是否打印行号列标、打印顺序等。

1.6.2　设置打印区域

系统默认的打印区域是当前工作表中所有内容，用户可以根据需要，设定当前页面中需要打印的内容。

在要打印的工作簿中，选定当前工作表中需要打印的数据。在"页面布局"选项卡中，单击"页面设置"组中的"打印区域"按钮，从打开的下拉列表中选择"设置打印区域"命令，如图 1-15 所示。如果要更改已设定的打印区域，可以单击"打印区域"按钮，从打开的下拉列表中选择"取消打印区域"命令，然后再重新设置打印区域。

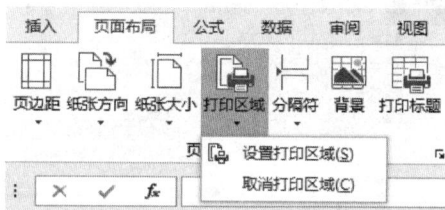

图 1-15　设置打印区域

1.6.3　打印预览

完成页面设置后，为确保打印效果和质量，在打印之前需要进行打印预览。单击"文件"→"打印"命令后，页面中部显示的是打印设置区，右部显示的是打印预览效果，如图 1-16 所示。单击右下角的"上一页"、"下一页"按钮进行预览页的切换，单击"缩放到页面"按钮 ，可以以 100％的显示比例预览打印页，若要在打印之前返回到文档并进行编辑，单击 按钮返回。

1.6.4　打印设置

若要更改打印相关设置，可在图 1-16 的中间部分"打印"选项区进行，可以设置打印机、打印范围、打印内容以及打印份数。

（1）打开"打印机"下拉列表，从中选择合适的打印机。单击"打印机属性"链接，利用弹出的对话框可以设置纸型、纸张方向和打印的页面顺序等。

（2）在"设置"选项区单击"打印活动工作表"选项，展开的列表如图 1-17 所示。

- 若选择"打印活动工作表"选项，将打印当前工作表。

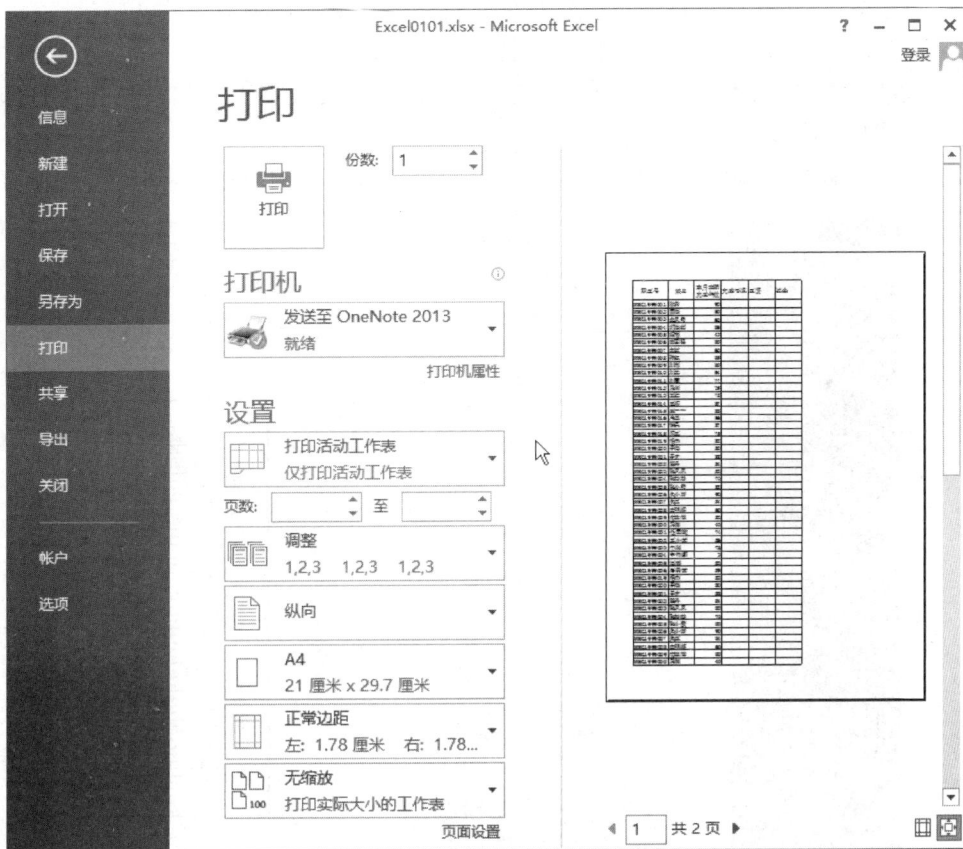

图 1-16 打印预览效果

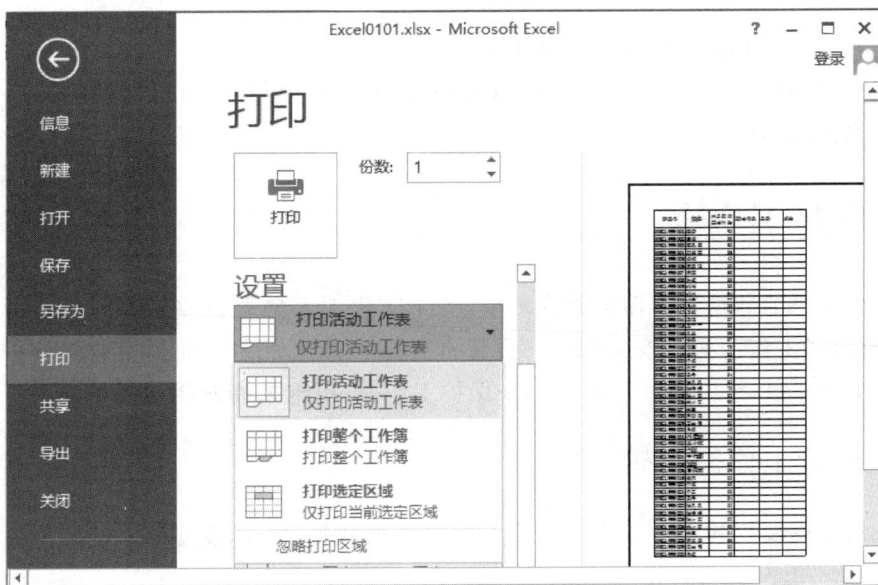

图 1-17 打印范围设置

- 若选择"打印整个工作簿"选项,将依次打印工作簿中的所有工作表。
- 若选择"打印选定区域"选项,将仅打印当前选定区域。

（3）通过"调整"列表、"方向"列表、"纸型"列表可以设置逐页打印还是逐份打印,横向还是纵向打印,并选择打印纸型。

（4）通过"缩放"列表可以设置工作表正常大小打印还是缩放打印,如图 1-18 所示。

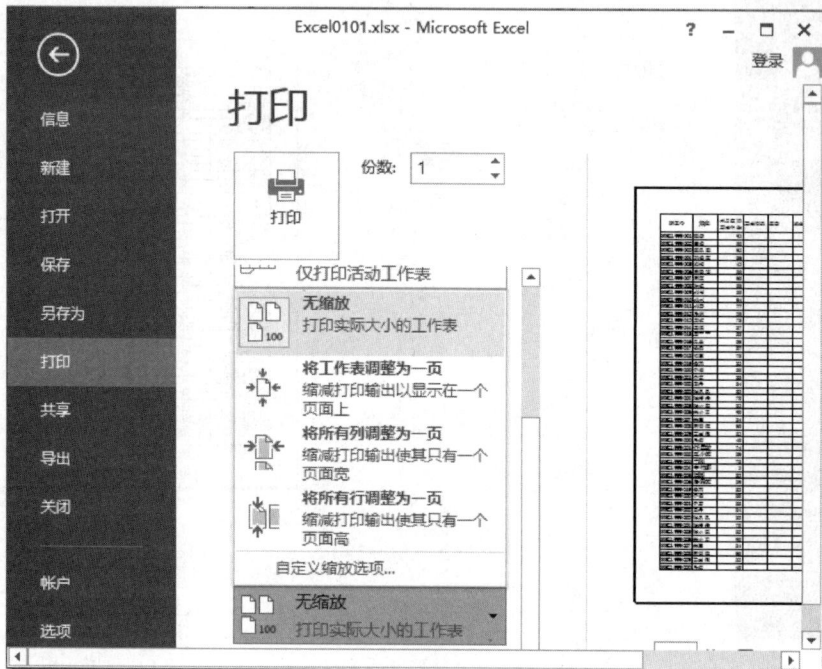

图 1-18　打印缩放设置

（5）在"份数"文本框中,输入要打印的份数。

设置完成预览满意后就可以联机打印,单击图 1-18 中间部分的"打印"按钮,即可进行工作簿的打印输出。

1.7　保护工作簿

当一个完整的数据工作簿创建完成后,为了防止他人恶意修改或删除工作簿中的重要数据,可以对工作簿进行安全保护。设置密码是一种比较常用而且有效的保护文件的方法。在 Excel 中,可以通过设置密码来保护工作簿,拒绝未授权用户的访问。

1.7.1　设置工作簿密码

如果只允许授权的用户查看或修改工作簿中的数据,可以通过设定密码来保护整个工作簿文件。

（1）打开要设置密码的工作簿,单击"文件"→"另存为"命令,打开如图 1-9 所示的"另存为"对话框。

（2）单击该对话框中的"工具"按钮，从弹出的下拉列表中选择"常规选项"命令，打开"常规选项"对话框，如图 1-19 所示。

（3）在"常规选项"对话框中输入"打开权限密码"或"修改权限密码"。如果希望知道密码的用户能够查看工作簿的内容，可在"打开权限密码"文本框中输入密码。如果希望知道密码的用户能够修改工作簿的内容，在"修改权限密码"文本框中输入密码。

（4）如果担心其他用户在无意中修改文件，可以选择"建议只读"复选框。设定了"建议只读"后，再打开文件时，系统将询问用户是否以只读方式打开文件。

（5）单击"确定"按钮，打开如图 1-20 和图 1-21 所示的"确认密码"对话框。

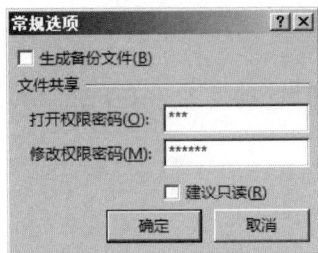

图 1-19　"常规选项"对话框　　　　　　　图 1-20　"打开权限密码"确认对话框

（6）在图 1-20 和图 1-21 中单击"确定"按钮后，在返回到的"另存为"对话框中单击"保存"按钮，弹出如图 1-22 所示的"确认另存为"对话框，单击"是"按钮，替换已有的工作簿。

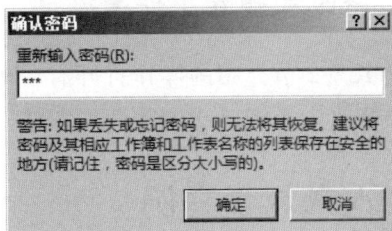

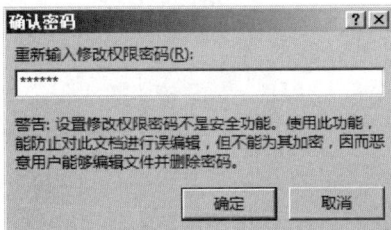

图 1-21　"修改权限密码"确认对话框　　　　图 1-22　"确认另存为"对话框

如果设置了打开权限密码，系统将使用高级加密方法，文件将会得到更加安全的保护；如果只设置了修改权限密码，系统不会使用任何加密方法，文件的安全性较差。为了保证文件的安全性，建议同时设定打开权限密码和修改权限密码，并且要将这两个权限的密码设成不一样的两个字符串。

1.7.2　打开有密码的工作簿

如果要打开的工作簿设置了"打开权限密码"，打开工作簿时会弹出如图 1-23 所示的验证打开权限的"密码"对话框，在对话框中输入密码，单击"确定"按钮。

如果要打开的工作簿设置了"修改权限密码"，打开工作簿时会弹出如图 1-24 所示的验证修改权限的"密码"对话框。在该对话框中输入密码，单击"确定"按钮后，可以对工作簿进行编辑修改操作；单击"只读"按钮，工作簿打开后，只能查看内容，不能进行编辑修改操作。

图 1-23　验证打开权限的"密码"对话框　　　图 1-24　验证修改权限的"密码"对话框

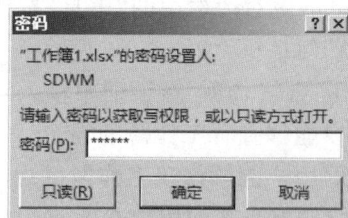

1.7.3　修改和删除工作簿密码

通过 1.7.2 节介绍的操作打开有密码保护的工作簿后，重复 1.7.1 节介绍的操作，将原有密码修改为新密码或删除即可。

1.8　本章教学案例

1.8.1　工作量统计

📖**案例描述**

打开 Excel0101.xlsx 工作簿，在该工作簿中完成企业生产件数统计。根据如图 1-25 所示的"一月份工作汇总"工作表的内容，使用快速计算填写"计件数统计"表中一月份各数据项的值，规定每人每月完成的件数是 70 件。

图 1-25　职工一月份计件汇总

□最终效果

本案例最终效果如图 1-26 所示。

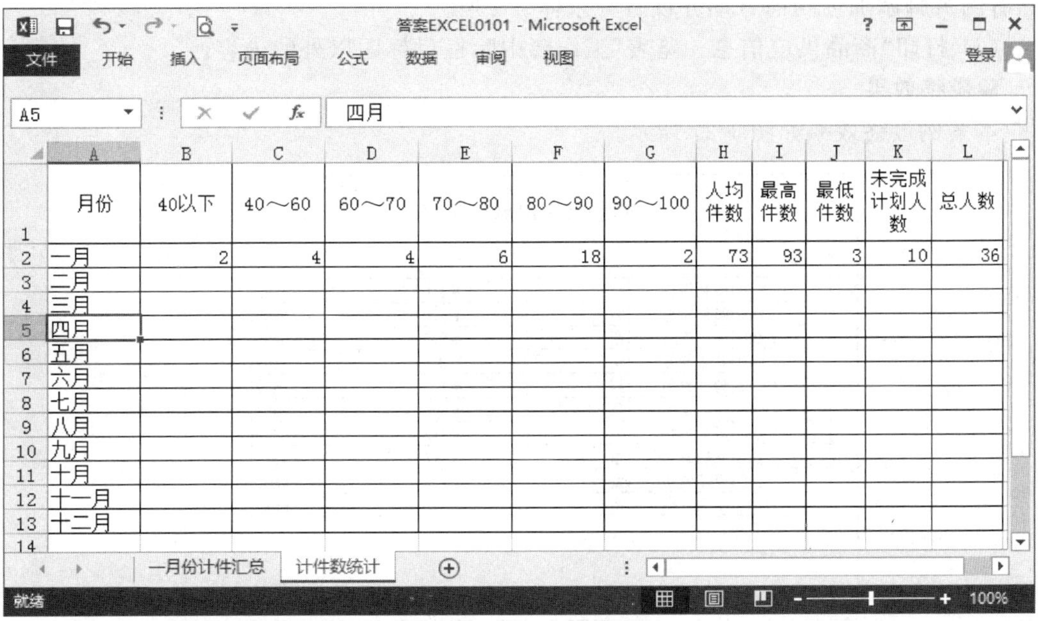

月份	40以下	40～60	60～70	70～80	80～90	90～100	人均件数	最高件数	最低件数	未完成计划人数	总人数
一月	2	4	4	6	18	2	73	93	3	10	36
二月											
三月											
四月											
五月											
六月											
七月											
八月											
九月											
十月											
十一月											
十二月											

图 1-26　职工计件数统计

✍案例实现

(1) 打开 Excel0101. xlsx 工作簿中的“一月份计件汇总”工作表。右击状态栏，在弹出的如图 1-6 所示的快捷菜单中选中“平均值”、“计数”、“最大值”和“最小值”选项。

(2) 选中单元格区域 C2:C37，在状态栏中会出现平均值、计数、最大值、最小值，将其填入“计件数统计”工作表的对应项中。

(3) 在“一月份计件汇总”工作表的“数据”选项卡中，单击“排序和筛选”选项组中的“筛选”命令，工作表进入筛选状态。单击“本月实际完成数”标题右侧的筛选按钮，从弹出的下拉列表中选择“数字筛选”命令，在级联菜单中选择“小于”命令，在打开的“自定义自动筛选方式”对话框中，在“小于”后面的文本框中输入 40 后，单击“确定”按钮，Excel 的状态栏中会出现筛选结果的记录数，将此记录数填入到“计件数统计”的相应位置。再按此方法依次统计出“计件数统计”工作表中一月份完成 40～60、60～70、70～80、80～90、90～100 件及未完成计划人数(＜70)，并将其填入“计件数统计”工作表的对应项中。

1.8.2　工作簿打印设置

🕮案例描述

打开 Excel0102. xlsx 工作簿，该工作簿是某公司“商品供应信息一览表”，将工作簿按如下设置进行打印。

(1) 纸张大小：设置为 B5。

(2) 纸张方向：横向。

(3) 页边距：上、下边距 2.5 厘米，左、右边距 1 厘米。

（4）居中设置：设置水平居中打印。

（5）添加页眉/页脚：添加页眉“商品供应信息一览表”，文字设置为宋体、14 号、加粗，右侧页脚添加为当前日期并设置为宋体、10 号。

（6）打印“商品供应信息一览表”工作簿中除栏目标题以外的内容。

最终效果

本案例最终效果如图 1-27 所示。

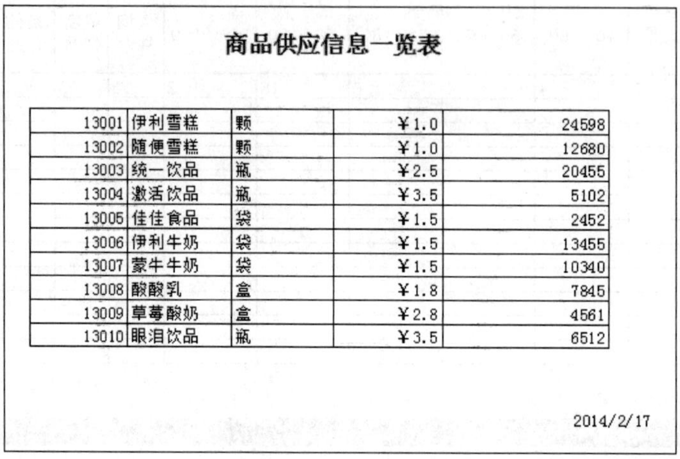

商品供应信息一览表

13001	伊利雪糕	颗	¥1.0	24598
13002	随便雪糕	颗	¥1.0	12680
13003	统一饮品	瓶	¥2.5	20455
13004	激活饮品	瓶	¥3.5	5102
13005	佳佳食品	袋	¥1.5	2452
13006	伊利牛奶	袋	¥1.5	13455
13007	蒙牛牛奶	袋	¥1.5	10340
13008	酸酸乳	盒	¥1.8	7845
13009	草莓酸奶	盒	¥2.8	4561
13010	眼泪饮品	瓶	¥3.5	6512

2014/2/17

图 1-27　预览效果

案例实现

（1）打开 Excel0102.xlsx 工作簿，在“页面布局”选项卡中单击“页面设置”选项组右下角的“对话框启动器”按钮，打开“页面设置”对话框。

（2）在“页面”选项卡上的“方向”选项组中选择“横向”选项，在“纸张大小”下拉列表中选择“B5(JIS)”选项。

（3）在“页边距”选项卡上设定页面上、下边距为 2.5 厘米，左、右边距为 1 厘米，并在“居中方式”选项组中选中“水平”复选框。

（4）在“页眉/页脚”选项卡上单击“自定义页眉”按钮，打开“页眉”对话框，在“中”文本框中输入“商品供应信息一览表”，如图 1-28 所示。选中“商品供应信息一览表”选项，单击“格式文本”按钮，打开“字体”对话框，设置字体为宋体、14 号、加粗，单击“确定”按钮后插入页眉。

（5）在“页眉/页脚”选项卡上单击“自定义页脚”按钮，打开“页脚”对话框，选择“右”文本框，单击“插入日期”按钮，在“右”文本框中会自动出现文本“&[日期]”，表示页脚内容为当前日期。选中“&[日期]”，单击“格式文本”按钮，打开“字体”对话框，设置为宋体、10 号，单击“确定”按钮后插入了页脚。

（6）连续单击“确定”按钮，完成页面设置，返回“商品供应信息一览表”工作表页面，选定除栏目标题以外的所有内容。在“页面布局”选项卡中，单击“页面设置”组中的“打印区域”按钮，从展开的下拉列表中选择“设置打印区域”命令。

（7）单击“文件”→“打印”命令，在右侧可看到打印预览效果。确认无误后，单击“打印”按钮打印该工作簿。

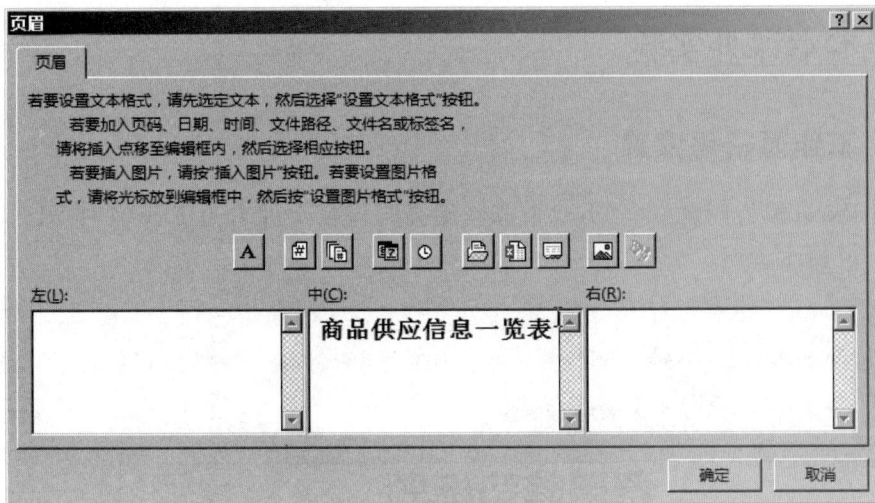

图 1-28 "页眉"对话框

1.8.3 工作簿加密保护

📖**案例描述**

打开 Excel0103.xlsx,为了防止恶意修改,同时也为了保密,将 Excel0103.xlsx 工作簿进行如下设置:

(1) 设置"打开权限密码"为"123","修改权限密码"为"456"。

(2) 只有具有"查看"权限的人员才能打开工作簿。

(3) 只有具有"修改"权限的人员才能修改工作簿中的内容。

🖳**最终效果**

本案例最终效果如图 1-29 所示。

✎**案例实现**

(1) 打开 Excel0103.xlsx 工作簿,单击"文件"→"另存为"命令,打开"另存为"对话框。

(2) 单击"工具"按钮,从弹出的下拉列表中选择"常规选项"命令,打开"常规选项"对话框。

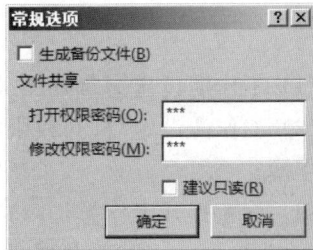

图 1-29 设置打开和修改权限密码

(3) 在"打开权限密码"文本框中输入密码"123",在"修改权限密码"文本框中输入密码"456",单击"确定"按钮。

(4) 打开"确认密码"对话框,在"重新输入密码"文本框中再次输入打开权限密码"123",单击"确定"按钮。

(5) 再次打开"确认密码"对话框,在"重新输入修改权限密码"文本框中再次输入修改权限密码"456",单击"确定"按钮,返回"另存为"对话框。

(6) 在"另存为"对话框中单击"保存"按钮,在打开的"确认另存为"对话框中单击"是"按钮,替换已有的 Excel0103.xlsx 工作簿。

1.9 本章课外实验

1.9.1 工作簿密码设置

利用 Excel 模板创建一个"小型企业费用表",保存文件名为 Ekw0101. xlsx,最终效果如图 1-30 所示。

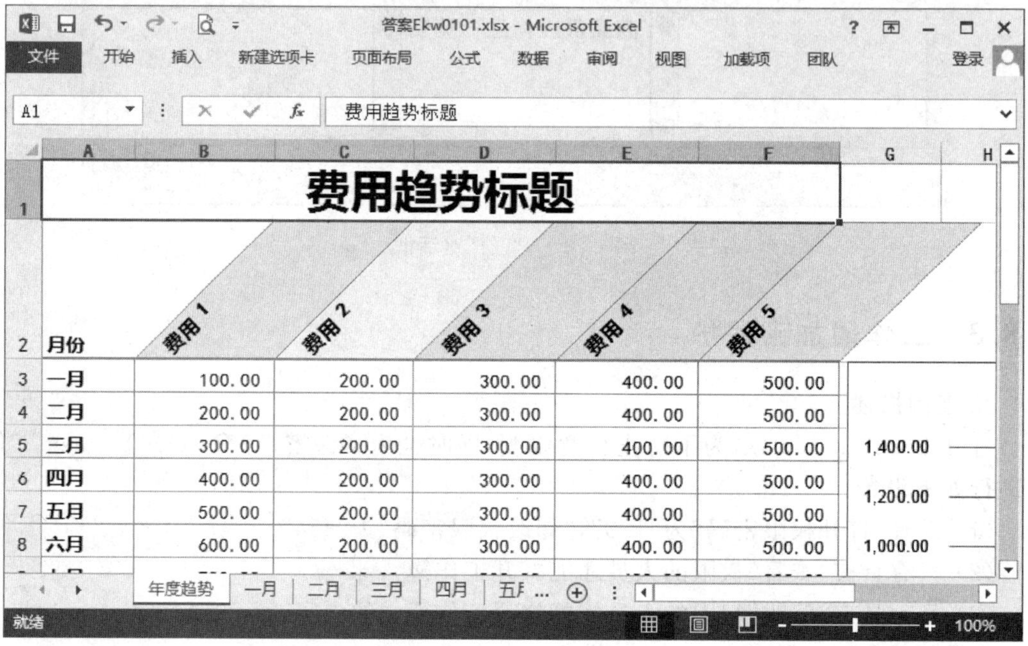

图 1-30 企业费用表

（1）工作簿设定为每隔 1 分钟系统自动保存。

（2）工作簿设定"打开权限密码"为"DK123","修改权限密码"为"XG123",保存并关闭工作簿。

（3）重新打开工作簿,并将工作簿的"打开权限密码"修改为"open123","修改权限密码"修改为"change123",并要求工作簿再次被打开时能够询问用户是否以只读方式打开工作簿,保存并关闭工作簿。

（4）删除工作簿的"打开权限密码"和"修改权限密码",保存并关闭工作簿。

1.9.2 财务人员信息打印

打开 Ekw0102. xlsx 工作簿,存储了某公司财务人员的信息数据,按下面要求设置打印信息,最终效果如图 1-31 所示。

（1）页面设置为 B5 纸、横向、水平居中打印。

（2）上、下边距为 2 厘米,左、右边距为 1.5 厘米。

（3）中部页眉为"财务人员信息一览表",文字为黑体、加粗、12 号。

（4）右侧页眉为当前日期，文字为宋体、10 号。

（5）中部页脚为页码。

编号	姓名	性别	年龄	学历	职务	任现职时间
NMG1 999001	陈秀	男	38	本科	财务部部长	1998.6.4
NMG1 999002	窦海	女	30	本科	会计	2005.5.23
NMG1 999003	樊凤霞	女	28	大专	出纳	1997.12.24
NMG1 999004	郭海英	男	31	硕士	销售部经理	2008.8.14
NMG1 999005	纪梅	男	34	本科	业务经理	1998.9.18
NMG1 999006	李国强	男	32	本科	业务经理	2000.8.9
NMG1 999007	李英	女	30	本科	采购部经理	1997.11.5
NMG1 999008	琳红	女	30	本科	业务经理	2000.4.16
NMG1 999009	刘彬	男	26	硕士	职员	2007.10.11
NMG1 999010	刘丰	女	34	硕士	办公室主任	2001.5.15
NMG1 999011	刘慧	男	32	本科	职员	2002.4.18

图 1-31　财务人员信息一览表

第 2 章　Excel 工作表

本章说明：

　　工作表是打开工作簿后，在 Excel 窗口工作区部分由行、列组成的用于保存和分析用户数据的表格。本章主要介绍对 Excel 工作表及工作表中内容进行编辑、修改和格式化操作的方法。

本章主要内容：

　　➢ 工作表的基本操作
　　➢ 格式化工作表
　　➢ 数字格式
　　➢ 条件格式

本章拟解决的重要问题：

1. 如何更改工作表的默认数？
2. 如何重命名工作表？
3. 如何选定连续或不连续的工作表？
4. 如何移动或复制工作表？
5. 如何实现工作表中数据的前后照应？
6. 如何排列工作表窗口？
7. 如何更改工作表标签颜色？
8. 如何隐藏工作表？
9. 如何套用表格格式？
10. 如何使用条件格式？

2.1 工作表的基本操作

2.1.1 工作表的插入

工作表存在于工作簿中，在 Excel 2013 新创建的工作表中默认包含一个工作表 Sheet1。如果要在现有工作表的末尾快速插入新工作表，可以单击工作表标签后面的"新工作表"按钮，或者使用快捷键 Shift＋F11，如图 2-1 所示。

如果要在当前工作表之前插入新工作表，可以单击"开始"→"插入"→"插入工作表"命令，如图 2-2 所示。也可在当前工作表标签上右击，弹出如图 2-3 所示的快捷菜单，单击"插入"命令，插入新工作表。

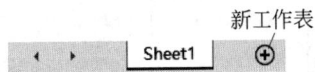

图 2-1　插入工作表按钮

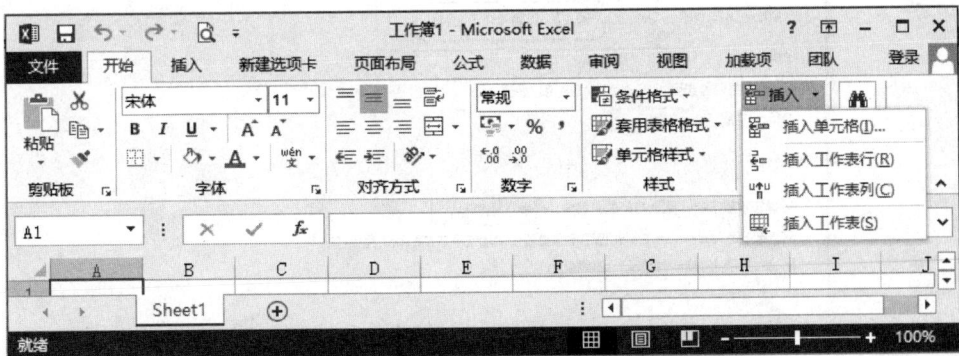

图 2-2　插入工作表

如果要在新创建的工作簿中包含多个工作表，可以通过改变工作表的默认数来实现。单击"文件"→"选项"命令，弹出"Excel 选项"对话框，在该对话框的"常规"选项卡的"新建工作簿时"区域，修改"包含的工作表数"选项的数值，然后单击"确定"按钮。其中"包含的工作表数"可设最小值是 1，最大值是 255，如图 2-4 所示。

在该对话框的"新建工作簿时"区域,还可以设置新建工作簿编辑时默认采用的字体、字号、视图等。

2.1.2　重命名工作表

重命名工作表通过右击当前工作表标签,弹出如图 2-3 所示的快捷菜单,选择"重命名"命令或鼠标双击"工作表标签",输入新名称来实现。

2.1.3　工作表的选取

1．选定连续的工作表

图 2-3　右击工作表标签
显示快捷菜单

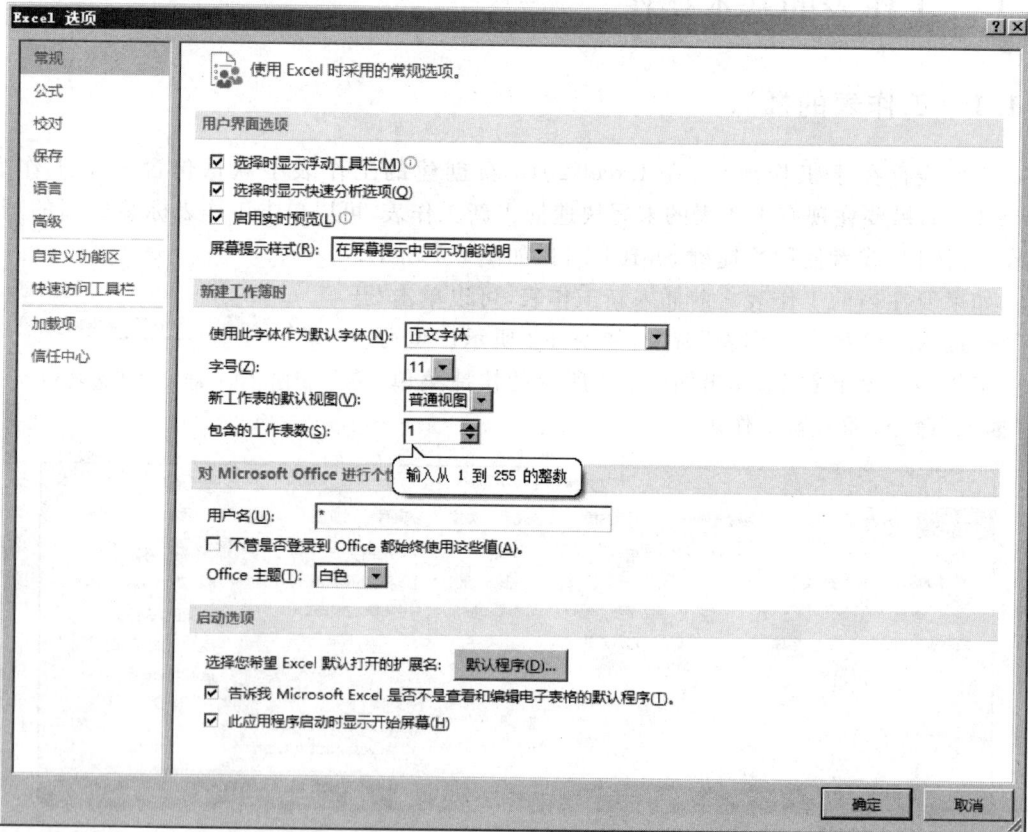

先在工作表标签处选中第一个工作表,按住 Shift 键,再单击最后一个工作表即可选取多张连续的工作表。

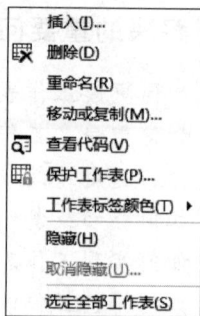

图 2-4　"Excel 选项"对话框

2．选定不连续工作表

先在工作表标签处选中第一个工作表,按下 Ctrl 键,再单击其他要选择的工作表。

2.1.4 工作表的移动和复制

如果用鼠标拖动实现工作表的移动和复制,移动工作表的操作为:单击要移动的工作表标签,按住鼠标左键拖动到合适的位置,释放鼠标左键;复制工作表的操作为:单击要复制的工作表标签,按下 Ctrl 键,按住鼠标左键拖动到合适的位置,释放鼠标左键。

也可以右击要移动和复制的工作表标签,在弹出的如图 2-3 所示的快捷菜单中选择"移动或复制工作表"命令,弹出"移动或复制工作表"对话框,如图 2-5 所示,在"工作簿"下拉列表框中选择要移动和复制到的工作簿;在"下列选定工作表之前"下拉列表框中选择将当前工作表移动或复制到的位置;选中"建立副本"复选框时将复制工作表,不选中时移动工作表。

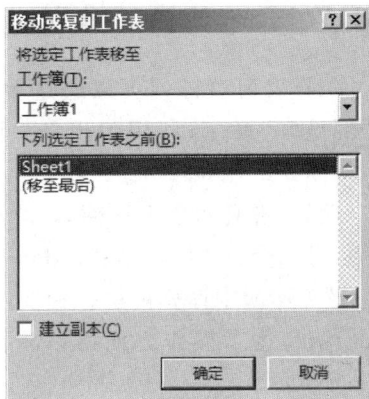

图 2-5 "移动或复制工作表"对话框

2.1.5 工作表拆分

对于一个大数据量的工作表需要前后比较分析的情况可以使用工作表拆分。利用视图选项卡窗口组中的拆分选项,即可实现将窗口一分为四,如图 2-6 所示。

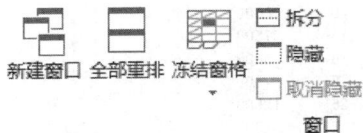

图 2-6 窗口组中的拆分

2.1.6 工作表窗口冻结

窗口冻结是冻结工作表的某一部分以使其在滚动浏览工作表其余部分时该部分保持可见。

单击"视图"→"窗口"→"冻结窗格"命令,在展开的列表中选择命令设置窗口的冻结,如图 2-7 所示。如果要冻结首行和首列,可以在图 2-7 列表中选择"冻结首行"和"冻结首列"命令。如果同时冻结行和列,首先在工作表中定位单元

图 2-7 冻结拆分窗格

格,然后选择列表中的"冻结拆分窗格"命令,将当前单元格上方的行,左部的列冻结住。窗口冻结后,该列表中的"冻结拆分窗格"命令变成"取消冻结窗格",单击该命令取消窗口冻结。

2.1.7　工作表窗口排列

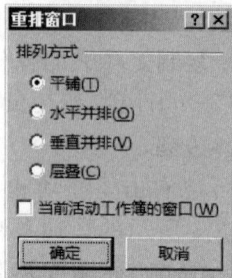

图 2-8　"重排窗口"对话框

工作表窗口排列可以通过单击"视图"→"窗口"→"全部重排"命令,利用弹出的"重排窗口"对话框来实现,如图 2-8 所示。

例如,现有两个工作簿,一个是"商品单价.xlsx"工作簿,另一个是"商品销售.xlsx"工作簿,在"商品销售.xlsx"工作簿中计算销售金额要用到前一个工作簿中的商品单价,为了操作方便可以将两个窗口垂直并排,如图 2-9 所示。

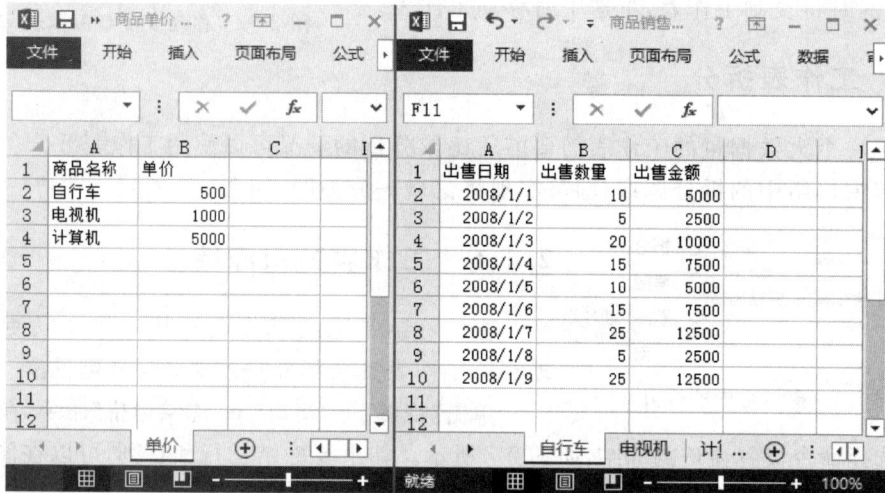

图 2-9　垂直并排的两个窗口

2.1.8　工作表标签颜色

有时为了突出某个工作表的重要程度,需要设置工作表标签的颜色,设置方法是右击要改变颜色的工作表标签,从弹出的快捷菜单中选择"工作表标签颜色"命令,然后在级联调色板中选择合适的颜色。

2.1.9　工作表的隐藏

隐藏工作表可以从一定程度上提高数据的安全性,方法是右击要隐藏的工作表标签,从弹出的快捷菜单中选择"隐藏"命令。单击该菜单中的"取消隐藏"命令可以重新显示该工作表。

2.2　格式化工作表

2.2.1　设置插入点

插入点的设置可以通过鼠标单击，也可以通过快捷键来实现，如表 2-1 所示。

表 2-1　快捷键名称及作用

序　号	快捷键名称	快捷键作用
1	光标键：↑	向上移动一个单元格
2	光标键：↓	向下移动一个单元格
3	光标键：←	向左移动一个单元格
4	光标键：→	向右移动一个单元格
5	TAB 键	向右移动一个光标键
6	Shift＋TAB 键	向左移动一个光标键
7	PageUP 键	向上移动一屏单元格
8	PageDOWN 键	向下移动一屏单元格
9	CTRL＋ ↑ 键	向上选定到第一个单元格
10	CTRL＋ ↓ 键	向下选定到第一个单元格
11	CTRL＋ ←键	向左选定到第一个单元格
12	CTRL＋ →键	向右选定到第一个单元格
13	CTRL＋HOME 键	移动到表格的第一行第一列
14	CTRL＋END 键	移动到表格的最后一行最后一列
15	CTRL＋ PageUP 键	移动到下一个工作表
16	CTRL＋ PageDOWN 键	移动到上一个工作表
17	ALT＋ PageUP 键	移动到下一个工作表
18	ALT＋ PageDOWN 键	移动到上一个工作表
19	SCROLL LOCK 锁定键＋↑	向上移动一个单元格
20	SCROLL LOCK 锁定键＋↓	向下移动一个单元格
21	SCROLL LOCK 锁定键＋←	向左移动一个单元格
22	SCROLL LOCK 锁定键＋→	向右移动一个单元格

2.2.2　工作表选定操作

在工作表中要选定单元格、区域、行或列等，可以通过如表 2-2 所示的方法进行。

表 2-2　选定操作方法

序　号	选取方式	选取方法
1	整行选取	左键单击行号
2	整列选取	左键单击列标
3	多行选取	左键拖动同时选中多个行号

序　号	选 取 方 式	选 取 方 法
4	多列选取	左键拖动同时选中多个列标
5	连续单元格选取	Shift＋左键选中开始和结束单元格
6	连续行选取	Shift＋左键选中开始和结束行号
7	连续列选取	Shift＋左键选中开始和结束列标
8	不连续单元格选取	Ctrl＋左键单击所要选取的单元格
9	不连续行选取	Ctrl＋左键单击所要选取的行号
10	不连续列选取	Ctrl＋左键单击所要选取的列标
11	选定所有单元格选取	Ctrl＋A 或者全选按钮

2.2.3　工作表行列设置

在编辑工作表时可以进行行列的插入或删除及单元格的合并或拆分等操作。

1．插入和删除行或列

单击"开始"→"单元格"→"插入"命令,利用展开的列表可以执行单元格、行、列或工作表的插入操作。

单击"开始"→"单元格"→"删除"命令,利用展开的列表可以执行单元格、行、列或工作表的删除操作。

2．设置行高和列宽

单击"开始"→"单元格"→"格式"命令,展开列表如图 2-10 所示,选择列表中的"行高"命令来设置选定行的固定行高,也可以选择"自动调整行高"命令来设置根据当前行内容自动调整行高。

单击"开始"→"单元格"→"格式"命令,选择展开列表中的"列宽"命令来设置选定列的固定列宽,也可以选择"自动调整列宽"命令来设置根据当前列内容自动调整列宽,或者通过"默认列宽"命令设置选定列的默认宽度。

3．合并单元格

当合并两个或多个相邻的水平或垂直单元格时,这些单元格就成为一个跨多列或多行显示的大单元格。合并后单元格的引用是原始选定区域的左上角单元格。具体操作为:选定要合并的单元格区域,单击"开始"→"对齐方式"→"合并后居中"按钮,对选定单元格进行合并,并设置区域左上角单元格的内容在合并后单元格的中心显示。单击该按钮右侧的 ▼ 按钮,利

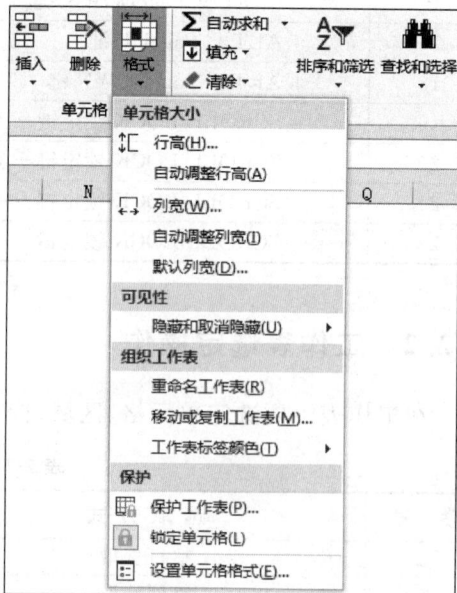

图 2-10　"格式"列表

用展开列表还可以设置其他合并方式：跨越合并(将相同行的所选单元格合并到一个大的单元格中)和合并单元格(将所选区域合并为一个大的单元格)。

4．拆分单元格

可以将合并的单元格重新拆分成多个单元格，但是不能拆分未合并过的单元格。具体操作为：单击"开始"→"对齐方式"→"合并后居中"右侧的 ▼ 按钮，从展开的列表中选择"取消单元格合并"选项。

2.2.4   选定区域的移动与复制

要移动或复制工作表中的选定内容，可以使用 Office 剪贴板来实现。操作时首先选定要移动或复制的区域，然后利用"开始"选项卡"剪贴板"组中的"剪切"、"复制"、"粘贴"按钮来实现，也可以右击，从弹出的快捷菜单中选择相应命令来实现，或用快捷键 Ctrl＋X(剪切)结合 Ctrl＋V(粘贴)实现移动操作，用快捷键 Ctrl＋C(复制)结合 Ctrl＋V(粘贴)实现复制操作。

2.2.5   格式化工作表数据

工作表中内容输入后，为了使显示更美观，可以对选定内容进行格式化操作。例如，利用"开始"选项卡的"字体"选项组对选定内容进行字符格式设置，利用"段落"组进行段落格式设置。也可以右击选定内容，从弹出的快捷菜单中选择"设置单元格格式"命令，打开"设置单元格格式"对话框，如图 2-11 所示。利用该对话框可以综合设置数字格式、字符格式、段落格式、边框和底纹等。

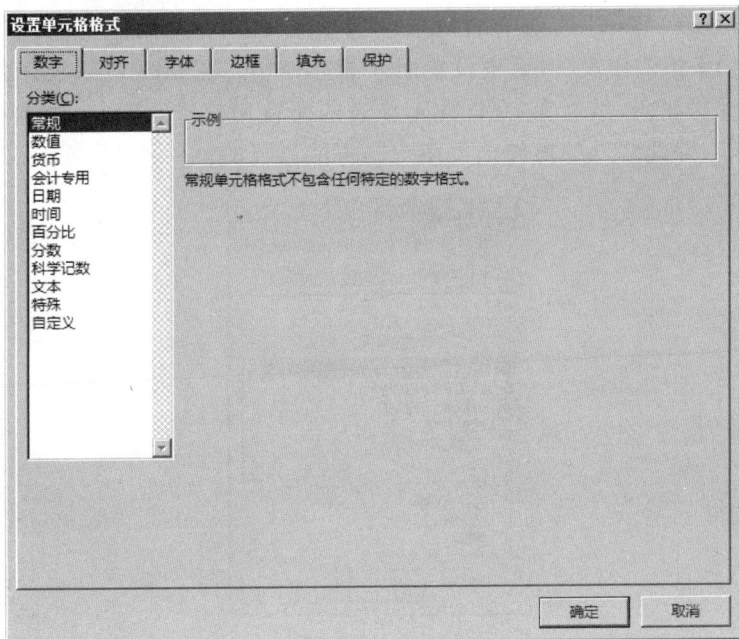

图 2-11   "设置单元格格式"对话框

2.2.6　锁定单元格或隐藏公式

要防止用户意外或故意更改、移动或删除重要数据,可以保护某些工作表或工作簿元素。例如利用 Excel 制作的某公司报表中有每个月的原始数据的录入,也有重要的公式,如果公式被人有意或无意更改,所得到的结果就是错误的,因此要求将公式部分锁住或隐藏起来。可以利用如图 2-11 所示对话框的"保护"选项卡来实现,设置结果如图 2-12所示。

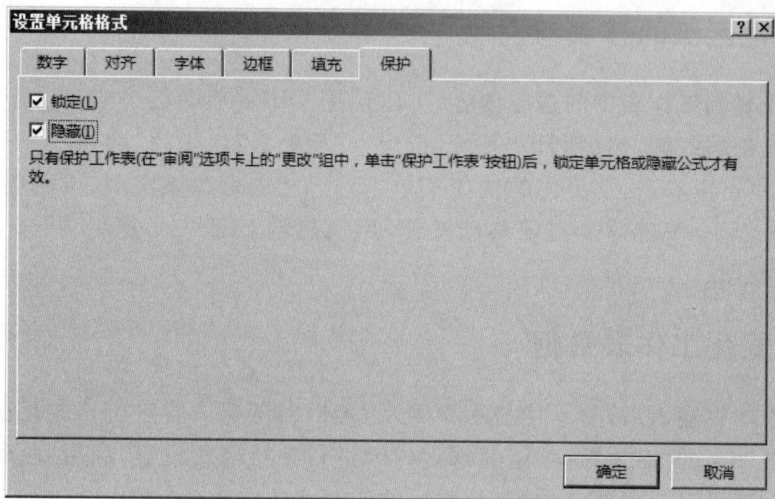

图 2-12　锁定单元格内容或隐藏公式

利用该选项卡可以"锁定"单元格内容或"隐藏"公式。但想要实现锁定单元格或隐藏公式,接下来必须在"审阅"选项卡的"更改"选项组中,单击"保护工作表"选项,利用如图 2-13 所示的"保护工作表"对话框设置后才能起作用。在如图 2-13 所示的对话框中首先输入工作表保护密码,然后在"允许此工作表的所有用户进行"列表中选择非授权用户可以进行的操作,除此之外的操作这类用户是不能进行的。

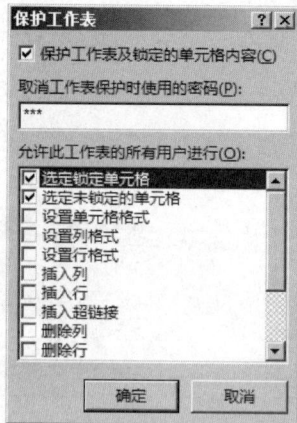

图 2-13　"保护工作表"对话框

2.2.7　自动套用格式

如果想要简化工作表的格式设置过程,可以套用 Office 内置的表格格式。首先选定工作表要套用格式的数据区域,单击"开始"→"样式"→"套用表格格式"命令,弹出如图 2-14 所示的表格格式列表,从中选择一种。

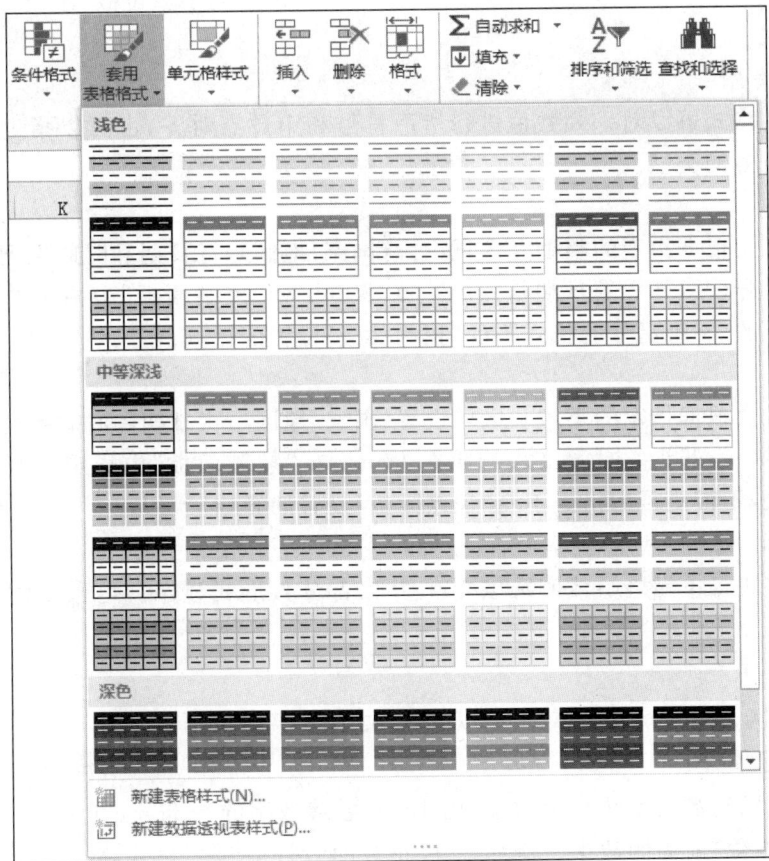

图 2-14　自动套用格式

2.3　数字格式

数字格式是通过应用数字的特定格式来更改数字的外观而不更改数值本身,数字格式并不影响工作表中用于执行计算的实际单元格值或公式计算的结果。

可以通过"开始"选项卡"数字"选项组中的按钮设置常用数字格式,也可以利用如图 2-11 所示的对话框详细设置数字格式。

1. 数字格式分类

1)常规

常规格式不包含任何特定的数字格式,这是在 Excel 中输入数字时默认应用的数字格式。当输入较大的数字(12位或更多位)使用科学记数(指数)表示法显示数字。

2)数值

数值格式用于一般数字的表示,这种格式可以指定要使用的小数位数、是否使用千位分隔符以及如何显示负数。

3)货币

货币格式用于表示一般货币数值,也可以指定货币值的小数位数、千位分隔符以及负数的显示方式。

4)会计专用

会计专用格式可以对一列数值进行货币符号和小数点对齐,也可以指定数值的小数位数和货币符号的类型。

5)日期

这种格式会根据指定的类型和区域设置(国家/地区),将日期和时间系列数值显示为日期值。以星号(∗)开头的日期格式响应在Windows"控制面板"中指定的区域日期和时间设置的更改,不带星号的格式不受"控制面板"设置的影响。

6)时间

这种格式会根据指定的类型和区域设置(国家/地区),将日期和时间系列数显示为时间值。以星号(∗)开头的时间格式响应在Windows"控制面板"中指定的区域日期和时间设置的更改,不带星号的格式不受"控制面板"设置的影响。

7)百分比

百分比格式将单元格中数值乘以100,并以百分数形式显示。可以指定要使用的小数位数。

8)分数

这种格式会根据指定的分数类型以分数形式显示数字。

9)科学记数

这种格式以指数表示法显示数字,用E+n替代数字的一部分,其中用10的n次幂乘以E(代表指数)前面的数字。例如,2位小数的"科学记数"格式将12345678901显示为1.23E+10,即用1.23乘10的10次幂。可以指定要使用的小数位数。

10)文本

这种格式将单元格的内容视为文本,数字也作为文本处理,单元格显示的内容与输入的内容完全一致。

11)特殊

特殊格式可用于跟踪数据列表及数据库的值,可以用来设置将输入的数字显示为不同区域的邮政编码、中文小写数字或中文大写数字。

12)自定义

自定义格式以现有格式为基础,生成自定义的数字格式,并会将自定义数字格式添加到数字格式代码的列表中,可以添加200~250个自定义数字格式。

自定义日期格式时,显示日期(月份,日,年份)的代码,如表2-3所示。自定义时间格式时,显示时间(时,分,秒)的代码,如表2-4所示。

表2-3 日期格式代码

显 示 内 容	代 码
将月份显示为 1～12	m
将月份显示为 01～12	mm
将月份显示为 Jan～Dec	mmm
将月份显示为 January～December	mmmm
将月份显示为该月份的第一个字母	mmmmm
将日期显示为 1～31	d
将日期显示为 01～31	dd
将日期显示为 Sun～Sat	ddd
将日期显示为 Sunday～Saturday	dddd
将年显示为 00～99	yy
将年显示为 1900～9999	yyyy

表2-4 时间格式代码

显 示 内 容	代 码
将小时显示为 0～23	H
将小时显示为 00～23	hh
将分钟显示为 0～59	m
将分钟显示为 00～59	mm
将秒显示为 0～59	s
将秒显示为 00～59	ss
使小时显示类似于 4 AM	h AM/PM
使时间显示类似于 4:36 PM	h:mm AM/PM
使时间显示类似于 4:36:03 P	h:mm:ss A/P
以小时为单位显示运行时间,如 25.02	[h]:mm
以分钟为单位显示运行时间,如 63:46	[mm]:ss
以秒为单位显示运行时间	[ss]

注意:日期和时间格式代码中都用到了"m",如果"m"紧跟在"h"或"hh"代码之后,或者紧靠在"ss"代码之前,Excel 将显示分钟数而不是月份。

图 2-15 列出了各种类型数字的显示效果。

2．将数值转换成文本

输入数值前加一个半角单引号"'",可将输入的数值转换为文本。例如,输入文本"123",可以直接输入"'123"。选中此单元格后会在左上角显示错误指示器 ⚠ 。

3．将文本转换成数值

在工作表中,选择左上角有错误指示器的任何单个单元格或相邻单元格的区域（文本格式的数据）,单击在所选单元格或单元格区域左边出现的错误按钮 ⚠ ,展开如图 2-16 所示的列表,从列表中选择"转换为数字"选项。

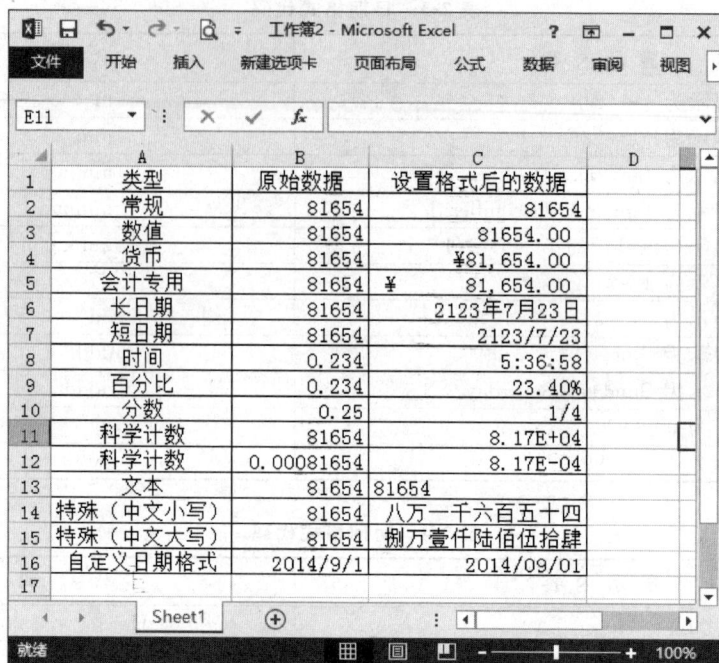

图 2-15　不同类型的数字格式

4．输入日期

如果在单元格中输入"1/2"会显示为"1 月 2 日"，输入"08-2-1"会显示为"2008-2-1"。

5．输入分数

要在单元格中输入分数"1/2"，方法是在此单元格中先输入单引号"'"，然后输入空格，最后输入"1/2"即可。

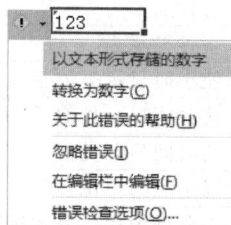

图 2-16　文本转换为数字

2.4　条件格式

条件格式是突出显示所关注的单元格或单元格区域，强调异常值，使用数据条、颜色刻度和图标集来直观地显示数据。

条件格式按设定的条件来更改单元格区域的格式设置。若设定的条件为 True，则基于该条件设置单元格区域的格式；如果条件为 False，则不基于该条件设置单元格区域的格式。

单击"开始"→"样式"→"条件格式"命令，弹出的用于添加新条件格式的规则列表如图 2-17 所示。

（1）添加条件格式，单击"新建规则"命令，打开"新建格式规则"对话框；

（2）按设定的条件选择规则类型，然后在"条件"列表中设置满足条件的单元格格式。

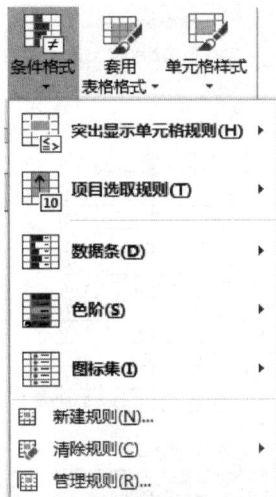

图 2-17 "条件格式"列表

2.5 本章教学案例

2.5.1 计件统计

📖案例描述

打开名称为 Excel0201. xlsx 工作簿,进行如下操作。

(1) 当前有一个名为"一月计件合计"的工作表,增加"二月计件合计"至"十二月计件合计"11 个工作表,并重命名工作表;再增加一个工作表为"全年计件数统计"。

(2) 一月到十二月工作表包括职工号、姓名和本月实际完成数量,全年计件数统计表包括职工号、姓名和全年合计。

(3) 将一月份计件合计中数据填充到其他月份。

(4) 将全年计件数统计表标签颜色设置为红色。

(5) 将一月到十二月计件合计工作表中员工的完成数量汇总到全年计件数统计工作表中,如图 2-18 所示。

🖥最终效果

本案例最终效果如图 2-18 所示。

✍案例实现

(1) 打开 Excel0201. xlsx 工作簿,插入 12 个新工作表,在工作表标签处修改工作表名称为:"二月份计件合计……十二月份计件合计、全年计件数统计"。

(2) 选中"一月份计件合计"工作表,按住 Shift 键,然后再单击"全年计件数统计"工作表,建立成组工作表。

(3) 选中"一月份计件合计"工作表中的所有内容,单击"填充"→"成组工作表"命令,将"一月份计件合计"工作表中内容填充至其他 12 个工作表。

(4) 在"全年计件数统计"工作表标签处将工作表标签颜色设置为红色,将"全年计件

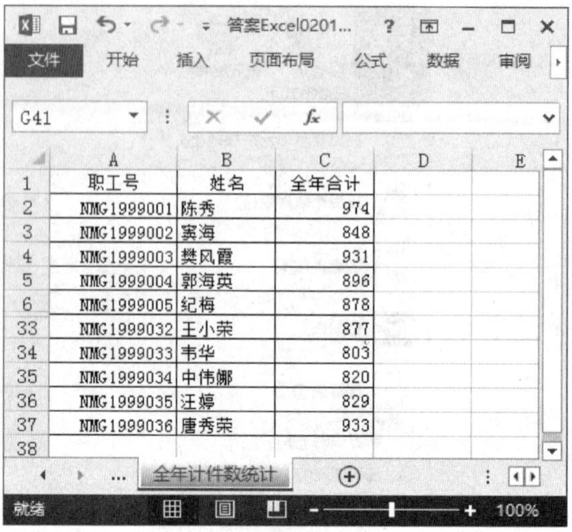

图 2-18　全年计件数统计

数统计"工作表的 C1 单元格修改为"全年合计"。

(5) 选中"全年计件数统计"工作表 C2 单元格,在编辑栏中输入函数"＝SUM(一月计件合计:十二月计件合计!C2)",即可将十二个工作表中 C2 单元格的计件数合计出来,然后将该公式向下复制填充。

2.5.2　制作企业收款凭证

📖案例描述

打开 Excel0202.xlsx 工作簿,新建一个"收款凭证"工作表,进行如下操作:

(1) 在工作表中输入各个项目,包括摘要、借方科目、贷方科目、总账科目、明细科目、金额等。

(2) 根据实际需要合并单元格。

(3) 为表格编辑区域添加边框并设置表格文字的格式。

(4) 保护工作表中的单元格内容。

💻最终效果

本案例最终效果如图 2-19 所示。

✍案例实现

打开 Excel0202.xlsx,完成如下操作:

(1) 在工作表中输入如图 2-19 所示的各个单元格的内容,按照需要合并单元格。文本格式为"宋体"、"11"。

(2) 设置表格格式为"细线"、"所有框架"。

(3) 调整金额下"亿千百十万……"列的列宽和"附单据"所在的列为固定列宽"2.25"。

(4) 设置"记账"所在单元格文本格式为竖排。

(5) 设置"附单据"所在单元格格式为自动换行。

(6) 设置表头文本格式为"宋体"、"24",单元格边框为"粗下框线"。

图 2-19　收款凭证

（7）在"审阅"选项卡的"更改"选项组中，单击"保护工作表"命令，并设置保护密码为"123"，将工作表保护起来。

2.5.3　数字格式

📖**案例描述**

打开 Excel0203.xlsx 工作簿，进行如下操作：

（1）工作表 Sheet1 重命名为"产品中 Pb 含量统计"。

（2）在工作表中输入各个项目，包括"型号"、"名称"和"Pb 含量"。

（3）输入数据。

（4）为表格添加全边框，修改文本格式。

（5）将"型号"列数据设置成"文本"格式。

（6）将"Pb 含量"列数据设置成"分数"格式。

（7）设置"Pb 含量"列数据大于等于 1 的单元格填充为红色。

🖥**最终效果**

本案例最终效果如图 2-20 所示。

✎**案例实现**

打开 Excel0203.xlsx 工作簿，完成如下操作：

（1）在图 2-20 所示的相应单元格中输入表头标题及各个项目。

（2）以"常规"数字格式输入所有数据。

（3）给表格添加框线；修改文本格式；表头字体设置为"宋体"，字号为 24，单元格边框线为"粗下框线"；项目标题字体为"宋体"，字号为 11。

（4）将"型号"列数据通过输入数据时在数据前加"'"，修改成"文本"格式。

图 2-20　最终效果

（5）将"Pb 含量"列数据通过数字选项卡选项修改成"分数"格式。

（6）对"Pb 含量"列数据进行条件格式设定，添加新建规则，弹出如图 2-21 所示的"新建格式规则"对话框，在对话框的"选择规则类型"列表中选择"只为包含以下内容的单元格设置格式"选项，然后设置条件为："单元格值""大于或等于""1"，并设置单元格格式为"填充为红色"。

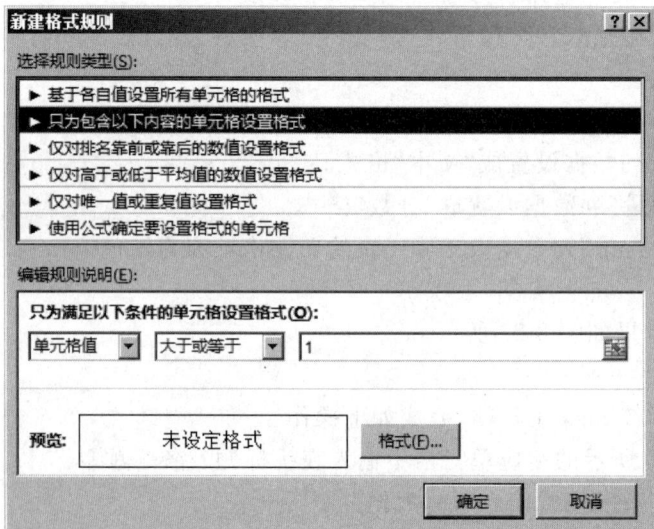

图 2-21　"新建格式规则"对话框

2.5.4 工资表打印

🕮案例描述

打开 Excel0204. xlsx 工作簿，在“工资”工作表中，根据表中内容进行如下操作：

(1) 计算实发工资。

(2) 将所有单元格的行高设置为 20，列宽设置为 7。

(3) 将实发工资按升序排列。

(4) 给表格加蓝色边框线，将 A1 到 I1 单元格添加底纹(茶色、背景 2、深度 10%)。

(5) 纸张设置为 A4 纸。

(6) 设置页边距上下为 2 厘米，左右为 2.5 厘米，页眉为 1 厘米，页脚为 2 厘米。

(7) 设置页眉为“人员基本工资表”，字号为 24 号，页脚为“第 X 页，共 Y 页”。

(8) 设置打印标题的顶端标题行为第一行标题内容。

(9) 添加批注，指示最高工资。

🖳最终效果

本案例最终效果如图 2-22 所示。

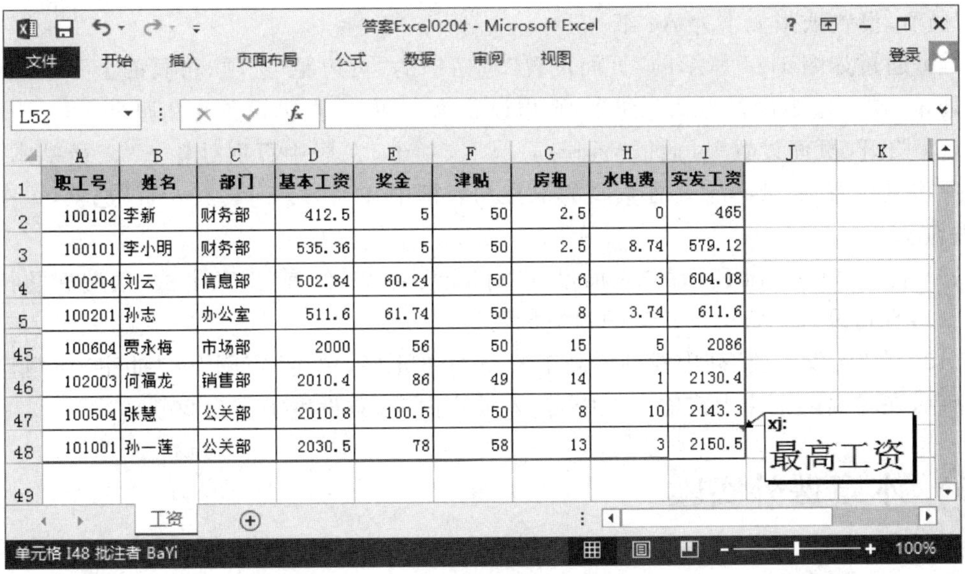

	A	B	C	D	E	F	G	H	I
1	职工号	姓名	部门	基本工资	奖金	津贴	房租	水电费	实发工资
2	100102	李新	财务部	412.5	5	50	2.5	0	465
3	100101	李小明	财务部	535.36	5	50	2.5	8.74	579.12
4	100204	刘云	信息部	502.84	60.24	50	6	3	604.08
5	100201	孙志	办公室	511.6	61.74	50	8	3.74	611.6
45	100604	贾永梅	市场部	2000	56	50	15	5	2086
46	102003	何福龙	销售部	2010.4	86	49	14	1	2130.4
47	100504	张慧	公关部	2010.8	100.5	50	8	10	2143.3
48	101001	孙一莲	公关部	2030.5	78	58	13	3	2150.5

图 2-22 工资表设置结果

✍案例实现

(1) 打开 Excel0204. xlsx 工作簿，选中 I2 单元格，输入公式“=D2+E2+F2−G2−H2”，按回车键，即可在该单元格中求出当前行员工的实发工资，然后将该公式向下复制填充。

(2) 单击“开始”→“单元格”→“格式”命令，从弹出的格式设置列表中选择“行高”和“列宽”选项，将行高设置为 25，列宽设置为 10，即可改变所选单元格的高度和宽度。

(3) 选中“工资”表中包括标题行在内的所有内容，在“数据”选项卡“排序和筛选”组中，单击“排序”按钮，在弹出的“排序”对话框中设置排序条件，完成排序，如图 2-23 所示。

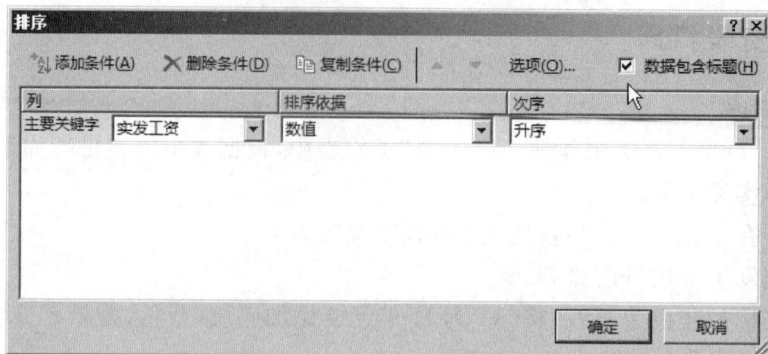

图 2-23　排序

（4）选中 A1 到 I48 单元格，通过如图 2-11 所示的"单元格格式设置"对话框的"边框"选项卡为表格加蓝色边框线。

（5）选中 A1 到 I1 单元格，通过如图 2-11 所示的"单元格格式设置"对话框的"填充"选项卡设置填充颜色为：茶色、背景 2、深色 10%。

（6）单击"页面布局"→"页面设置"→"纸张大小"命令，在展开的下拉列表中选择"A4"选项，设置纸张大小为 A4 纸。

（7）通过如图 1-14 所示的"页面设置"对话框的"页边距"选项，将页面上下边距设置为 2 厘米，左右边距设置为 2.5 厘米，页眉设置为 1 厘米，页脚设置为 2 厘米。

（8）打开"页面设置"对话框"页眉/页脚"选项卡，在居中页眉处输入"人员基本工资表"，并将其设置为 24 号字。在页脚的下拉列表框中找到"第 1 页，共？页"选项，单击"确定"按钮。

（9）打开如图 1-14 所示的"页面设置"对话框，在"工作表"选项卡的"顶端标题行处"输入 $1：$1，设置了每页都打印的顶端标题行。

（10）在"实发工资"列中找到最高工资所在单元格，单击"审阅"→"批注"→"新建批注"命令，在弹出的批注内容输入框中，输入批注内容，并设置字号为 20。

2.6　本章课外实验

2.6.1　格式设置

打开 Ekw0201.xlsx 工作簿，根据电视机销售价格统计表完成以下操作，最终效果如图 2-24 所示。

（1）在 A1 单元格中输入标题"电视机销售价格统计表"，楷体加粗 16 号字。

（2）将 A1：H1 区域合并居中，并将该行设置行高为 22，对齐方式为垂直居中。

（3）计算出每个商店 6 个品牌的"商店平均价格"，填入相应的单元格内，结果保留 2 位小数。

（4）求出各商店每一种品牌电视机的平均价格，填入"平均价格"一行相应的单元格中，结果保留 2 位小数。

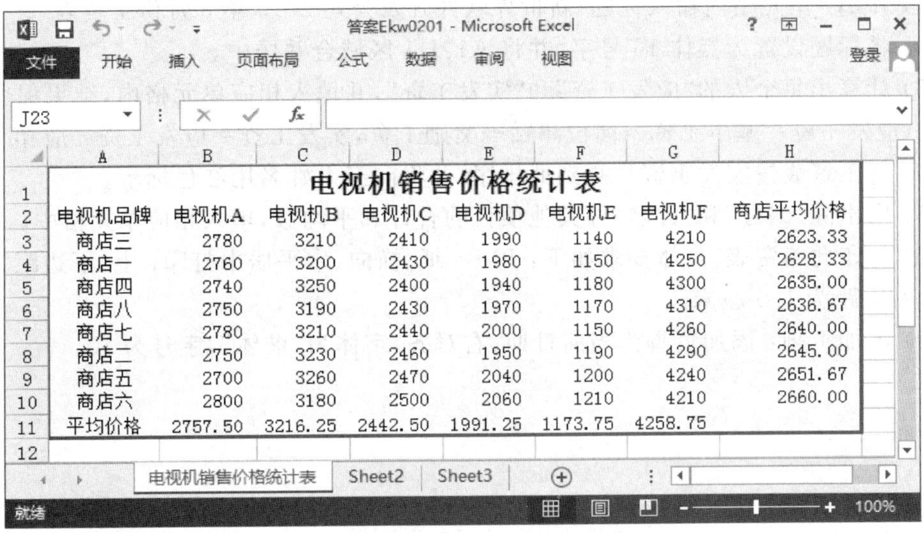

图 2-24　电视机销售价格统计表

（5）按商店平均价格从低到高将各商店所有信息排序。

（6）为整个表格添上蓝色粗实线的外边框，黄色底纹。

2.6.2　页面设置

打开 Ekw0202.xlsx 工作簿，根据某电脑公司 2010 年 3 月份的工资表完成以下操作，最终效果如图 2-25 所示。

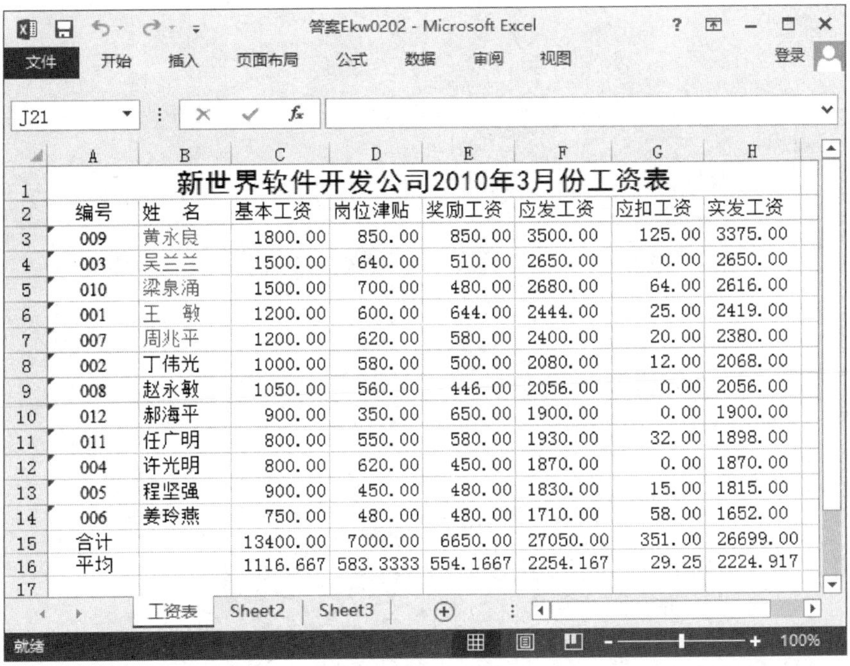

图 2-25　工资表

（1）在 A1 单元格内输入标题"新世界软件开发公司 2010 年 3 月份工资表"。

（2）将标题设置为黑体 16 号字，并将 A1:H1 区域合并居中。

（3）计算出每个人的"应发工资"和"实发工资"，并填入相应单元格内，结果保留 2 位小数。（应发工资＝基本工资＋岗位津贴＋奖励工资，实发工资＝应发工资－应扣工资）

（4）将工资表按实发工资从高到低排序，并将前五人姓名用红色标示。

（5）求出除"编号"和"姓名"外其他项目的合计和平均数，填入相应单元格中。

（6）打印此工资表，具体要求如下：用 B5 纸、横向、水平居中打印；上、下边距为 2 厘米，左、右边距为 1.5 厘米。

（7）添加页脚：添加页脚为当前日期，右对齐，字体为"楷体"，字号为 10。

第 3 章　Excel 数据填充与数据导入

本章说明：

　　Excel 中输入数据时有许多输入技巧，也可以从外部导入批量数据，掌握了这些技巧，可以有效地提高输入效率。本章主要介绍在 Excel 中如何实现等差序列、等比序列、日期序列等有规律数据的快速填充，以及如何从其他数据库系统导入批量数据。

本章主要内容：

> ➤ 工作表中数据的填充
> ➤ 外部数据的导入

本章拟解决的重要问题：

1. 如何对工作表中的数据进行自动序列填充？
2. 如何对工作表中的数据进行上下左右填充？
3. 如何进行日期序列填充？
4. 如何使用记忆式输入？
5. 如何在不同单元格中输入相同数据？
6. 如何将外部数据导入到 Excel 表格中？

3.1 工作表中数据的填充

在日常办公中如果想要快速地完成数据填充，需要掌握向下填充、向右填充、自动序列填充、记忆式输入等填充方式。

3.1.1 上下左右填充数据

单击"开始"→"编辑"→"填充"命令，展开的列表如图 3-1 所示，列出了各种填充方式。其中"向上"、"向下"、"向左"、"向右"填充这四种填充方式是指在当前单元格已有数据的前提下，向上、向下、向左、向右填充相同的数据，填充操作实际上就是复制数据。向下填充可以采用快捷键 Ctrl＋D，向右填充可以采用快捷键 Ctrl＋R 来实现。例如，在 N2 单元格中输入 800 后，可以在 N2 单元格的基础上向上、向下、向左、向右分别填充相同的数据 800。

3.1.2 自动序列

自动序列是指有规律的数据只需要输入第 1 个数，然后会自动按行或列进行填充。选中第一个数所在的单元格，单击"开始"→"编辑"→"填充"命令，在展开的如图 3-1 所示的列表中选择"序列"命令，弹出"序列"对话框，如图 3-2 所示。

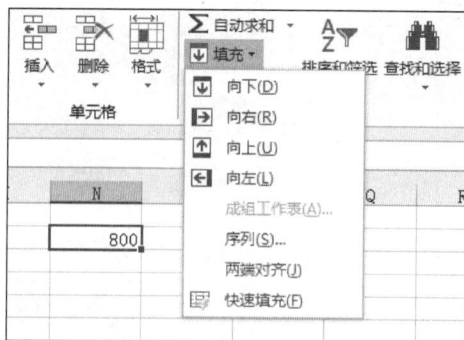

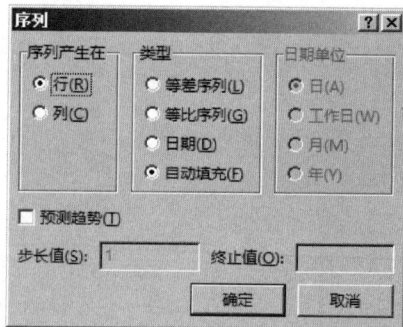

图 3-1 "填充"列表　　　　　　　　图 3-2 "序列"对话框——自动填充

（1）经常用到的是非数值的序列，例如在单元格中输入星期一，采用自动填充会填充至星期日；输入了一月，会自动填充至十二月等等。

（2）自动序列填充还经常应用于公式的复制填充。如果数据规模比较大，使用拖动填充柄的方式会很费力,但是如果采用自动填充会准确地在要填充的范围内进行正确填充。

3.1.3 记忆式输入

这种填充方式是指要填充的数据已经输入过,可以通过"Alt＋↓"组合键打开输入列表,然后从列表中选择要填充的内容。

3.1.4 日期序列

日期序列的填充包含按日填充、按工作日填充、按月填充、按年填充等。在实际操作过程中可以使用序列填充来实现,如图 3-3 所示,也可以通过左键拖动填充柄或右键拖动填充柄来实现。

(1) 按住左键拖动填充柄,系统默认是按日填充,按住 Ctrl＋左键拖动填充柄是复制日期。在图 3-4 中,A1 单元格输入 2008-1-1 后,按住左键拖动填充柄到 A9 单元格后,日期是以日为单位进行填充的;在 B1 单元格输入 2008-1-1 后按住 Ctrl＋左键拖动填充柄到 B9 单元格后,仅对日期进行复制操作。

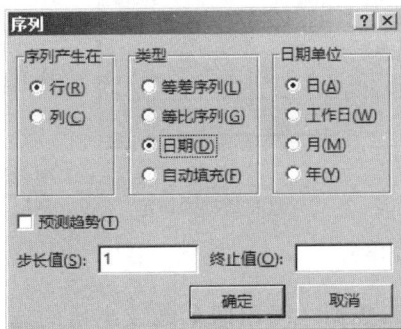

图 3-3 "序列"对话框——填充日期

图 3-4 日期填充

(2) 右键拖动填充柄后会弹出如图 3-5 所示的快捷菜单,可以从中选择填充方式。在图 3-6 中,A 列选择的是以天数填充;B 列选择的是以工作日进行填充,其中 2008 年的 1 月 5 日和 1 月 6 日分别是星期六和星期日,因而不进行填充;C 列是以月进行填充;D 列是以年进行的填充。

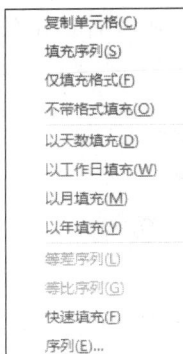

图 3-5 快捷菜单

图 3-6 填充日期

3.1.5 自定义序列

自定义序列是对于自身没有规律,但在使用上又有一定规律的数据进行序列定义。自定义序列可以采用手动输入来定义,也可以导入单元格数据来定义。具体操作如下:

(1)单击"文件"→"选项"命令,在弹出的"Excel 选项"对话框中选择"高级"选项卡,在该选项卡的"常规"区域,单击"编辑自定义列表"按钮,弹出"自定义序列"对话框,如图 3-7 所示。

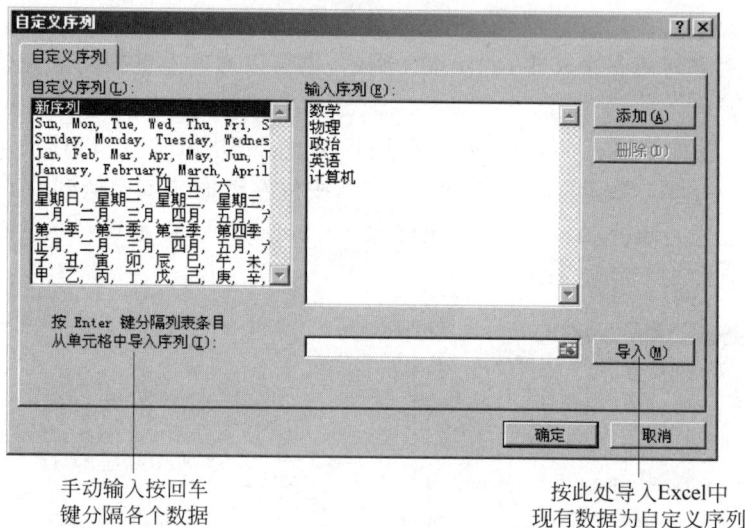

图 3-7   自定义序列

(2)在"输入序列"列表中输入自定义的序列,数据之间用回车键或半角的逗号隔开,输入完成后,单击"添加"按钮,将自定义的序列添加到左侧的"自定义序列"列表中。

在使用自定义序列时,只要输入自定义序列中的某一个数据,如数学,然后通过自动填充或拖动填充柄就可以自动填充出物理、政治、英语、计算机等数据。

3.1.6   不同单元格输入相同数据

要在不同单元格中输入相同的数据,首先选中多个单元格,然后在选中的当前单元格中输入数据,如图 3-8 所示,输入完成后按 Ctrl+Enter 键就实现了在所有选中的单元格中输入了该数据,如图 3-9 所示。

图 3-8   不同单元格输入相同数据 1

图 3-9   不同单元格输入相同数据 2

3.1.7 数据验证

在 Excel 的数据填充中,除了上面讲到的几种填充方法外,也可以通过验证序列填充数据,如图 3-10 所示的性别的输入。

具体操作如下:选中 A 列,单击"数据"→"数据工具"→"数据验证"命令,弹出"数据验证"对话框,"验证条件"选择"序列"选项,来源的输入方式有两种:

(1)直接在文本框中输入"男,女",如图 3-11 所示。

图 3-10 通过下拉列表输入

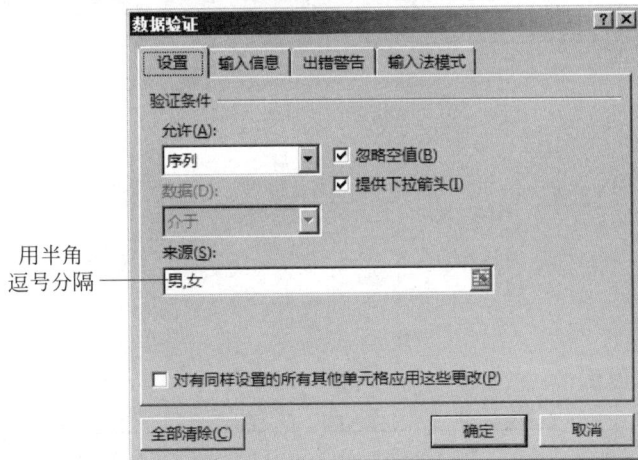

图 3-11 "数据验证"对话框——数据来源一

(2)数据区域定义名称。

① 在 B1 和 B2 单元格分别输入"男"和"女"。选中 B1 和 B2 单元格,在名称框中输入"性别",即为 B1 和 B2 这个数据区域定义了一个名称,如图 3-12 所示。

② 选中 A 列,打开数据验证对话框,"验证条件"选择"序列"选项,在"来源"编辑框中输入"=性别",如图 3-13 所示,单击"确定"按钮后,即可在 A 列单元格中使用序列填充。

图 3-12 定义名称

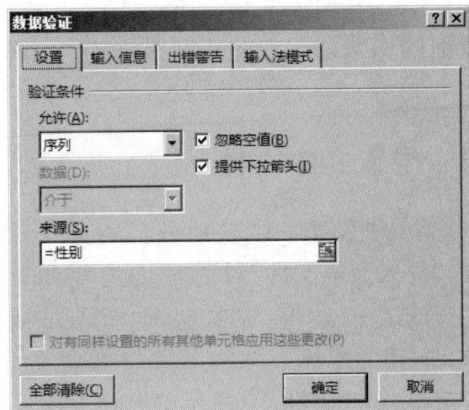

图 3-13 "数据验证"对话框——数据来源二

3.2　外部数据的导入

在日常工作中，经常会遇到把 Excel 以外的其他格式的数据导入 Excel 中。

3.2.1　导入 Access 数据

（1）单击"数据"→"获取外部数据"→"自 Access"命令，弹出"选择数据源"对话框，选择需要导入的 Access 文件如"职工.mdb"，单击"打开"按钮，如图 3-14 所示。

图 3-14　"选择数据源"对话框

（2）在弹出的"导入数据"对话框中可以选择数据在工作簿中的显示方式，数据的存放位置可以为现有工作表或新建工作表，单击"确定"按钮，如图 3-15 所示。

（3）Access 数据导入后，Excel 自动加了表样式，并处于数据筛选状态，对此可以根据个人需要自行进行调整。

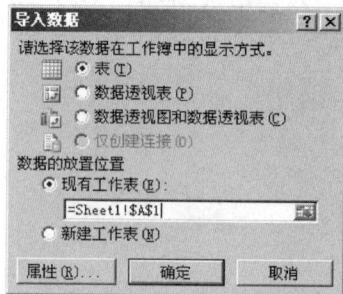

图 3-15　"导入数据"对话框

3.2.2　导入文本文件

（1）单击"数据"→"获取外部数据"→"自文本"命令，弹出"导入文本文件"对话框，选择需要导入的文本文件"职工.txt"，单击"导入"按钮，如图 3-16 所示。

（2）利用文本导入向导，共分 3 步将文本文件数据导入到 Excel 中。

第 1 步：在如图 3-17 所示的对话框中设置原始数据类型，导入数据的起始行，文件原始格式，确定数据是否包含标题行，在这里采用默认设置，单击"下一步"按钮，弹出如

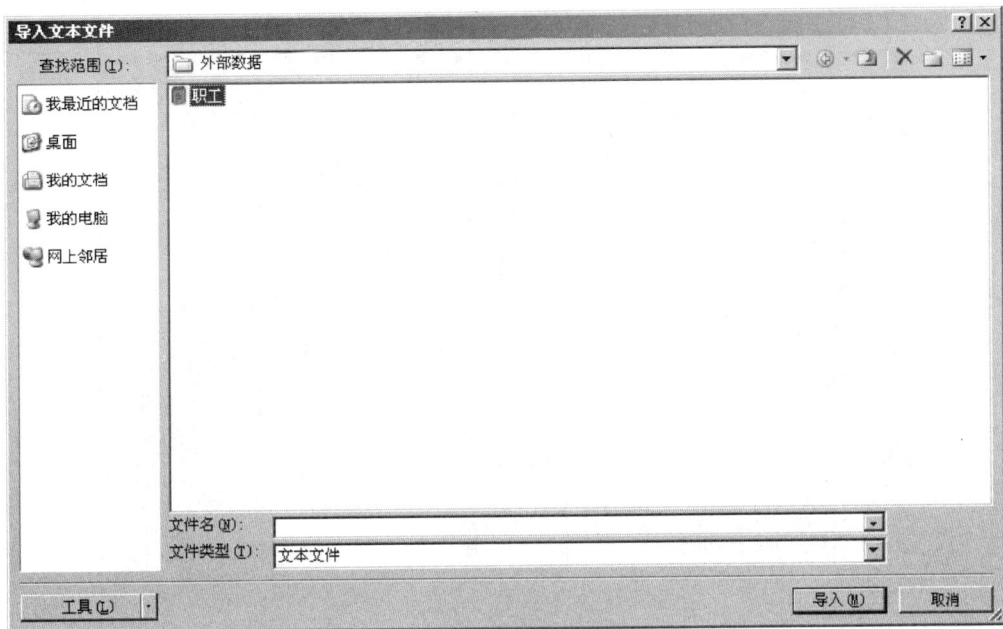

图 3-16 "导入文本文件"对话框

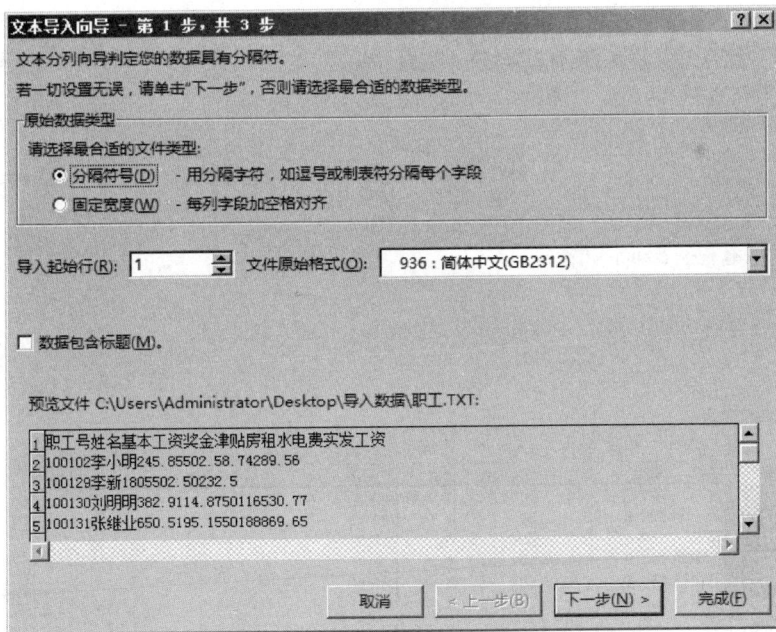

图 3-17 文本导入向导——第 1 步

图 3-18 所示的对话框。

第 2 步: 在图 3-18 的"分隔符号"选项组中,选择数据分隔符号(Tab 键、分号、逗号、空格等),本例中文本文件中数据以逗号作为间隔,因此这里选择"逗号"复选框,单击"下一步"按钮,弹出如图 3-19 所示的对话框。

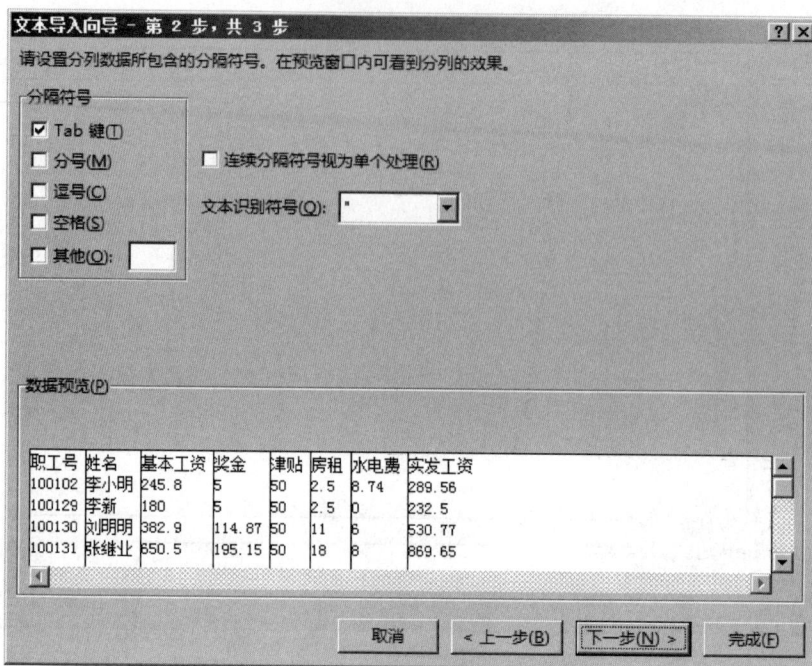

图 3-18　文本导入向导——第 2 步

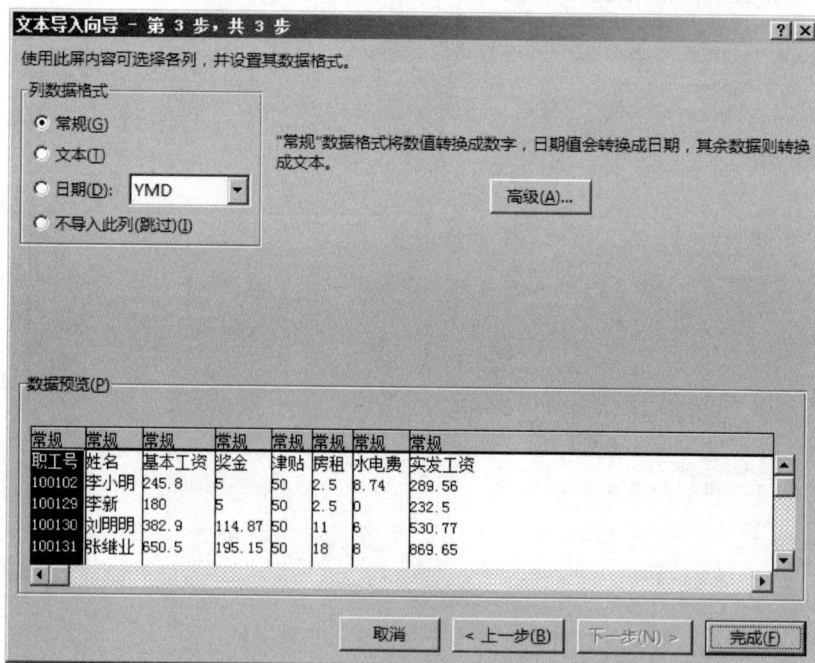

图 3-19　文本导入向导——第 3 步

　　第 3 步：在图 3-19 中选择数据导入 Excel 后的格式（常规、文本、日期），本例中选择"常规"格式（"常规"数据格式将数值转换成数字，日期值转换成日期，其余数值转换成文本），单击"完成"按钮，弹出如图 3-20 所示的"导入数据"对话框。

（3）在"导入数据"对话框中，选择数据放置位置，单击"确定"按钮后，即可导入文本数据。

3.2.3　导入 DBF 表数据

（1）单击"数据"→"获取外部数据"→"现有连接"命令，弹出如图 3-21 所示的"现有连接"对话框，在对话框中单击"浏览更多"按钮，弹出如图 3-22 所示的"选取数据源"对话框，在该对话框中单击"新建源"按钮。

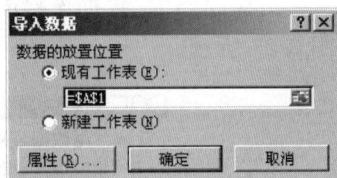

图 3-20　"导入数据"对话框

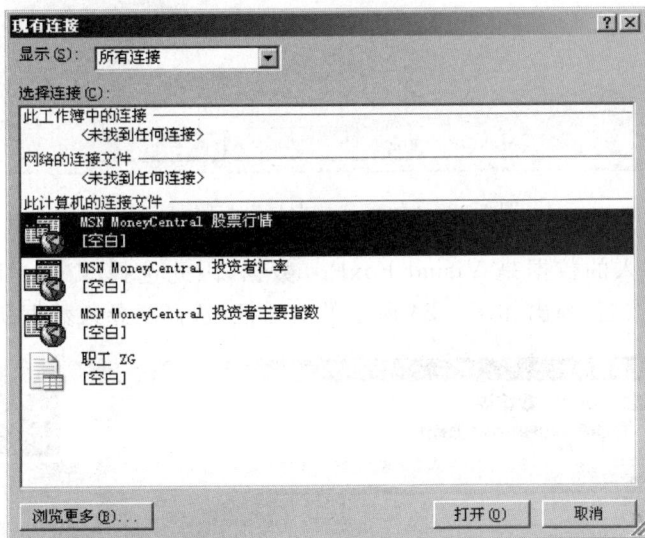

图 3-21　"现有连接"对话框

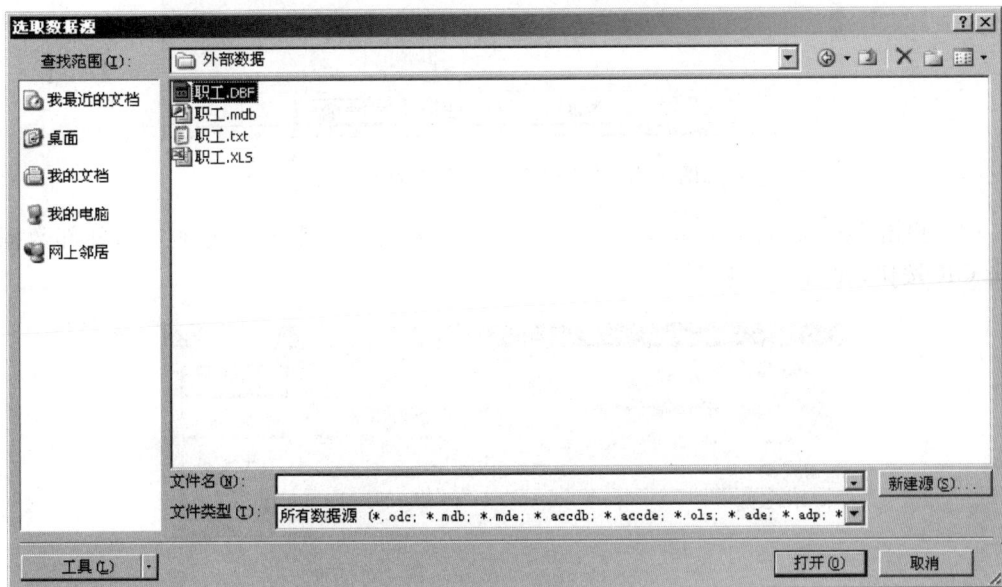

图 3-22　"选取数据源"对话框

（2）在弹出的"数据连接向导"对话框中，选择 ODBC DSN 选项，单击"下一步"按钮，如图 3-23 所示。

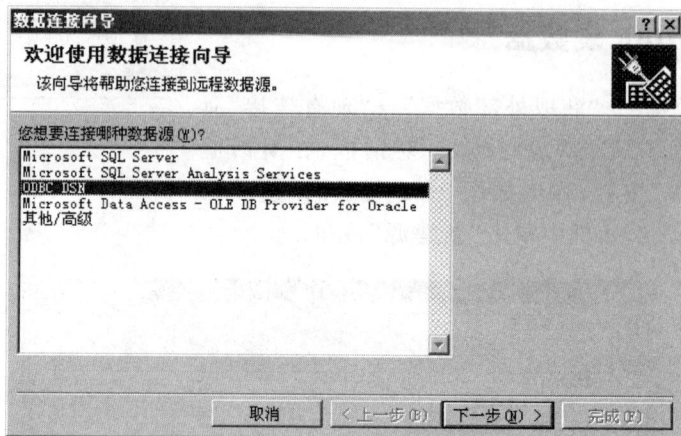

图 3-23 "数据连接向导"对话框（一）

（3）这里要导入的数据是 Visual FoxPro 数据，因此选择 Visual FoxPro Tables 选项，单击"下一步"按钮，弹出如图 3-24 所示的对话框，选择要导入数据所在的数据源。

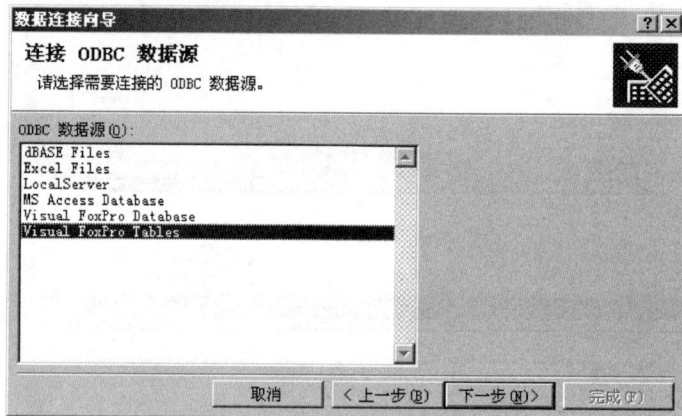

图 3-24 "数据连接向导"对话框（二）

（4）弹出 Configure Connection 对话框，在 Path 文本框中输入地址"c:\外部数据"，单击 OK 按钮，如图 3-25 所示。

图 3-25 Configure Connection 对话框

（5）在"数据连接向导"—选择数据库和表对话框中选中要添加的"职工.dbf"，单击"完成"按钮，如图 3-26 所示。

（6）弹出"导入数据"对话框，选择数据在工作簿中的显示方式和数据的存放位置，如图 3-27 所示。

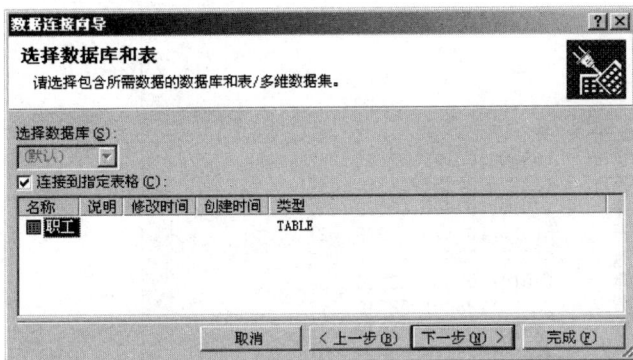

图 3-26　"数据连接向导"对话框（三）　　　图 3-27　"导入数据"对话框

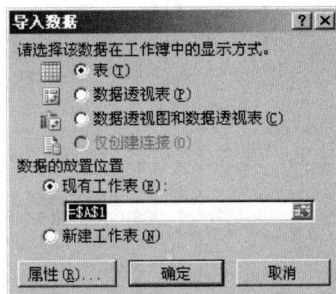

（7）单击"确定"按钮后将数据导入，Excel 自动加了表样式，并处于数据筛选状态，对此可以根据个人需要自行进行调整。

3.3　教学案例

3.3.1　人员基本信息录入

📖案例描述

内蒙古呼和浩特"×××企业"组建成功，该企业有 3000 员工，办公室人员根据每位员工的档案汇总人员基本信息。打开 Excel0301.xls 工作簿，完成以下操作：

（1）为单位的员工编制职工号，职工号的规律是以 NMG 开头然后分别是NMG0001、NMG0002，以此类推，一直到 NMG3000。

（2）填充每位职工的来源。

（3）输入每位职工的身份证号。

（4）输入每位职工的家庭所在地区的电话区号。

📖最终效果

本案例最终效果如图 3-28 所示。

✍案例实现

打开 Excel0301.xlsx 中的"企业人员基本信息录入"工作表，对题目进行分析，可以看出职工号可以采用自动填充来实现，职工来源可以通过向下填充或记忆式输入实现，身份证号和电话区号可以采用数字变文本输入来实现，如图 3-29 所示。

（1）在 A2 单元格中输入"NMG0001"后，在名称框输入 A2:A3001，选中所有职工号输入区域，然后选择图 3-2 所示的"序列"对话框中的"自动填充"命令，单击"确定"按钮后，即可实现 3000 名员工自动编号的输入。

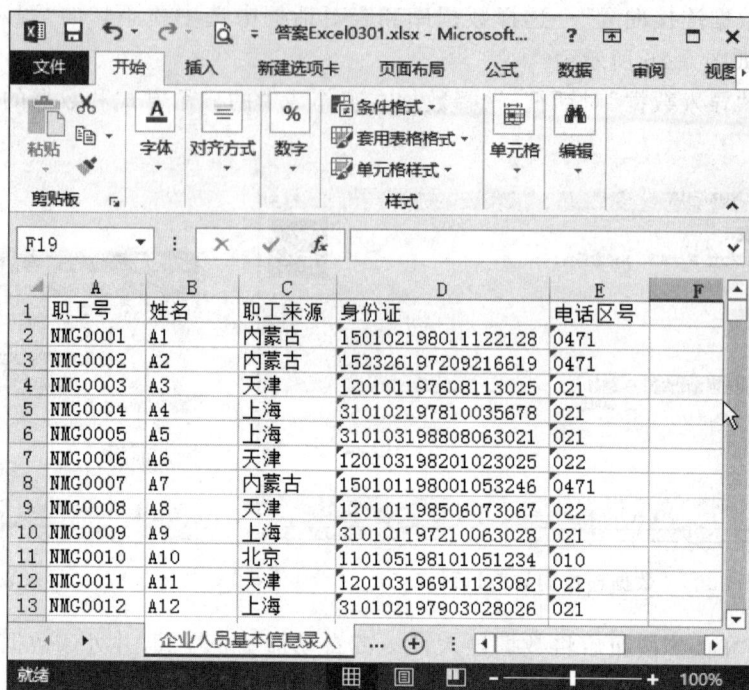

图 3-28　人员基本信息录入结果

图 3-29　企业人员基本信息录入

（2）姓名为 A2 职工来源与 A1 职工来源相同，直接按快捷键 Ctrl＋D 即可完成。姓名为 A3 和 A4 的职工正常输入职工来源为天津和上海，A5 的职工假设不是"上海"而是"天津"或"内蒙古"，可以按 Alt＋↓光标键打开输入列表，直接进行选择。

（3）假设 A1 的身份证号为 152326198310053028，直接进行输入后变成了 1.52326E＋17，不是我们预期的结果，原因是 Excel 把身份证当成数字处理，数字位数过多而采用了科学记数法。对于这样的数据可以在前面输入"'"（单引号）然后再输入相应的身份证号，如姓名为 A2 的职工采用的就是这种输入方式。

（4）姓名为 A1 的职工在输入电话区号为"0471"后，Excel 系统将 0471 作为数字来处理，因而将 0 省略，结果输入了"471"。在输入时也是采用先输入"'"（单引号），然后再输入"0471"才能达到预期的输入效果，如 E3 单元格所示。

3.3.2 办公室人员值班表设计

📖案例描述

内蒙古呼和浩特"×××企业"办公室有 6 位工作人员,每个人的信息如表 3-1 所示,企业要求这 6 名职工每周一到周五的晚上轮回值班。周六日休息,不作值班安排。打开 Excel0302.xlsx 工作簿,设计并安排 2014 年全年值班表。

表 3-1　办公室工作人员

职 工 号	姓 名	性 别	手 机
NMG0011	张小明	男	13947150012
NMG0012	李璐	女	13947150058
NMG0013	王金海	男	13947150087
NMG0014	齐文山	男	13145723089
NMG0015	古云	男	15823451239
NMG0016	其木格	女	15478901234

🖥最终效果

本案例最终效果如图 3-30 所示。

图 3-30　办公室人员值班表

✍案例实现

打开 Excel0302.xlsx 工作簿,其中有"办公室工作人员"和"2014 年度值班表"两个工作表。从案例分析可知道值班日期不填充星期六与星期日,在填充时选择的是按工作日填充。值班人姓名和值班人手机首先确定谁第一个值班,假设齐文山值第一个班,以后按办公室工作人员的顺序依次值班,如图 3-31 所示。在"办公室工作人员"工作表中可以看到,姓名数据已经存在,而每个人的手机并没有输入。从中分析可以知道姓名可以通过导入数据直接变为自定义序列,而手机号码可以通过输入来转换为自定义序列。

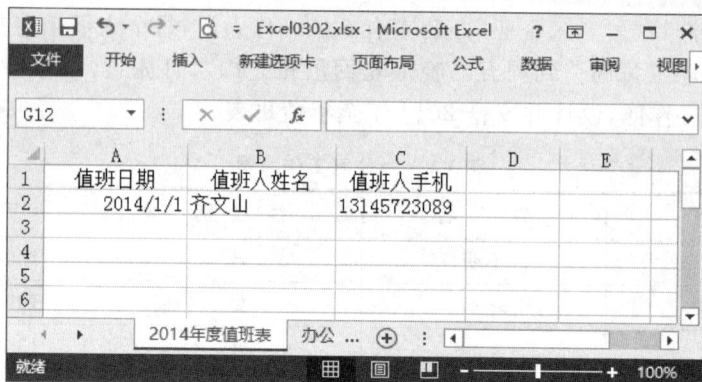

图 3-31　2014 年度值班表

（1）选择"办公室工作人员"工作表,将所有人的姓名通过自定义序列中的导入序列将姓名定义为自定义序列。

（2）手工在输入序列中输入办公室所有人员的手机,手机号码的顺序要与办公室人员的顺序一致。

（3）回到"2014 年度值班表",选中 A2 单元格,选择"序列"对话框中的"日期"序列,如图 3-32 所示,在"序列产生在"选项组中选择"列"单选按钮,在"类型"选项组中选择"日期"单选按钮,在"日期单位"选项组中选择"工作日"单选按钮,在"终止值"文本框中输入2014-12-31,然后单击"确定"按钮就可以将 2014 年度除星期六和星期日外所有的日期填充到 A 列。

（4）填充后按 Ctrl＋↓组合键可以看到 2014-12-31 的单元格地址为 A262,这样可以知道值班人姓名的填充区域是 B2 到 B262,值班人手机填充是 C2 到 C262。

（5）在名称框中输入 B2:B262,然后选择序列填充中的自动填充,如图 3-33 所示。

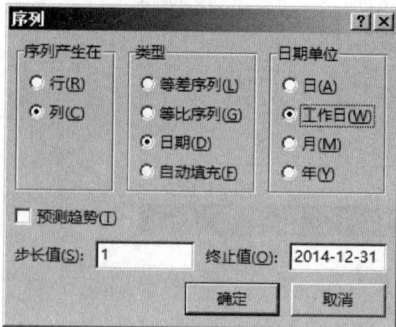

图 3-32　工作日的填充

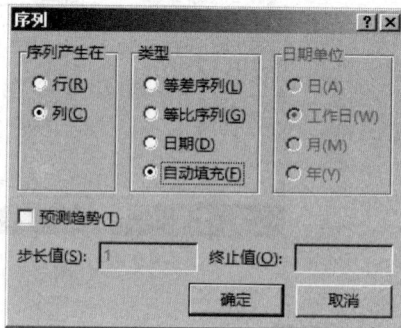

图 3-33　值班人姓名填充

（6）在名称框中输入 C2:C262,然后选择序列填充中的自动序列。

通过上面的操作,就可以完成办公室人员全年值班表的设计制作。

3.3.3 人员考勤表的制作

📖 案例描述

内蒙古呼和浩特"×××企业"有30位员工,每天早上要对员工进行考勤,考勤方法是通过考勤表进行登记,旷工采用×进行标记,迟到采用△标记,早退采用▽,病假采用○标记,事假采用⊙标记。打开 Excel0303.xlsx 工作簿,完成下列操作:

(1)制作一个考勤表,纸张采用 A4 纸横向。

(2)每页有职工号、姓名及31天的考勤记录,30位员工都在一页纸上,一年的考勤总计12页。

🖥 最终效果

本案例最终效果如图 3-34 所示。

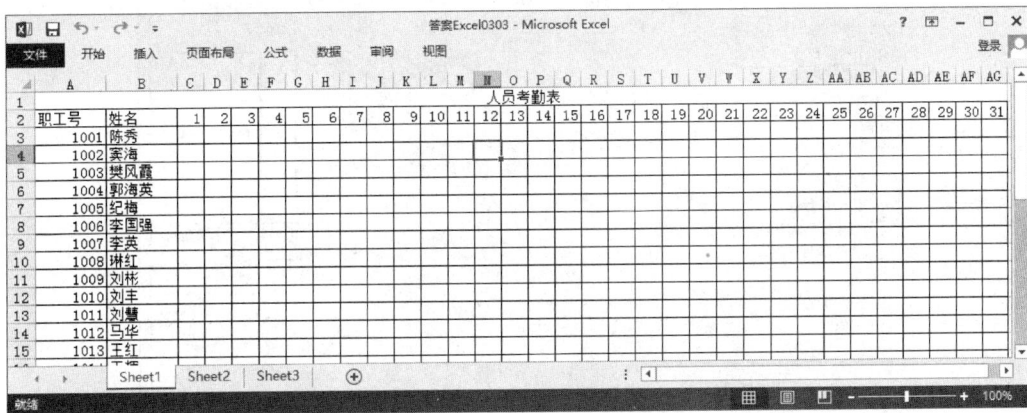

图 3-34 人员考勤表制作结果

✍ 案例实现

(1)打开 Excel0303.xlsx 工作簿,选择页面布局选项卡,如图 3-35 所示。设置纸张大小为 A4 纸,纸张方向为横向。

(2)在 C1 单元格输入 1,然后单击"开始"→"编辑"→"填充"→"序列"命令,在"序列"对话框中的"终止值"文本框中输入 31,单击"确定"按钮,如图 3-36 所示。

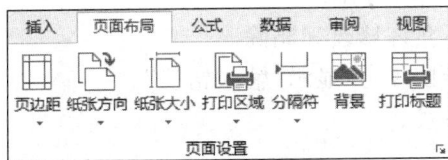

图 3-35 页面布局选项卡

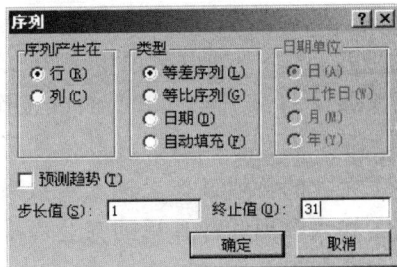

图 3-36 "序列"对话框

(3)在名称框中输入 C1:AG1 后,选中第一行的 31 个单元格,然后单击"开始"→"单元格"→"格式"命令,在展开的列表中选择"列宽"选项,弹出图 3-37 所示的"列宽"对话框,在该对话框中输入相应的数字后进行打印预览,看 31 天是否在一页纸上显示。列宽的值经过多次试验性输入才能确定一个具体的数字。

(4) 在名称框中输入 A1:AG31 选中该区域后,加边框。

(5) 在行号 1 上单击左键,选中第一行,然后右击,从快捷菜单中选择"插入"命令,在当前行的上方插入一个空行。

(6) 在 A1 单元格输入"人员考勤表"。

(7) 在名称框中输入 A1:AG1 选中单元格后点右键选择设置单元格格式。

图 3-37 列宽

(8) 在"设置单元格格式"对话框中选择"对齐"选项卡,在"水平对齐"下拉列表框中选择"跨列居中"选项,如图 3-38 所示。

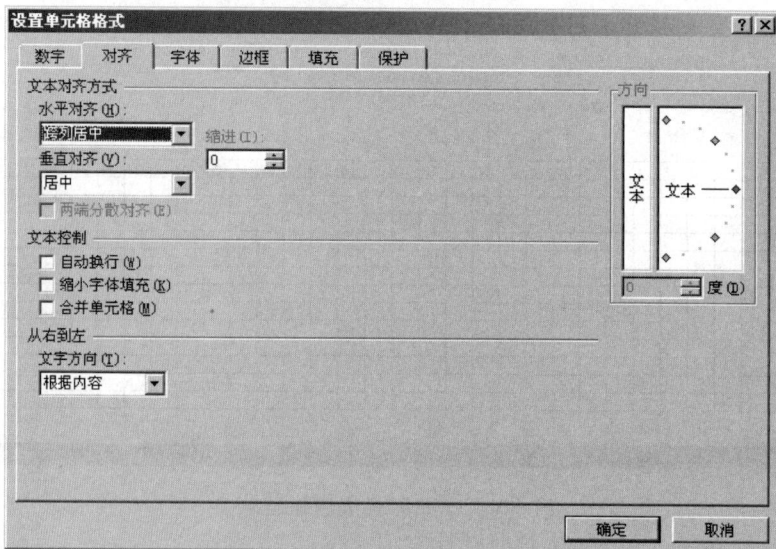

图 3-38 设置单元格跨列居中

3.3.4 企业营业税模板制作

📖案例描述

内蒙古呼和浩特"×××企业"由专人进行企业纳税管理,在纳税管理中每个月需要交纳营业税,该企业的营业税税率为 5%,每个月只需要输入企业营业收入,营业税会自动计算完成。打开 Excel0304.xlsx 工作簿,完成下列操作:

(1) 企业除营业额数据外其他的所有数据不允许修改和删除。

(2) 企业的营业额如果输入负数系统会拒绝接收,并显示"输入错误"。

(3) 输入数据和计算后的营业税采用货币格式。

(4) 全年汇总自动计算。

(5) 制作企业管理 12 个月的营业税的模板,每年计算企业营业税只需通过模板生成即可。

最终效果

本案例最终效果如图 3-39 所示。

图 3-39　企业营业税计算

案例实现

打开 Excel0304.xlsx 工作簿,按下列顺序完成设计与制作。

(1) 在名称框中输入 B2:B13,选中允许修改的单元格,右击,在弹出的快捷菜单中选择"设置单元格格式"命令,在弹出的对话框中选择"保护"选项卡,取消选中"锁定"选项。

(2) 单击"数据"→"数据工具"→"数据验证"命令,在出现的对话框中设置有效条件,如图 3-40 所示。

在"数据验证"对话框中选择"出错警告"选项卡,如图 3-41 所示进行输入。

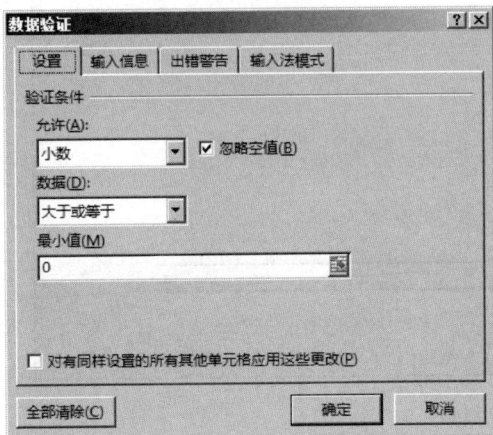

图 3-40　"数据验证"对话框(一)

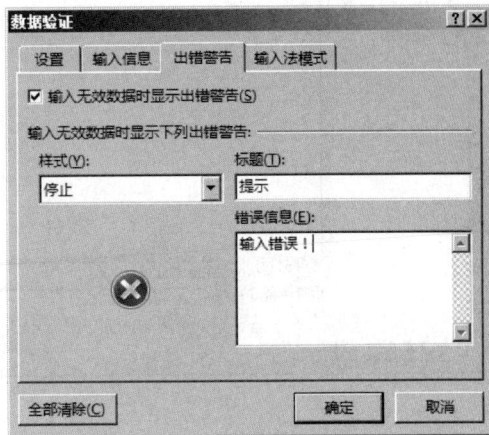

图 3-41　"数据验证"对话框(二)

(3) 在名称框中输入 B2:C13,选择该区域,通过如图 2-11 所示的"设置单元格格式"对话框的"数字"选项卡设置该区域为"货币"格式。

（4）选中 A14 和 B14 两个单元格，设置对齐方式为"合并后居中"。

（5）选中 C2 单元格，输入公式"＝B2＊5％"，将该公式向下填充至 C13 单元格；选中 C14 单元格定义公式 SUM(C2:C13)，如图 3-42 所示。

图 3-42　企业营业税模板

（6）给表格加上边框线。

（7）单击"文件"→"保存"或"另存为"命令，打开"另存为"对话框，在"文件名"文本框中输入"企业营业税"，"保存类型"选择"Excel 模板"，然后单击"保存"按钮保存模板，如图 3-43 所示。

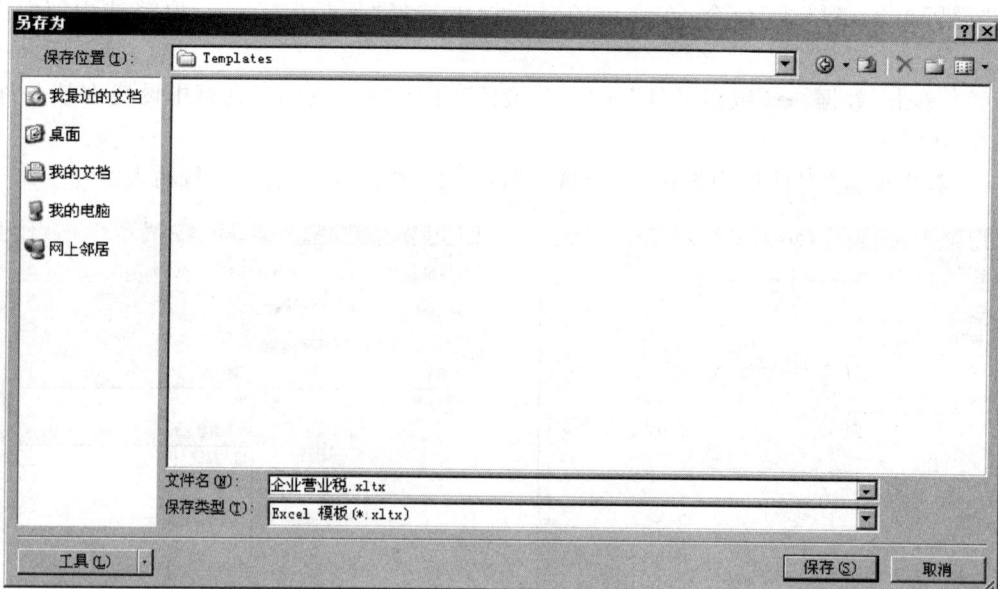

图 3-43　保存模板

（8）保存模板后将其关闭，在 Excel 工作簿窗口单击"文件"→"新建"命令，在"我的模板"选项卡中能够看到已经制作的"企业营业税"模板，然后单击"确定"按钮，如图 3-44 所示。

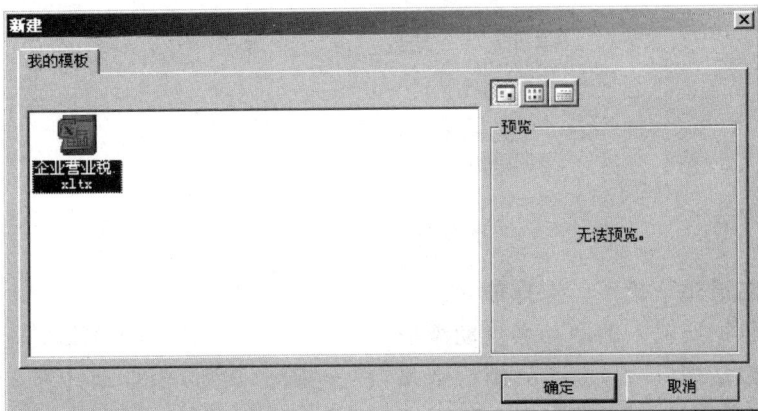

图 3-44 "新建"对话框

（9）之后，根据"企业营业税"模板创建新的工作簿，在工作表营业额列输入各个月的营业额后，能自动计算出某个年度各个月的营业税，如图 3-45 所示。依此方法可以计算以后每个年度的营业额。

图 3-45 企业营业税

3.3.5 商品销售表的制作

📖**案例描述**

打开 Excel0305.xlsx 工作簿，在"商品单价"表中存储了内蒙古呼和浩特"×××企业"商品销售的单价，如图 3-46 所示，要求根据商品销售单价，在如图 3-47 所示的商品数量表中计算商品销售的金额。

图 3-46 商品销售单价

	A	B	C	D	E	F
1	销售代码	销售日期	商品名	单价	数量	金额
2	101	2010/1/3				
3	102	2010/1/4				
4	103	2010/2/8				
5	104	2010/3/7				
6	105	2010/4/16				
7						

图 3-47　商品数量

（1）商品名通过下拉菜单选择输入。

（2）单价依据所输入的商品名自动添加。

（3）根据数量列（E 列）中产品销售数量，在金额列（F 列）中自动计算产品的销售金额，若产品销售数量为 0，金额为空。

最终效果

本案例最终效果如图 3-48 所示。

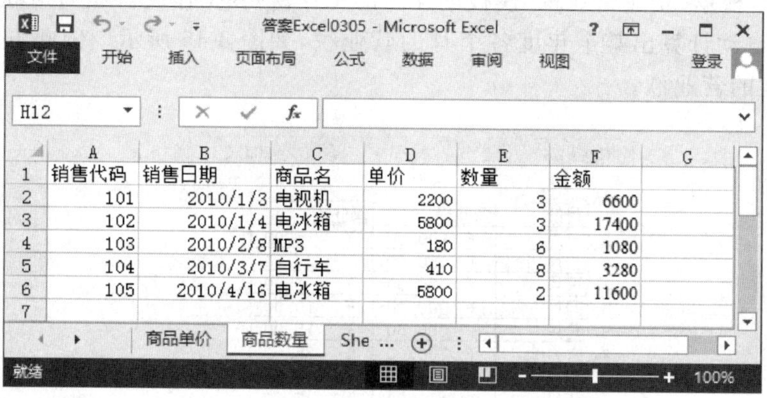

图 3-48　商品销售表

案例实现

（1）打开 Excel0305. xlsx 工作簿，在"商品单价"工作表中，通过在名称框输入 B2：B6 选中所有商品，然后在名称框中输入"商品名"，即为 B2：B6 这个数据区域定义名称，如图 3-49 所示。

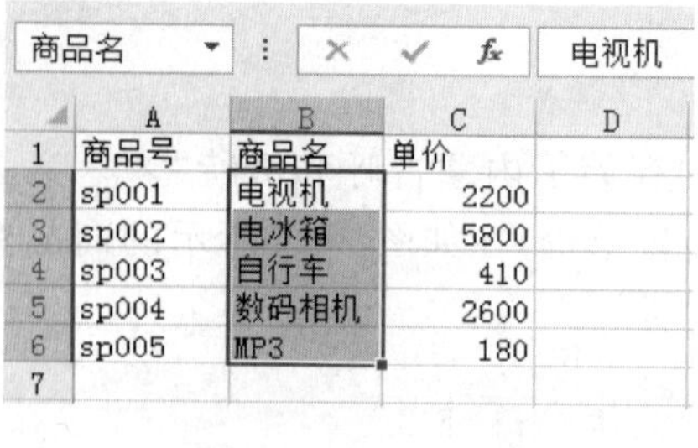

图 3-49　定义名称

（2）在"商品数量"工作表中，在名称框中输入 C2：C6，选中单元格区域，单击"数据"→"数据工具"→"数据验证"命令，从弹出的下拉列表中选择"数据验证"选项，在弹出的"数据验证"对话框的"验证条件"列表中选择"序列"选项，"来源"中输入"=商品名"（或输入"电视机"、"电冰箱"、"自行车"、"数码相机"、"MP3"），单击"确定"按钮，设置了验证序列，用于输入商品的名称。

（3）单击 D2 单元格，在编辑栏中输入公式"=IF(\$C2="电视机",商品单价!\$C\$2,IF(\$C2="电冰箱",商品单价!\$C\$3,IF(\$C2="自行车",商品单价!\$C\$4,IF(\$C2="数码相机",商品单价!\$C\$5,IF(\$C2="MP3",商品单价!\$C\$6)))))"，实现单价依

64

据所输入的商品名自动添加,如图 3-50 所示。

D2 =IF($C2="电视机",商品单价!$C$2,IF($C2="电冰箱",商品单价!$C$3,IF($C2="自行车",商品单价!$C$4,IF($C2="数码相机",商品单价!$C$5,IF($C2="MP3",商品单价!$C$6)))))

	A	B	C	D	E	F	G
1	销售代码	销售日期	商品名	单价	数量	金额	
2	101	2010/1/3	电视机	2200	3	6600	
3	102	2010/1/4	电冰箱	5800	3	17400	
4	103	2010/2/8	MP3	180	6	1080	
5	104	2010/3/7	自行车	410	8	3280	
6	105	2010/4/16	电冰箱	5800	2	11600	
7							

图 3-50 计算单价

(4) 单击 F2 单元格,在编辑栏中输入公式"=IF($E2<>0,$D2*$E2,"")",将该公式向下填充至 F6,实现销售额根据输入产品销售数量的自动计算,最终结果如图 3-48 所示。

3.4 本章课外实验

3.4.1 Excel 数据填充

打开 Ekw0301.xlsx,按下列要求完成实验,最终效果如图 3-51～图 3-54 所示。

1. 在 Sheet1 中完成下列操作

(1) 在 A1 单元格输入 2,通过等差序列填充到 A9,步长是 1。

(2) 在 B1 单元格输入 2,通过等比序列填充到 B9,步长是 2。

(3) 在 C1 单元格输入 2,通过复制填充到 C9。

(4) 将 B1 单元格设为红底黄字,然后填充格式到 B9。

	A	B	C	D	E
1	2	2	2	2	2
2	3	4	2	2	2
3	4	8	2		2
4	5	16	2		2
5	6	32	2		2
6	7	64	2		2
7	8	128	2		2
8	9	256	2		2
9	10	512	2		2
10					

图 3-51 Sheet1 的内容

(5) 在 D1 单元格输入 2,分别向下和向右填充 2。

(6) 将 E1 单元格设置为蓝底黄字,通过值填充到 E9。

2. 在 Sheet2 中完成下列操作

(1) 在 A1 单元格输入 1998-1-1,然后用填充柄填充到第 9 行。

(2) 通过日期序列将 A1 单元格拖动到 E1。

(3) 通过日期序列中的天数将 A2 单元格拖动到 E2。

(4) 通过日期序列中的月将 A3 单元格拖动到 E3。

(5) 通过日期序列中的年将 A4 单元格拖动到 E4。

(6) 通过日期序列中工作日将 A5 单元格拖动到 E5。

	A	B	C	D	E	F
1	1998/1/1	1998/1/2	1998/1/3	1998/1/4	1998/1/5	
2	1998/1/2	1998/1/3	1998/1/4	1998/1/5	1998/1/6	
3	1998/1/3	1998/2/3	1998/3/3	1998/4/3	1998/5/3	
4	1998/1/4	1999/1/4	2000/1/4	2001/1/4	2002/1/4	
5	1998/1/5	1998/1/6	1998/1/7	1998/1/8	1998/1/9	
6	1998/1/6					
7	1998/1/7					
8	1998/1/8					
9	1998/1/9					
10						

图 3-52　Sheet2 的内容

3．在 Sheet3 中完成下列操作

（1）在 A1 单元格中输入"1 月"，用填充柄拖动到 A15。

（2）在 B1 单元格中输入"星期一"，用填充柄拖动到 B15。

（3）在 C1 单元格中输入 A1，用填充柄拖动到 C15。

（4）在 D1 单元格中输入"蒙 A1001"，用填充柄拖动到 D15。

（5）从 E1 单元格开始向下分别输入 1/2、3 1/2。

（6）在 F1 单元格中输入自己的身份证号。

（7）在 G1 单元格中输入所在市电话的区号。

	A	B	C	D	E	F	G
1	1月	星期一	A1	蒙A1001	1/2	152123199204143145	0471
2	2月	星期二	A2	蒙A1002	3 1/2		010
3	3月	星期三	A3	蒙A1003			
13	13月	星期六	A13	蒙A1013			
14	14月	星期日	A14	蒙A1014			
15	15月	星期一	A15	蒙A1015			
16							

图 3-53　Sheet3 的内容

4．在 Sheet4 中完成下列操作

（1）将第一行和第一列全部输入 1。

（2）自定义一个"数学、语文、政治、计算机"序列进行填充。

（3）输入一个 1/2 转换成小数。

（4）输入一个 0.2 转换成分数、百分数。

（5）输入一个 2007-1-1 转换成 2007 年 1 月 1 日。

（6）输入 123，在前面加入￥符号。

	A	B	C	D	E	F	G
1	1	1	1	1	1	1	1
2	1	数学	0.50				
3	1	语文	1/5	20.00%			
4	1	政治	2007年1月1日				
5	1	计算机	￥123.00				
6	1	数学					
7	1	语文					
8	1	政治					

图 3-54　Sheet4 的内容

3.4.2　表格制作

打开 Ekw0302.xlsx,按下列要求完成上机实验,最终效果如图 3-55 所示。

(1) 在 Sheet1 中制作一个 5 行 5 列的表格,要求外框为蓝色,内边框为红色。

(2) 制作完成后,如何填充到剩余的 9 个工作表中?

(3) 新建一个工作簿,要求工作簿中自动产生 100 个工作表。

(4) 在新建工作簿的 Sheet1 中制作上面 5 行 5 列的表格,制作完成填充至剩余的 99 个工作表中,将其保存为 Ekw0303.xlsx。

图 3-55　表格制作

3.4.3　导入外部数据

将课外实验“导入数据”文件夹中的“部门.TXT”、“人员基本工资.TXT”和“扣发工资.CSV”文件导入到 Excel 的 Sheet1、Sheet2、Sheet3 中,并保存为 Ekw0304.xlsx,最终效果如图 3-56 所示。

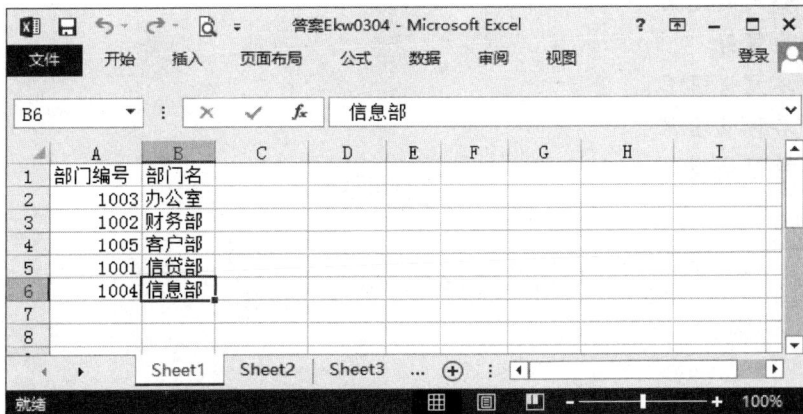

图 3-56　导入数据

第 4 章　Excel 公式的应用与数据处理

本章说明：

公式和函数是 Excel 非常重要的内容，在分析和处理 Excel 工作表中的数据时很有用。这也是 Excel 作为电子表格的特色之处。Excel 会根据数据的变化自动更新公式计算的结果。Excel 数据处理指的是数据排序、筛选、数据验证、分类汇总等内容。通过本章的学习，掌握公式和函数的使用，并能够运用 Excel 提供的数据处理工具进行高效的数据处理与分析。

本章主要内容：

➢ 公式的定义
➢ 运算符
➢ 单元格引用
➢ 名称管理器
➢ 数据处理

Excel公式的应用与数据处理

本章拟解决的重要问题：

1. 如何定义公式？
2. Excel 的运算符有哪些？
3. 关系运算符返回值是什么？
4. 单元格引用格式有哪些？
5. 不同工作表、工作簿定义公式有什么区别？
6. 如何进行名称的定义和删除？
7. 如何进行排序？
8. 如何进行多字段排序？
9. 如何进行自定义筛选？
10. 如何进行分类汇总？

4.1 公式的定义

公式以等号开始,等号之后是需要进行计算的运算数,各运算数之间以运算符分隔。运算数可以是常量、表达式,也可以是单元格引用或单元格的名称,还可以是函数。输入的公式,可按回车键或用鼠标单击编辑栏左侧的"√"按钮确认;如果要取消编辑的公式,则可单击编辑栏的"×"按钮,或按 Esc 键。

对于有规律的计算公式,只需输入一个,其他的通过复制/粘贴或拖拽的方法得到。但对于规模比较大的数据可以采用自动填充的形式完成公式复制。

4.2 运算符

运算符用于指定要对公式中的运算数执行的计算类型。计算时有一个默认的次序,但可以使用括号更改计算次序。Excel 包含四种类型的运算符：算术运算符、比较运算符、文本运算符和引用运算符。

4.2.1 算术运算符

算术运算符用于完成基本的数学运算,如表 4-1 所示。

表 4-1　算术运算符

运算符	运算符名称	含义	操作举例	运算结果
＋	加号	加	＝5＋2	8
－	减号	减	＝5－2	3
＊	星号	乘	＝5＊2	10
/	斜杠	除	＝5/2	2.5
ˆ	次方符	乘幂	＝5ˆ2	25
％	百分号	百分比	＝5％	0.05

4.2.2 比较运算符

1. 比较运算符

比较运算符有＝、＞、＜、＞＝、＜＝、＜＞。用于比较两个值的大小，比较结果是逻辑值，即 True 或 False。当比较的条件成立时为 True，表示"真"，否则为 False，表示"假"，如表 4-2 所示。

表 4-2　比较运算符

运算符	运算符名称	含义	操作举例	运算结果
＝	等于号	等于	＝5＝2	FALSE
＞	大于号	大于	＝5＞2	TRUE
＜	小于号	小于	＝5＜2	FALSE
＞＝	大于等于号	大于等于	＝5＞＝2	TRUE
＜＝	小于等于号	小于等于	＝5＜＝2	FALSE
＜＞	不等于号	不等于	＝5＜＞2	TRUE

2. IF 函数的用法

（1）IF 函数的参数意义：IF(判断条件,值 1,值 2)，如果条件成立则结果为值 1，否则结果为值 2。例如，IF(3＞4,100,200)中的 3＞4 不成立，得到的值是 200；如果条件为 3＜4，得到的值会是 100。

（2）IF 函数可以嵌套使用 IF 函数。如

IF(条件 1,值 1,IF(条件 2,值 2,…))

4.2.3 文本运算符

文本运算符使用"&"可以将两个文本操作数连接起来以产生更大的文本，其操作数可以是带引号的文本常量，也可以是单元格地址。如 A1 单元格的内容是"内蒙古"，B1 单元格中的内容是"财经大学"，想要在 C1 单元格中出现：内蒙古财经大学，就可以使用"&"运算符。

1. 示例（如图 4-1 所示）

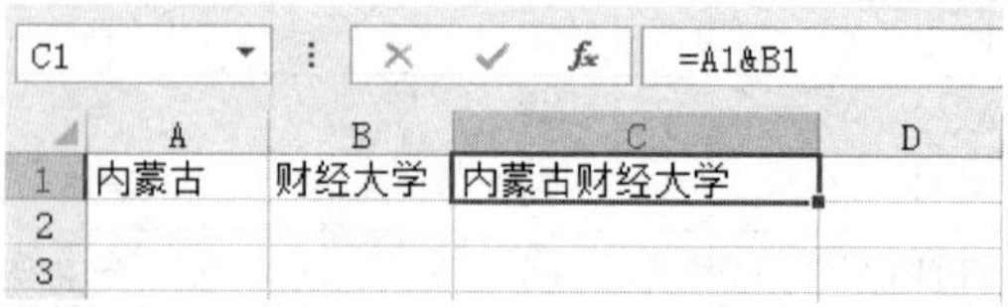

图 4-1　文本连接

2．误区提示

有人会想到，如果不用"&"运算符，而是使用"＋"运算不可以吗？下面比较"&"与"＋"，得出它们的区别，如图 4-2 所示。

A1			fx	内容1	
	A	B	C	D	E
1	内容1	内容2	公式	最终内容	分析
2	内蒙古	财经大学	=A2&B2	内蒙古财经大学	将字符串正常连接
3	内蒙古	财经大学	=A3+B3	#VALUE!	使用了错误的字符串连接符
4	12345	678	=A4&B4	12345678	将数字进行连接
5	12345	678	=A5+B5	13023	数字加法运算
6					

图 4-2　"&"与"＋"的区别

4.3　单元格引用

单元格引用的作用是标识工作表的单元格或单元格区域，并指明公式中所使用的数据位置。

在定义公式时会用到工作表不同数据，或者不同工作表中的单元格数据，或者不同工作簿中的数据。

4.3.1　引用格式

单元格的引用有相对引用、绝对引用和混合引用三种形式。下面以 A2、B2 单元格为例说明三种形式的用法。

1．相对引用

直接用单元格所处位置的列标行号，如 A2，来表示想要处理的单元格，属于相对引用。使用相对引用的公式，在进行复制时，公式中的地址会随复制位置改变而改变。行变列也变，行是相对行、列是相对列。当在 D2 单元格中输入"＝A2＋B2"后回车，再将 D 列向下填充至 D5 后，D 列其他单元格的公式自动变成了 C 列所示的公式，如图 4-3 所示。

当在 B4 单元格中输入"＝B1＋B2"后回车，再将第四行向右填充至 E4 后，第四行其他单元格的公式自动变成了第三行所示的公式，如图 4-4 所示。

D2			fx	=A2+B2
	A	B	C	D
1	A值	B值	公式	A+B值
2	1	2	=A2+B2	3
3	3	4	=A3+B3	7
4	5	6	=A4+B4	11
5	7	8	=A5+B5	15

图 4-3　相对引用（一）

B4			fx	=B1+B2	
	A	B	C	D	E
1	A值	1	3	5	7
2	B值	2	4	6	8
3	公式	=B1+B2	=C1+C2	=D1+D2	=E1+E2
4	A+B值	3	7	11	15

图 4-4　相对引用（二）

2. 混合引用

用＄A2（行不变列变）、A＄2（列不变行变）等地址来表示单元格，属于混合引用。使用混合引用的公式，在进行复制时，公式中的相对引用部分随复制位置改变而改变，绝对引用部分不随复制位置而变化。例 D2 单元格中的公式为"＝A＄2＋＄B2"后回车，再将D 列向下填充至 D5 后，D 列其他单元格的公式自动变成了 C 列所示的公式，如图 4-5 所示。

当在 B4 单元格中输入"＝B＄1＋＄B2"后回车，再将第四行向右填充至 E4 后，第四行其他单元格的公式自动变成了第三行所示的公式，如图 4-6 所示。

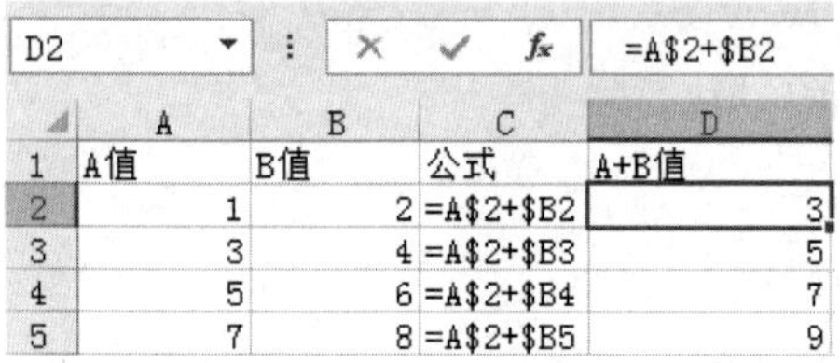

图 4-5 混合引用（一）

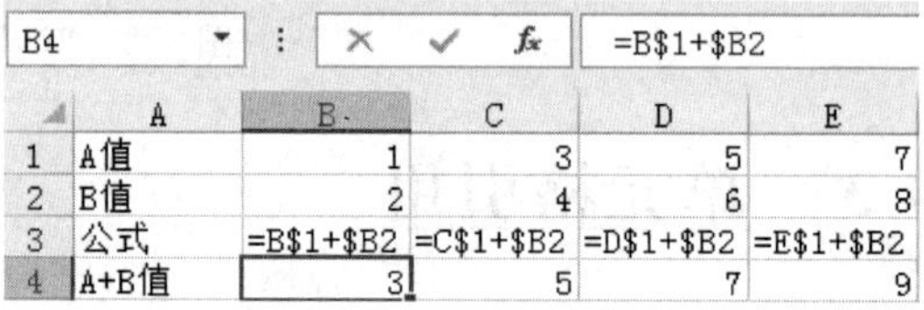

图 4-6 混合引用（二）

3. 绝对引用

用＄A＄2、＄B＄2 等地址来表示单元格，行列都不变，属于绝对引用。使用绝对引用的公式，在进行复制时，公式中的地址不会随复制位置改变而改变。当在 D2 单元格中输入"＝＄A＄2＋＄B＄2"后回车，再将 D 列向下填充至 D5 后，D 列其他单元格的公式自动变成了 C 列所示的公式，还是"＝＄A＄2＋＄B＄2"，如图 4-7 所示。

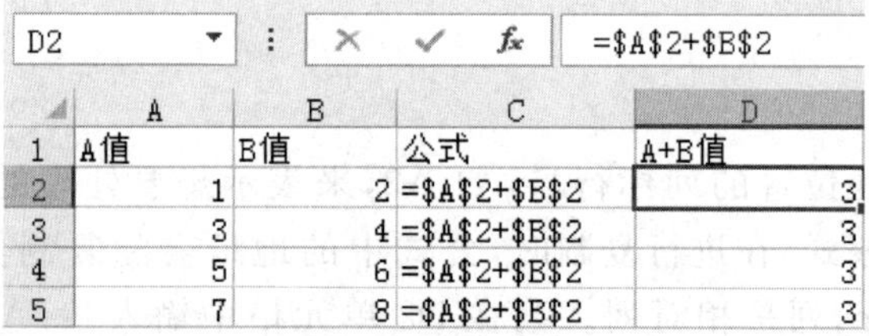

图 4-7 绝对引用（一）

当在 B4 单元格中输入"＝＄B＄1＋＄B＄2"后回车，再将第四行向右填充至 E4 后，第四行其他单元格的公式自动变成了第三行所示的公式，如图 4-8 所示。

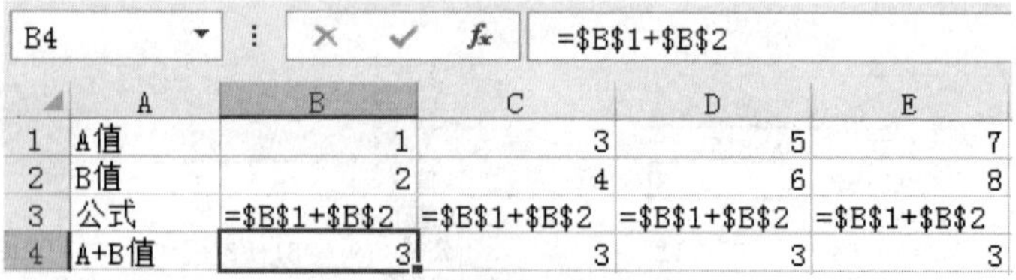

图 4-8 绝对引用（二）

4.3.2 不同工作表单元格的引用

1．引用单个工作表数据

不同工作表中单元格的引用和同一工作表中单元格的引用没有太大区别，只是在引用的单元格前加上"工作表名！"。例如在 Sheet1 工作表的 A1 单元格中想要引用 Sheet2 工作表中的 A1 单元格的内容，就应该在 Sheet1 工作表的 A1 单元格中输入公式"＝ Sheet2！A1"。引用不同工作表中的单元格也有相对引用、混合引用和绝对引用，其用法和在同一工作表中的用法相同。

例如，某工作簿中的前两个工作表中存有数据，现想在 Sheet3 工作表中求出前两个工作表对应数据的和，如图 4-9～图 4-11 所示。

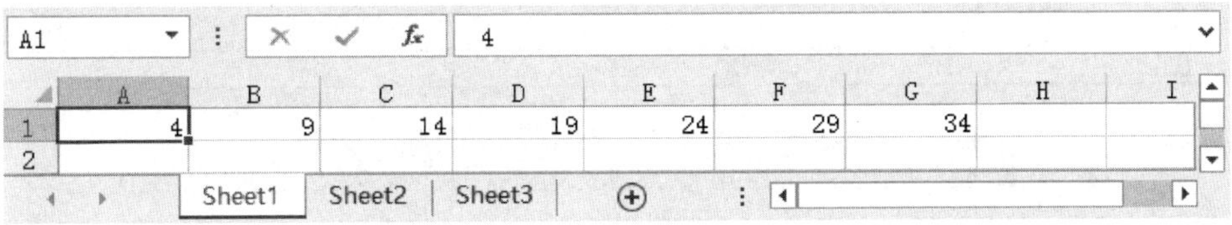

图 4-9　Sheet1

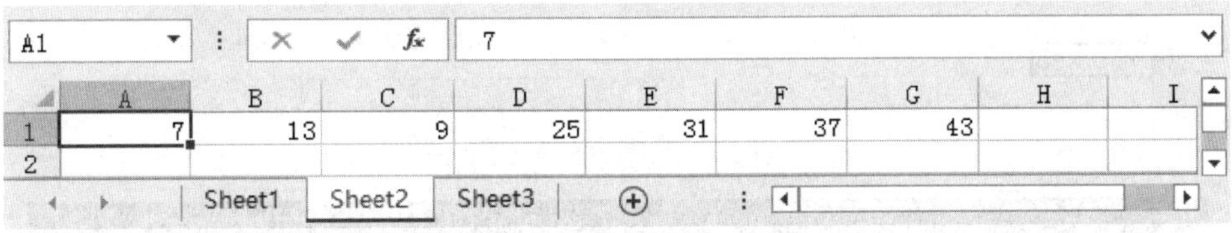

图 4-10　Sheet2

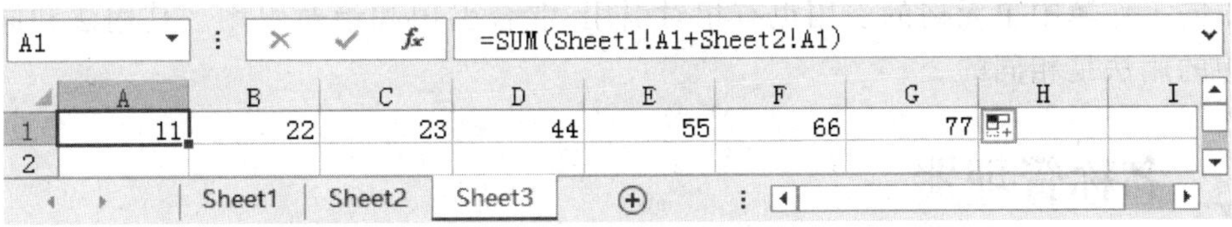

图 4-11　Sheet3

2．同时引用多个工作表

其道理和同时引用多个单元格的道理是一样的，使用到"："运算符。例如求 A1～ A10 这 10 个单元格的和，可以用公式"＝SUM(Sheet2！A1：A10)"，只需给出开始和结束的位置就可以了。多个工作表的同时引用也是一样，只需给出要引用的多个工作表的开始工作表和结束工作表就可以了。

例如，想将某工作簿中的三个工作表中的 A1 单元格的值求和，则可以输入公式"＝SUM(Sheet1：Sheet3！A1)"。如果想求这三个工作表 A1～A10 所有单元格的和，则可以定义公式"＝SUM(Sheet1：Sheet3！A1：A10)"。

4.3.3　不同工作簿中单元格的引用

引用不同工作簿中的单元格,其引用格式为:

[工作簿名称.xlsx]工作表名称!单元格地址

例如,如果要在工作簿 3 的 Sheet1 工作表中 A1 单元格里计算工作簿 1 的 Sheet1 工作表中的 A1 和工作簿 2 的 Sheet1 工作表中的 A1 单元格中数据的和,则公式可以写成"=[工作簿 1]Sheet1!A1+[工作簿 2]Sheet1!A1",如图 4-12 所示。

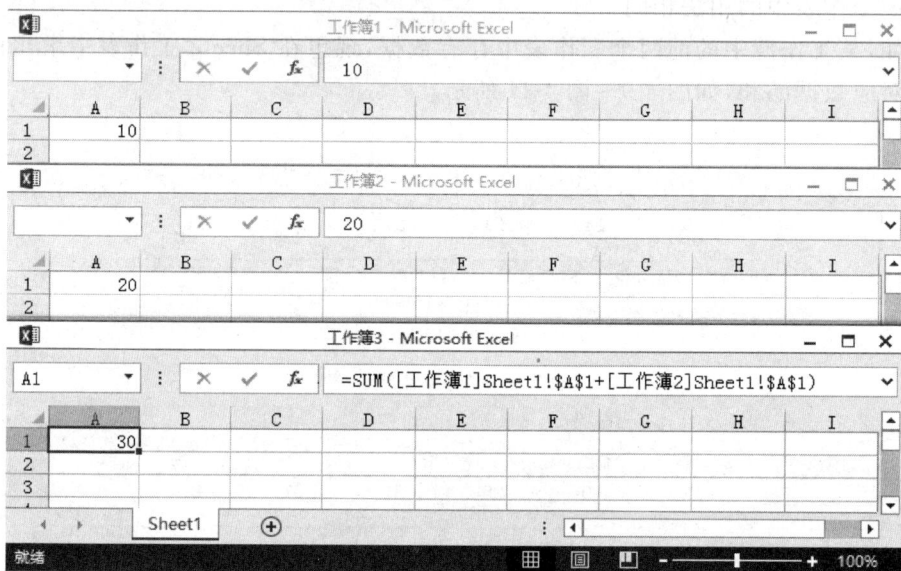

图 4-12　不同工作簿数据引用

不同工作簿中单元格的引用也有相对引用、混合引用和绝对引用。其用法和同一工作表中的用法是相同的。

4.4　名称管理器

当需要经常使用某些单元格区域、函数、常量或表格的时候,用名称来称呼这些单元格区域、函数、常量或表格是最好不过的,以后可以直接用定义的名称来代表它们。例如,工作表中 B2～B52 是英语成绩,可以把它定义为"英语",若想求出英语平均成绩时,输入公式"=AVERAGE(英语)"即可,比直接引用单元格地址的公式"=AVERAGE(B2:B52)"更直观和容易理解。

4.4.1　定义名称

1. 直接定义名称

直接定义名称即利用名称框来完成。选定要命名的单元格或区域,单击名称框,输入需要的名称后回车就可以了,图 4-13 中给 A1 单元格定义了名称"价格"。

2．快速定义名称

在一般的应用上,针对表格数据来说,数据的选项名称都置于该数据区域之顶端行或最左列,此名称实际上也就是该区域的名称。

选定要命名的单元格或区域,单击"公式"→"定义的名称"→"根据所选内容创建"命令,弹出"以选定区域创建名称"对话框,可以选中"首行"、"最左列"、"末行"或"最右列"复选框来指定包含名称的位置,单击"确定"按钮,如图 4-14 所示。

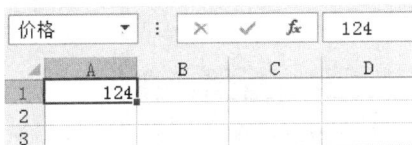

| 图 4-13　在名称框定义名称 | 图 4-14　"以选定区域创建名称"对话框 |

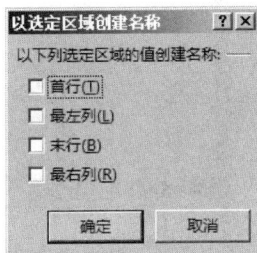

3．使用定义命令

选定要命名的单元格或区域,单击"公式"→"定义的名称"→"定义名称"命令,弹出"新建名称"对话框,输入名称(名称最多可以有 255 个字符)。

要指定名称的范围,在"范围"下拉列表框中选择"工作簿"或工作簿中工作表的名称。名称的适用范围是指在没有限定的情况下能够识别名称的位置。

如果给常量或公式定义名称,则在"新建名称"对话框的引用位置中输入"＝常量"或者"＝公式"。

4.4.2　使用名称

1．在新建的公式函数中使用已定义的名称

定义完名称后,在工作簿中的任何一张工作表中都可以使用该名称。在编辑公式函数时,如果选定了已经命名的数据区域,公式函数内就会自动出现该区域的名称。也可以编辑公式函数时直接输入名称来使用。

2．用名称替代已经建好的公式函数中的数据

如果先建立了公式函数,后定义了名称,则可以用名称替代已建好的公式函数中的数据。应用"公式"选项卡上的"用于公式"按钮,从列表中选择想要的名称。

4.4.3　管理名称

单击"公式"→"定义的名称"→"名称管理器"命令,弹出"名称管理器"对话框,在名称管理器中可以新建名称,修改或删除已经定义的名称。

例如，若删除前面已经定义好的名称"价格"，则可以单击"公式"→"名称管理器"命令，打开"名称管理器"对话框，选定"价格"名称，单击"删除"按钮，如图 4-15 所示。

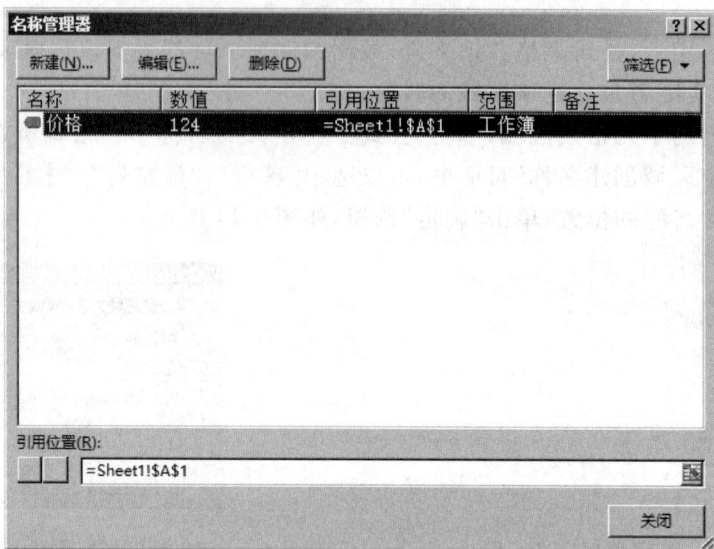

图 4-15 "名称管理器"对话框

4.5 数据处理

如何管理数据、如何将数据以有效的方式排序、如何在庞大的数据量中筛选出想要的数据、如何以更适当的方式进行大量数据的分析与查看等，都是 Excel 在数据分析上重要应用的范畴。

4.5.1 数据排序

对数据进行排序是数据分析不可缺少的组成部分。对数据进行排序有助于快速直观地显示数据并更好地理解数据，有助于组织并查找所需数据，有助于最终做出更有效的决策。

可以对一列或多列中的数据按文本、数字以及日期和时间进行排序，还可以按自定义序列或格式进行排序。大多数排序操作都是针对列进行的，但也可以针对行进行。

1．单字段排序

如果将数据按某一列排序，操作十分简单，只要在该列中单击任意一个单元格，在"数据"选项卡的"排序和筛选"选项组中，单击升序按钮 ⏷ 或降序按钮 ⏶ 即可。

排序依据也许是数字、文本或日期，在按升序排序时，Excel 使用如下排序次序；在按降序排序时，则使用相反的次序。

- 数字：按从最小的负数到最大的正数进行排序。
- 日期：按从最早的日期到最晚的日期进行排序。
- 文本：文本是从左到右的顺序逐字符进行排序的。

Excel公式的应用与数据处理 ————

- 逻辑：在逻辑值中，FALSE 排在 TRUE 之前。
- 错误：所有错误值(如 ♯NUM! 和 ♯REF!)的优先级相同。
- 空白单元格：无论是按升序还是按降序排序，空白单元格总是放在最后。

2．多字段排序

确保活动单元格在包含两列或更多列的表中，在"数据"选项卡的"排序和筛选"选项组中，单击排序按钮 ，将显示"排序"对话框，如图 4-16 所示。

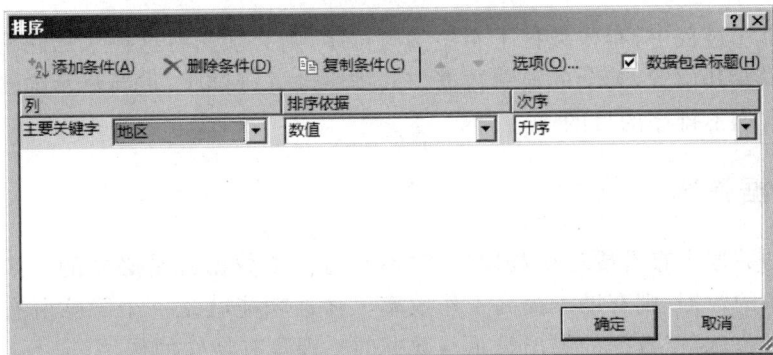

图 4-16 "排序"对话框

在"列"选项组的"主要关键字"下拉列表框中选择需要最先排序的列名，再选定其排序依据与次序。

单击"添加条件"按钮，重复以上操作可添加作为排序依据的其他列，如图 4-17 所示。

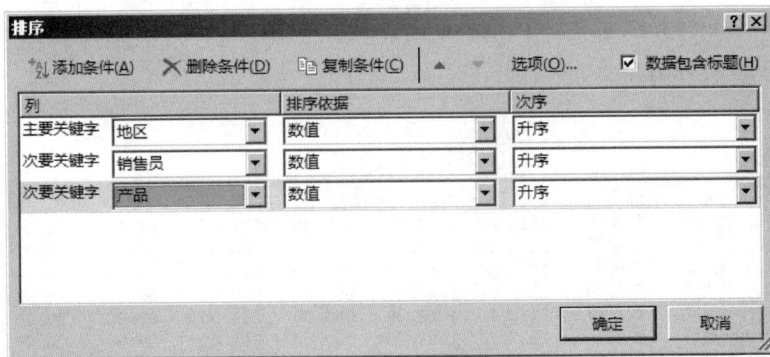

图 4-17 多字段排序

若要复制作为排序依据的列，选择该条目并单击"复制条件"按钮。若要删除作为排序依据的列，则选择该条目并单击"删除条件"按钮。若要更改列的排序顺序，选择一个条目后单击"向上"或"向下"箭头更改顺序。

若要改变排序方向(按行排序或按列排序)或排序方法(字母排序或笔划排序)，则在"排序"对话框中单击"选项"按钮，将显示"排序选项"对话框，在其中可设置排序方向、排序方法和是否区分大小写。

3．按单元格颜色、字体颜色或图标进行排序

一般情况下，排序依据都是单元格中的数值，但有时也需要按单元格颜色或字体颜色来排序。此外，还可以按某个图标集进行排序，这个图标集是通过条件格式创建的。

在"排序"对话框的"排序依据"下，选择"单元格颜色"、"字体颜色"或"单元格图标"来实现这种操作。

4．部分数据的排序

如果在排序过程中，有些数据不希望参与排序，则必须先将这些数据隐藏。被隐藏的数据将不会改变其位置，其余的显示数据按其排序键进行排序，重新显示隐藏的数据后便可达到部分数据不排序的目的。

4.5.2 数据筛选

在大量的数据中查看或运用数据时，并不是每一项数据都是必要的。如果能过滤一些不必要显示的数据，则有助于提高工作效率。筛选功能就是一个隐藏所有不符合用户指定条件的过程，对于数据的突出显示与数据的整理具有特殊的作用。

1．自动筛选

"自动筛选"是直觉式的"字段"导向筛选方法，只要利用鼠标即可完成一般较简易的筛选处理。在数据清单中选定一个单元格，在"数据"选项卡的"排序和筛选"选项组中，单击"筛选"命令，此时在列表第一行的字段名称处出现向下拖动箭号按钮 ▾。单击某一列上的 ▾，可弹出一个下拉菜单，可选择筛选方式。如图 4-18 所示的是筛选出了"实发工资"大于 3000 的销售清单。

	A	B	C	D	E	F	G	H	I	J
1	职工号	姓名	部门	基本工资	奖金	津贴	房租	水电费	扣发	实发工资
4	100103	刘明明	办公室	1913.67	1064.87	550.00	211.00	66.00	0.00	3251.54
5	100104	张继业	信贷部	2520.15	1145.15	550.00	218.00	68.00	0.00	3929.30
8	100203	谢家驹	信贷部	1829.88	1053.68	550.00	210.00	65.00	20.00	3138.56
10	100205	王大成	办公室	1784.57	1047.77	550.00	210.00	65.00	0.00	3107.34
14	100301	张凤鸣	客服部	2118.49	1092.89	550.00	218.00	69.00	60.00	3414.38
15	100302	陆远谋	客服部	2337.25	1120.25	550.00	212.00	66.00	0.00	3729.50
16	100303	孙键	信贷部	2320.00	1118.00	550.00	212.00	66.00	40.00	3670.00
17	100304	马永华	信贷部	2366.00	1124.00	550.00	212.00	66.00	0.00	3762.00
18	100305	周韬	信贷部	2094.84	1088.24	550.00	210.00	65.00	20.00	3438.08
19	100306	杨青	客服部	1910.15	1064.15	550.00	210.00	65.00	40.00	3209.30
20	100307	钱进	信贷部	1912.00	1064.00	550.00	208.00	64.00	0.00	3254.00
21	100401	林霖	信贷部	2105.80	1017.00	558.00	217.00	60.00	20.00	3383.80
22	100402	万萌	财务部	2524.22	1030.00	570.00	220.00	66.90	0.00	3837.32

图 4-18 自动筛选

当用户想要实现自定义筛选，可以使用自动筛选中的数字筛选按钮，来自己定义筛选的条件，具体如图 4-19 所示。

数据筛选完毕之后，若想显示所有数据，则可以单击"数据"选项卡，在排序和筛选选项组中单击清除按钮或筛选按钮，就会将所有数据全部显示出来。还可以单击该列筛选

按钮选中"全部"复选框来实现显示全部数据。

2. 高级筛选

使用自动筛选基本上可以解决大部分的筛选问题，但至少有如下四种可能的需求，用户必须进一步根据"高级筛选"功能来完成。

- 不同字段间，"或"条件的设置。
- 同一字段多重范围的筛选。
- 比较的对象是由字段经处理后的结果。
- 将筛选结果送到原数据表以外的地方。

图4-19 自定义筛选

例如，单击数据区域内部，单击"数据"→"排序和筛选"→"高级"按钮，即会弹出"高级筛选"对话框，在"列表区域"编辑框中选择需要筛选的数据区域，在"条件区域"编辑框中选择条件区域，单击"确定"按钮即可筛选出指定条件的数据。图4-20是利用高级筛选出财务部、实发工资大于3000的员工信息的筛选过程。

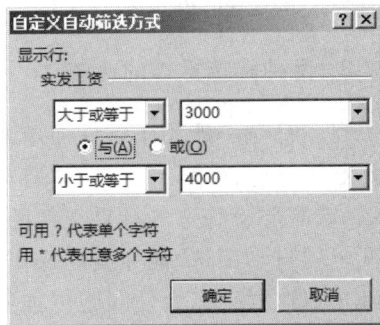

图4-20 高级筛选

在使用高级筛选时，与自动筛选的明显差异就是设置"条件区域"作为筛选的标准。在工作表的任意空白处（和数据清单隔开至少一行或一列）输入高级筛选条件。

然后单击数据清单中的某个单元格，在"数据"选项卡的"排序和筛选"选项组中，单击"高级"按钮，此时出现"高级筛选"对话框，如图4-20所示。

高级筛选的方式有两种：一种是在原工作表中显现符合条件的数据；另一种是将符合条件的数据显示在其他区域，即在"高级筛选"对话框中的"复制到"编辑框中输入复制位置的起始单元格。

上述高级筛选条件区域 $A$1:$B$3 中的各条件都在相同的行中，说明所设各条件是"与"的关系。如果高级筛选条件区域中的各条件都在不同行上，则说明设置的各条件是"或"的关系,也可多次使用自动筛选来实现。

3. 两种筛选操作的比较

自动筛选一般用于条件简单的筛选操作,符合条件的记录显示在原来的数据表格中,操作起来比较简单,初学者对"自动筛选"也比较熟悉。若要筛选的多个条件间是"或"的关系,或需要将筛选的结果在新的位置显示出来,那么只有用"高级筛选"来实现了。一般情况下,"自动筛选"能完成的操作用"高级筛选"完全可以实现,但有的操作则不宜用"高级筛选",这样反而会使问题更加复杂,如筛选最大或最小的前几项记录。

4.5.3 分类汇总

在数据类型比较简单的工作表数据中,经常需要对某些字段进行数据的分析统计。Excel 提供的分类汇总功能可以对工作表数据进行分类和汇总计算。根据不同的字段,可以从不同的角度对数据进行分类汇总操作。

分类汇总的主要精神在于其"分类"。即在进行汇总之前,必须对要进行分类的字段先进行排序。不论升序还是降序先将相同的数据放在一起,再对这些记录的其他数值字段进行求和、求平均、计数等汇总运算。

1. 分类汇总命令

分类汇总命令的结果是在数据清单中插入汇总行,显示出汇总值,并自动在数据清单底部或顶部插入一个总计行。操作步骤如下:

首先,对分类字段进行排序,排序的目的是要把同类记录放在一起。

然后,通过使用"数据"选项卡的"分级显示"选项组中的"分类汇总"命令,可以自动计算列中的分类汇总和总计。

如果想对一批数据以不同的汇总方式进行多个汇总,则可再次进行分类汇总,填写"分类汇总"对话框,并取消选中"替换当前分类汇总"复选框,即可叠加多种分类汇总。

设置分类汇总后,列表中的数据将分级显示,工作表窗口左边会出现分级显示区,列出一些分级符号,允许对数据的显示进行控制。默认数据分三级显示,单击分级显示区上方的 123 等按钮,可以只显示列表中的列标题和总计结果,或显示各个分类结果和总计结果,或显示所有的详细数据等。

2. 分类汇总函数

使用分类汇总命令汇总出来的数据信息繁多,不便于查看和比较,而且许多没有统计价值的数据的统计也是没有必要的,只会造成不必要的麻烦。SUBTOTAL 函数可以有针对性地汇总出需要统计的数据信息。

语法格式:

SUBTOTAL(函数代码,参数1,参数2,…)

函数功能:用来对参数列表指定的数据进行分类汇总。

分类汇总方式用函数代码指定,表 4-3 列举了"分类汇总"对话框中"汇总方式"下拉列表框中的选项对应的具体函数的含义及其函数代码。

表 4-3　分类汇总方式及其函数代码

"汇总方式"选项	函数代码	实 现 功 能
求和	9	数值求和
计数	3	数据项的数据
平均值	1	数据的平均值
最大值	4	数据的最大值
最小值	5	数据的最小值
乘积	6	所有数据的乘积
数值计数	2	含有数字的记录或者行的数目
标准偏差	7	估算总体的标准偏差,数据列为样本
方差	10	估算总体方差,数据列为样本
总体标准偏差	8	总体的标准偏差,数据列为总体
总体方差	11	总体方差,数据列为总体

说明:

SUBTOTAL 函数——忽略任何不包括在筛选结果中的行。

SUBTOTAL 函数——适用于数据列或垂直区域,不适用于数据行或水平区域。

4.6　本章教学案例

4.6.1　产品销售额及增长率计算

📖**案例描述**

打开 Excel0401.xlsx 工作簿,内容为内蒙古呼和浩特×××企业第一、二季度产品销售情况,请完成以下操作:

(1) 求出一季度和二季度销售金额。

(2) 求出二季度相对于一季度的销售增长率(等于二季度金额减去一季度金额再除以一季度金额)。

💻**最终效果**

本案例最终效果如图 4-21 所示。

✍**案例实现**

(1) 打开 Excel0401.xlsx 工作簿。

(2) 选中 F3 单元格输入"＝D3 * E3",回车。在 F3 中就会自动计算出编号为"13001"的商品一季度销售金额。在名称框中输入"F3:F42"后回车,单击"开始"→"编辑"→"填充"→"系列"命令,在打开的"序列"对话框中选择类型为自动填充,单击"确定"按钮,如图 4-22 所示。

就能一次得到所有产品的一季度金额。计算结果如图 4-23 所示。

图 4-21　第一、二季度产品销售量额及增长率

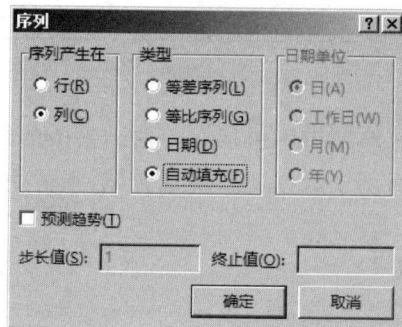

图 4-22　"序列"对话框

图 4-23　一季度产品销售额计算表

Excel公式的应用与数据处理 ————

（3）计算二季度金额。同样,在 H3 中输入公式"＝D3 * G3",然后在名称框中输入"H3:H42",并利用上述的自动填充功能,就能得到所有产品的二季度金额。

（4）计算增长率。在 I3 单元格中输入公式"＝(H3－F3)/F3",回车,再利用名称框和自动填充功能,求得其他产品的增长率。

4.6.2 一月份计件汇总

📖 案例描述

打开 Excel0402.xlsx 工作簿,内容为内蒙古呼和浩特市某公司采用的计件工资制,一月份的计件完成件数,请完成下列操作:

（1）公司规定的每月完成的计件数为 70 件,每件工资为 25 元。请在"完成情况"列利用公式自动计算出每个职工是否完成规定件数。（"完成"或"未完成"）

（2）计算出工资列每个职工的工资数。

（3）奖金列的计算依据是:超出公司规定计件数（70）的部分每件按 2 元计算,没有达到公司规定计件数的奖金为 0。

🖥 最终效果

本案例最终效果如图 4-24 所示。

	A	B	C	D	E	F	G
1	职工号	姓名	本月实际完成件数	完成情况	工资	奖金	
2	NMG1999001	陈秀	93	完成	2325	46	
3	NMG1999002	窦海	50	未完成	1250	0	
4	NMG1999003	樊风霞	62	未完成	1550	0	
34	NMG1999033	韦华	78	完成	1950	16	
35	NMG1999034	中伟娜	3	未完成	75	0	
36	NMG1999035	汪婷	82	完成	2050	24	
37	NMG1999036	唐秀荣	89	完成	2225	38	
38							

图 4-24 一月份计件汇总

✎ 案例实现

（1）打开 Excel0402.xlsx,一月份计件汇总工作表。

（2）选中 D2 单元格,输入"＝IF(C2＞＝70,"完成","未完成")",回车,在名称框中输入"D2:D37",回车,会自动选中要计算的完成情况列的所有单元格。单击"开始"→"编辑"→"填充"→"系列"命令,在打开的"序列"对话框中,类型选择"自动填充"后单击"确定"按钮。

（3）选中 E2 单元格,输入"＝C2 * 25",回车,同样使用名称框和自动填充,自动计算出所有人的工资。

（4）奖金列的计算方法 1：选中 F2 单元格输入"＝IF(C2＜＝70,0,(C2－70) * 2)",判断本月实际完成件数,如果小于等于 70 则奖金为 0,否则为实际完成件数减去规定件数(70)后乘以 2。计算得到的结果如图 4-25 的 F 列所示。

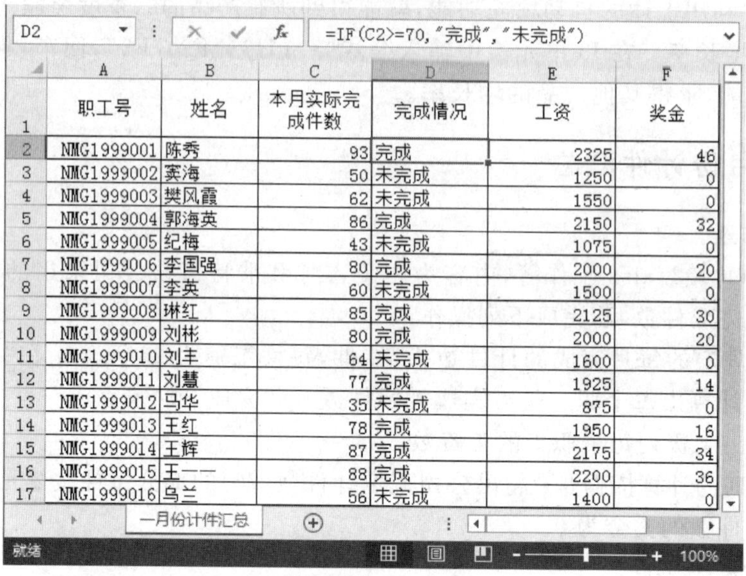

图 4-25　一月份完成情况

（5）奖金列的计算方法 2：选中 F2 单元格输入"＝IF(D2＝"未完成",0,(C2－70)＊2)"回车,判断完成情况,如果是"未完成"则奖金为 0,否则为实际完成件数减去规定件数(70)后乘以 2。计算得到的结果如图 4-25 的 F 列所示。

4.6.3　批量生成职工电子邮箱

📖案例描述

打开 Excel0403.xlsx 工作簿,内容为内蒙古呼和浩特市某公司的职工信息,根据此表中的职工号,自动生成以职工号为用户名的网易 163 电子邮箱。

📇最终效果

本案例最终效果如图 4-26 所示。

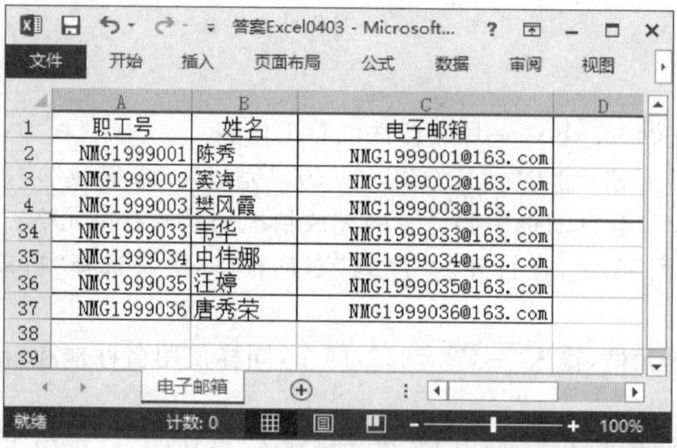

图 4-26　电子邮箱

✍**案例实现**

(1) 打开 Excel0403.xlsx 工作簿,电子邮箱工作表。

(2) 选中 C2 单元格输入"=A2&"@163.com"",回车。C2 中就会自动生成职工号为 NMG1999001 的职工的网易邮箱。在名称框中输入"C2:C37",则会将所要生成邮箱的 C 列所有单元格选中。再单击"开始"→"编辑"→"填充"→"系列"命令,在打开的"系列"对话框中类型选择"自动填充"后确定,就能一次得到所有职工的电子邮箱。

4.6.4 商品销售统计

📖**案例描述**

打开 Excel0404.xlsx 工作簿,根据某公司 2009 年各月的产品销售情况求出各月的销售额。

💻**最终效果**

本案例最终效果如图 4-27 和图 4-28 所示。

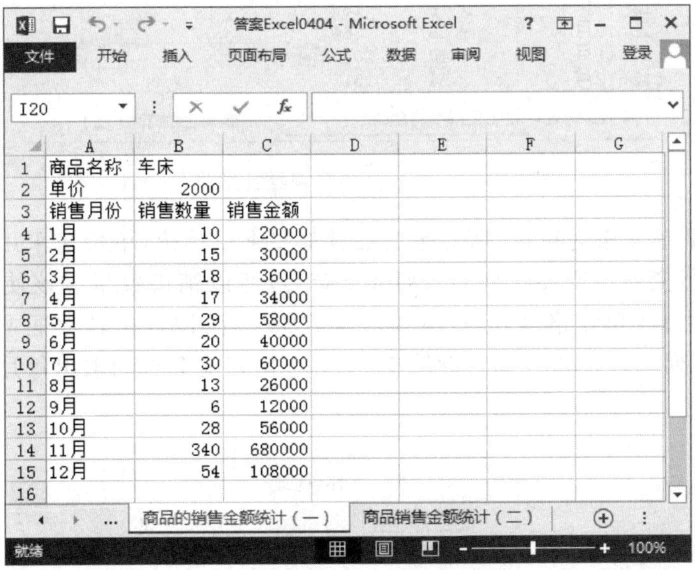

	A	B	C
1	商品名称	车床	
2	单价	2000	
3	销售月份	销售数量	销售金额
4	1月	10	20000
5	2月	15	30000
6	3月	18	36000
7	4月	17	34000
8	5月	29	58000
9	6月	20	40000
10	7月	30	60000
11	8月	13	26000
12	9月	6	12000
13	10月	28	56000
14	11月	340	680000
15	12月	54	108000

图 4-27 商品的销售金额统计(一)

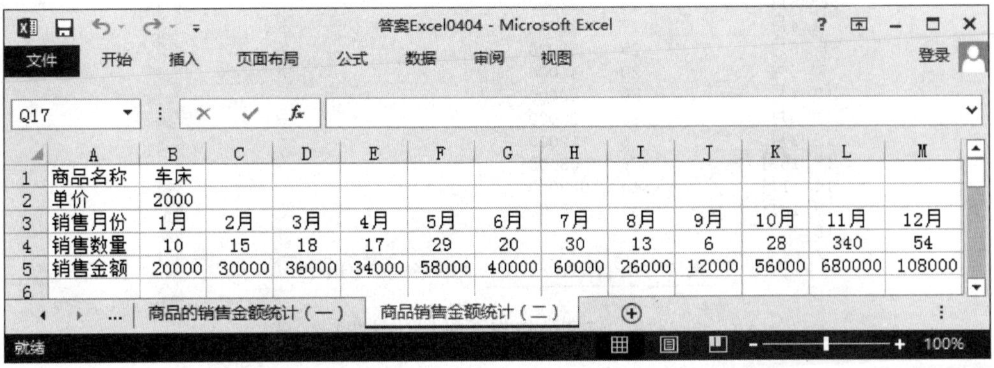

	A	B	C	D	E	F	G	H	I	J	K	L	M
1	商品名称	车床											
2	单价	2000											
3	销售月份	1月	2月	3月	4月	5月	6月	7月	8月	9月	10月	11月	12月
4	销售数量	10	15	18	17	29	20	30	13	6	28	340	54
5	销售金额	20000	30000	36000	34000	58000	40000	60000	26000	12000	56000	680000	108000

图 4-28 商品的销售金额统计(二)

✎**案例实现**

（1）打开工作簿 Excel0404.xlsx，选择"商品的销售金额统计（一）"工作表。

（2）求销售金额＝销售数量 * 单价。如果不考虑单元格引用，在 C4 单元格输入"＝B4 * B2"后回车，在名称框中输入"C4：C15"后回车，采用自动填充。错误结果如图 4-29 所示。

图 4-29　商品的销售金额统计结果（一）

（3）因为 B2 单元格为单价，所有销售数量都要乘以单价，单价应采用 $ B $ 2 绝对引用，销售数量是行变列不变要在列的前面加 $ 符号，所以销售数量应该使用混合引用（行变列不变）。选中 C4 单元格输入"＝ $ B4 * $ B $ 2"后回车，在名称框中输入"C4：C15"后回车，打开"序列"对话框，选择自动填充，销售金额列就会自动求出每月的销售金额，如图 4-30 所示。

图 4-30　商品的销售金额统计结果（二）

（4）打开"商品销售金额统计（二）"工作表。如果不考虑单元格引用的话，就会出现错误结果，如果在 B5 单元格输入"＝B4 * B2"后回车，在名称框中输入"B5：M5"后回车，通过自动填充完成计算，错误结果如图 4-31 所示。

| B5 | ▼ | ⋮ | × | ✓ | fx | =B2*B4 |

	A	B	C	D	E	F	G	H	I	J	K	L	M	N
1	商品名称	车床												
2	单价	2000												
3	销售月份	1月	2月	3月	4月	5月	6月	7月	8月	9月	10月	11月	12月	
4	销售数量	10	15	18	17	29	20	30	13	6	28	340	54	
5	销售金额	20000	0	0	0	0	0	0	0	0	0	0	0	
6														

◄ ► … 商品的销售金额统计（一）　商品销售金额统计（二）　⊕

图 4-31　商品的销售金额统计（三）

（5）因为单价为 B2 单元格位置不能改变应为绝对引用，而每月的销售数量是列变行不变，应在行前面加 $ 符号。选中 B5 单元格输入"＝B$4 * $B$2"后回车，在名称框中输入"B5：M5"后回车，通过自动填充完成计算，销售金额列就会自动求出每月的销售金额，如图 4-32 所示。

| B5 | ▼ | ⋮ | × | ✓ | fx | =B$4*$B$2 |

	A	B	C	D	E	F	G	H	I	J	K	L	M	N
1	商品名称	车床												
2	单价	2000												
3	销售月份	1月	2月	3月	4月	5月	6月	7月	8月	9月	10月	11月	12月	
4	销售数量	10	15	18	17	29	20	30	13	6	28	340	54	
5	销售金额	20000	30000	36000	34000	58000	40000	60000	26000	12000	56000	680000	108000	
6														

◄ ► … 商品的销售金额统计（一）　商品销售金额统计（二）　⊕

图 4-32　商品的销售金额统计（四）

4.6.5　存款利息计算

📖案例描述

某信用社的存款利率规定：存款期限越长利率越高。Excel0405.xlsx 工作簿的"期限与利率"工作表中有期限（年）与利率，如图 4-33 所示。"存款数据"工作表中有存款人的信息和数据，如图 4-34 所示。打开 Excel0405.xlsx 工作簿，根据表中的内容完成如下操作。

	A	B	C	D
1	期限	利率		
2	1	2%		
3	2	3%		
4	3	4.50%		
5	5	6%		
6	8	7%		
7	10	8%		

◄ ► 期限与利率　存款数据　… ⊕

图 4-33　期限与利率

	A	B	C	D	E
1	姓名	存款本金	存款期限	利息	
2	person01	120000	1		
3	person02	90000	3		
4	person03	140000	5		
5	person04	100000	10		
6	person05	70000	2		
7	person06	80000	8		
8	person07	130000	8		
9	person08	120000	2		
10	person09	90000	3		
11	person10	140000	10		
12	person11	100000	1		
13	person12	70000			

◄ ► 期限与利率　存款数据　… ⊕

图 4-34　存款数据

根据存款数据工作表中的存款期限,在期限与利率工作表中找到对应的利率。计算出每个人的存款年利息。

🖳最终效果

本案例最终效果如图 4-35 所示。

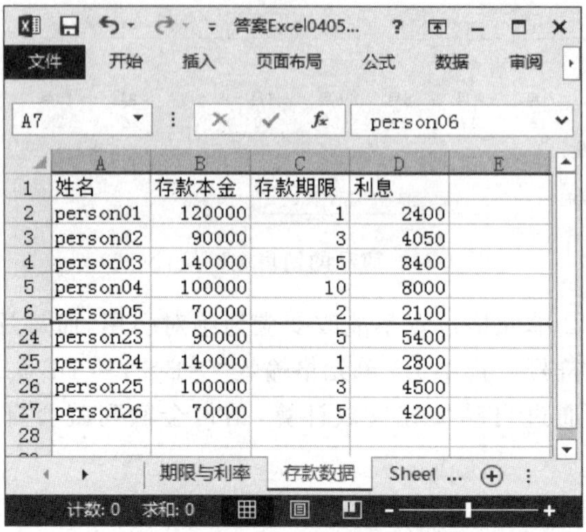

图 4-35　存款利息

✍案例实现

(1) 打开 Excel0405. xlsx 工作簿。

(2) 选中"存款数据"工作表中的 D2 单元格,输入公式"＝B2 ＊ If(C2＝1,期限与利率!＄B＄2,If(C2＝2,期限与利率!＄B＄3,If(C2＝3,期限与利率!＄B＄4,If(C2＝5,期限与利率!＄B＄5,If(C2＝8,期限与利率!＄B＄6,期限与利率!＄B＄7))))"后回车,就会自动计算出该人的存款在其指定的年限所得到的利息。在名称框中输入"D2:D27"后回车,所要计算的利息列就会被选中,采用自动填充,就会自动求出所有要求的结果。

(3) 其结果如图 4-36 所示。

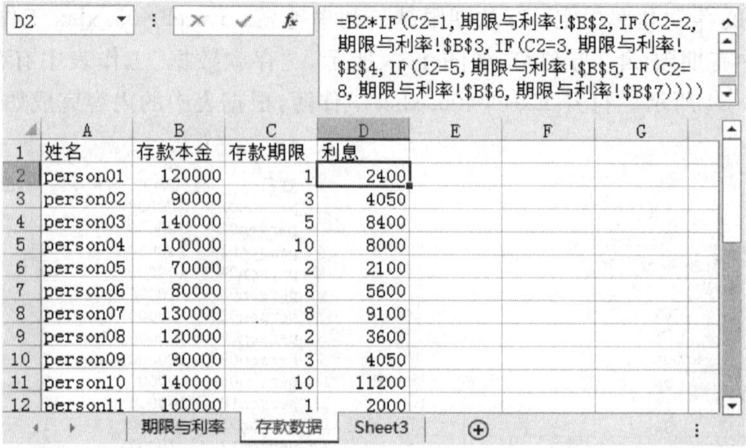

图 4-36　存款利息计算

4.6.6 年度销售额计算

📖**案例描述**

打开 Excel0406.xlsx 工作簿,某公司下设各子公司的各个季度销售额记录在四个工作表中,根据工作簿中各个工作表中各企业的销售额,在年度汇总工作表中相应的位置利用 SUM 函数一次求出各企业的年度总销售额。

🖥**最终效果**

本案例最终效果如图 4-37 所示。

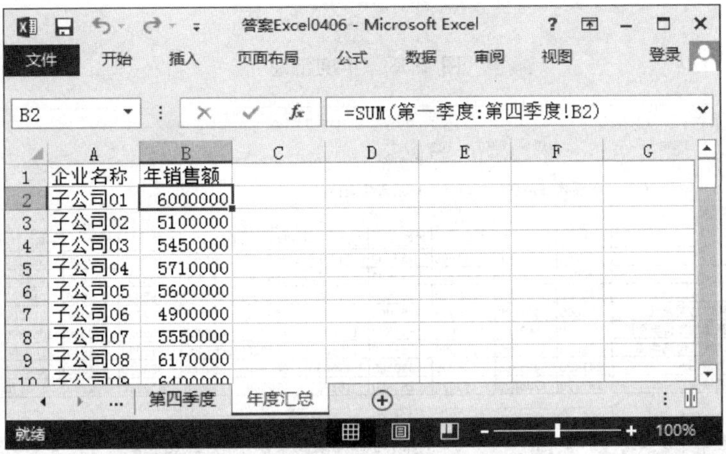

图 4-37　年度汇总表

✎**案例实现**

(1) 打开 Excel0406.xlsx 工作簿,分别打开第一、二、三、四季度的工作表,观察各季度的销售数据。

(2) 打开"年度汇总"工作表,选中 B2 单元格输入公式"=SUM(第一季度:第四季度!B2)",因为我们要将四个季度的每个企业的销售额求和汇总到年度汇总工作表中对应的企业的年销售额单元格中。

(3) 在名称框中输入"B2:B60"后回车,所要计算的利息列就会被选中,采用自动填充完成所有企业子公司的年销售额计算,结果如图 4-38 所示。

4.6.7 商品销售

📖**案例描述**

某公司 2009 年各月的产品销售量在 Excel0408.xlsx 工作簿中的销量表中,Excel0407.xlsx 工作簿中的单价表中记录有该公司的各种产品的单价。根据两个工作簿中的数据完成如下操作:

在 Excel0408.xlsx 工作簿中的销售额工作表中求出各月相应产品的销售额。

🖥**最终效果**

本案例最终效果如图 4-39 所示。

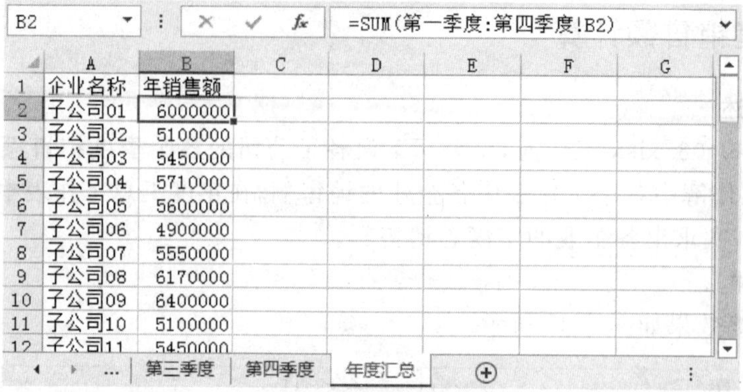

B2 =SUM(第一季度:第四季度!B2)

	A	B
1	企业名称	年销售额
2	子公司01	6000000
3	子公司02	5100000
4	子公司03	5450000
5	子公司04	5710000
6	子公司05	5600000
7	子公司06	4900000
8	子公司07	5550000
9	子公司08	6170000
10	子公司09	6400000
11	子公司10	5100000
12	子公司11	5450000

第三季度 第四季度 年度汇总

图 4-38 年度汇总

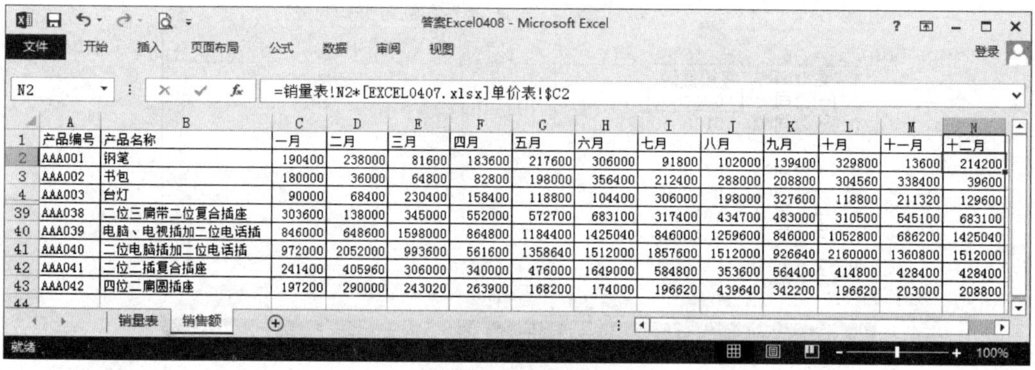

N2 =销量表!N2*[EXCEL0407.xlsx]单价表!$C2

	A	B	C	D	E	F	G	H	I	J	K	L	M	N
1	产品编号	产品名称	一月	二月	三月	四月	五月	六月	七月	八月	九月	十月	十一月	十二月
2	AAA001	钢笔	190400	238000	81600	183600	217600	306000	91800	102000	139400	329800	13600	214200
3	AAA002	书包	180000	36000	64800	82800	198000	356400	212400	288000	208800	304560	338400	39600
4	AAA003	台灯	90000	68400	230400	158400	118800	104400	306000	198000	327600	118800	211320	129600
39	AAA038	二位三扁带二位复合插座	303600	138000	345000	552000	572700	683100	317400	434700	483000	310500	545100	683100
40	AAA039	电脑、电视插加二位电话插	846000	648600	1598000	864800	1184400	1425040	846000	1259600	846000	1052800	686200	1425040
41	AAA040	二位电脑插加二位电话插	972000	2052000	993600	561600	1358640	1512000	1857600	1512000	926640	2160000	1360800	1512000
42	AAA041	二位二插复合插座	241400	405960	306000	340000	476000	1649000	584800	353600	564400	414800	428400	428400
43	AAA042	四位二扁圆插座	197200	290000	243020	263900	168200	174000	196620	439640	342200	196620	203000	208800

销量表 销售额

图 4-39 商品销售表

✍案例实现

(1) 打开 Excel0407.xlsx 和 Excel0408.xlsx 工作簿中的销量表。

(2) 单击销售额工作表,选中 C2 单元格,输入公式"=销量表!C2 * [EXCEL0407.xlsx]单价表!$C2 后回车,在名称框中输入"C2:N43"后回车,则所要计算的各月的各产品的销售额单元格会自动被选中,采用自动填充,所有要计算的数据都会自动计算出来。

4.6.8 节能灯销售

🕮案例描述

某公司 2009 年各地区销售节能灯情况在 Excel0409.xlsx 工作簿中,该节能灯全国统一价格为 12.8 元。定义名称并求出以下各值:

(1) 使用公式"SUM(北京)"求出北京地区的销售总量。

(2) 用公式"SUM(新疆) * 单价"求出新疆地区的销售金额。

(3) 用公式"SUM(六月) * 单价"求出六月份全国销售总金额。

💻最终效果

本案例最终效果如图 4-40 所示。

✍案例实现

(1) 定义名称"单价"。因为单价已经被存放在 C2 单元格中,所以可使用给单元格定义

Excel公式的应用与数据处理

图 4-40　节能灯销售情况

名称的方法，单击 C2 单元格，然后把名称框中的"C2"修改为"单价"，回车即可定义完毕。

也可以单击"公式"→"定义的名称"→"定义名称"命令，在出现的"新建名称"对话框中输入名称"单价"，如图 4-41 所示。

（2）定义各地区和各月份的名称。先选定单元格区域（A3：M34），单击"公式"→"定义的名称"→"根据所选内容创建"命令，打开"以选定区域创建名称"对话框，在该对话框中选中"首行"和"最左列"复选框，单击"确定"按钮即可完成表内 31 个地区名称和 12 个月份的名称定义，如图 4-42 所示。

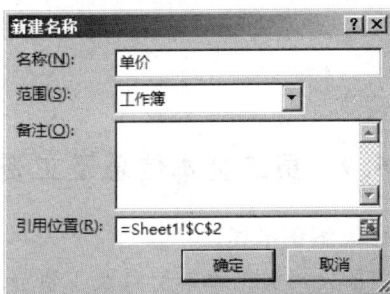

图 4-41　"新建名称"对话框

图 4-42　名称列表

（3）定义完名称后就可以使用名称了。

- 输入"＝SUM(北京)"，即可得出北京地区销售量454080；
- 输入"＝SUM(新疆)＊单价"，即可得出新疆地区销售金额827392；
- 输入"＝SUM(六月)＊单价"，得出全国六月份销售金额6593280，如图4-43所示。

T6	▼	:	×	✓	*fx*	=SUM(六月)*单价		
	N	O	P	Q	R	S	T	U
1								
2								
3								
4	①用公式"SUM（北京）" 求出北京地区的销售总量：						454080	
5	②用公式"SUM（新疆）*单价" 求出新疆地区的销售金额：						827392	
6	③用公式"SUM（六月）*单价" 求出六月份全国销售总金额：						6593280	
7								
8								
9								

图4-43　使用名称

4.6.9　员工基本信息及工资详细情况

📖**案例描述**

某公司员工基本信息及工资详细情况如Excel0410.xlsx人员基本工资表中所示，根据表中给定数据信息完成数据统计，具体要求如下：

（1）根据各列数据计算出每位员工的实发工资。

（2）将数据复制到"排序"表中，先按"部门"列数据升序排序，部门列相同的数据再按"实发工资"列数据降序排序。

（3）将数据复制到"筛选"表中，以部门为"财务部"进行数据筛选。

（4）将数据复制到"分类汇总"表中，进行分类汇总：统计出各部门中"基本工资"、"扣发"和"实发工资"的平均值，并且将汇总结果显示在数据下方。

🖥**最终效果**

本案例最终效果如图4-44~图4-47所示。

✎**案例实现**

（1）打开"Excel0410.xlsx"工作簿，选中"人员基本工资"表中的J2单元格，并在该单元格中输入公式"＝SUM(D2:F2)－SUM(G2:I2)"，按回车键，即可在该单元格中求出该员工的实发工资。选中J2:J25单元格，按下Ctrl＋D快捷键或者是选中J2单元格，按住右下角的十字，下拉到J25单元格，可将公式填充到所选中的单元格。即可求出员工所对应的实发工资。

（2）将全部数据复制到"排序"表中，将光标停在所要排序的数据区域内部，单击"数据"选项卡，选择"排序和筛选"选项组中的"排序"按钮。即会弹出"排序"对话框，在对话框中的"主要关键字"下拉列表框中选择"部门"字段，"排序依据"为"数值"，"次序"为"升序"排序。如果部门列相同的数据再按"实发工资"列数据降序排序，单击"排序"对话框中的"添加条件"按钮即会增加出"次要关键字"并选择"实发工资"字段，"排序依据"为"数值"，"次序"为"降序"排序，如图4-48所示。单击"确定"按钮。

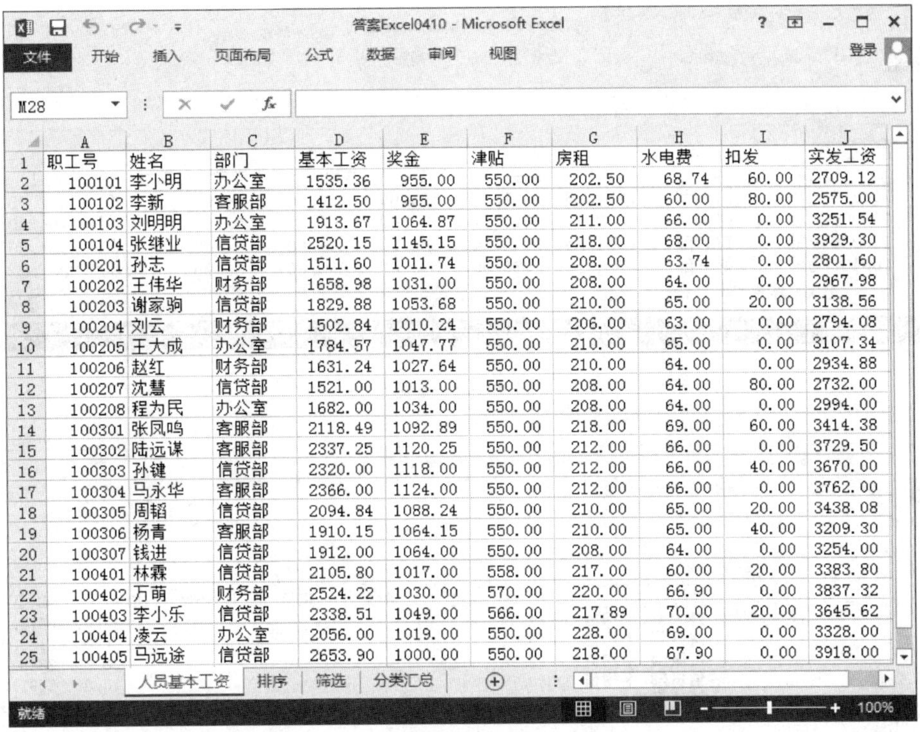

	A	B	C	D	E	F	G	H	I	J
1	职工号	姓名	部门	基本工资	奖金	津贴	房租	水电费	扣发	实发工资
2	100101	李小明	办公室	1535.36	955.00	550.00	202.50	68.74	60.00	2709.12
3	100102	李新	客服部	1412.50	955.00	550.00	202.50	60.00	80.00	2575.00
4	100103	刘明明	办公室	1913.67	1064.87	550.00	211.00	66.00	0.00	3251.54
5	100104	张继业	信贷部	2520.15	1145.15	550.00	218.00	68.00	0.00	3929.30
6	100201	孙志	信贷部	1511.60	1011.74	550.00	208.00	63.74	0.00	2801.60
7	100202	王伟华	财务部	1658.98	1031.00	550.00	208.00	64.00	0.00	2967.98
8	100203	谢家驹	信贷部	1829.88	1053.68	550.00	210.00	65.00	20.00	3138.56
9	100204	刘云	财务部	1502.84	1010.24	550.00	206.00	63.00	0.00	2794.08
10	100205	王大成	办公室	1784.57	1047.77	550.00	210.00	65.00	0.00	3107.34
11	100206	赵红	财务部	1631.24	1027.64	550.00	210.00	64.00	0.00	2934.88
12	100207	沈慧	信贷部	1521.00	1013.00	550.00	208.00	64.00	80.00	2732.00
13	100208	程为民	办公室	1682.00	1034.00	550.00	208.00	64.00	0.00	2994.00
14	100301	张凤鸣	客服部	2118.49	1092.89	550.00	218.00	69.00	60.00	3414.38
15	100302	陆远谋	客服部	2337.25	1120.25	550.00	212.00	66.00	0.00	3729.50
16	100303	孙键	信贷部	2320.00	1118.00	550.00	212.00	66.00	40.00	3670.00
17	100304	马永华	客服部	2366.00	1124.00	550.00	212.00	66.00	0.00	3762.00
18	100305	周韬	信贷部	2094.84	1088.24	550.00	210.00	65.00	20.00	3438.08
19	100306	杨青	客服部	1910.15	1064.15	550.00	210.00	65.00	40.00	3209.30
20	100307	钱进	信贷部	1912.00	1064.00	550.00	208.00	64.00	0.00	3254.00
21	100401	林霖	信贷部	2105.80	1017.00	558.00	217.00	60.00	20.00	3383.80
22	100402	万萌	财务部	2524.22	1030.00	570.00	220.00	66.90	0.00	3837.32
23	100403	李小乐	信贷部	2338.51	1049.00	566.00	217.89	70.00	20.00	3645.62
24	100404	凌云	办公室	2056.00	1019.00	550.00	228.00	69.00	0.00	3328.00
25	100405	马远途	信贷部	2653.90	1000.00	550.00	218.00	67.90	0.00	3918.00

图 4-44　人员基本工资

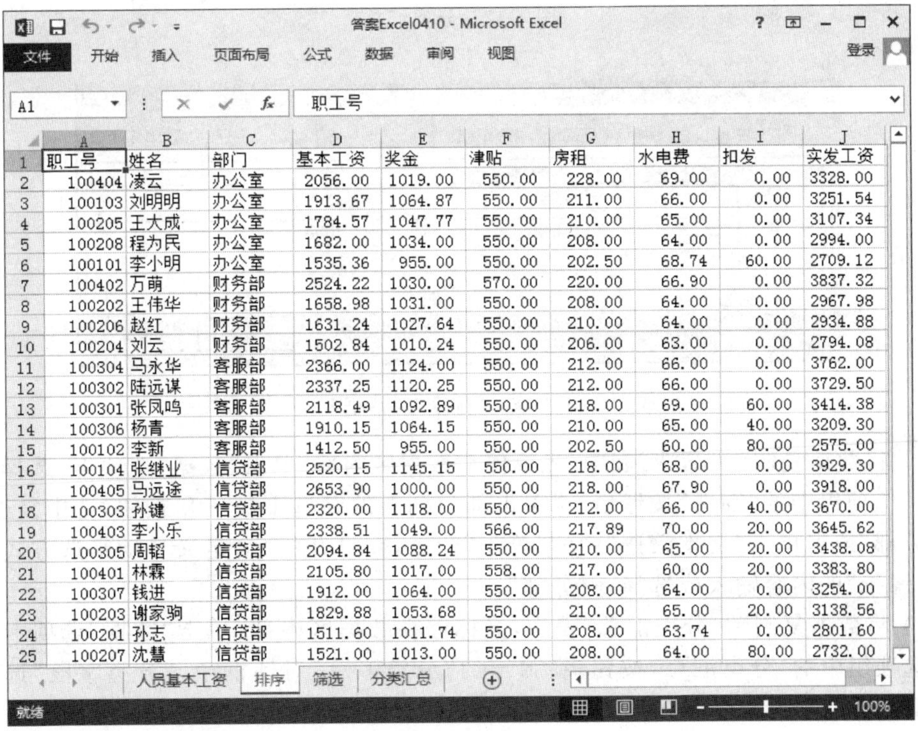

	A	B	C	D	E	F	G	H	I	J
1	职工号	姓名	部门	基本工资	奖金	津贴	房租	水电费	扣发	实发工资
2	100404	凌云	办公室	2056.00	1019.00	550.00	228.00	69.00	0.00	3328.00
3	100103	刘明明	办公室	1913.67	1064.87	550.00	211.00	66.00	0.00	3251.54
4	100205	王大成	办公室	1784.57	1047.77	550.00	210.00	65.00	0.00	3107.34
5	100208	程为民	办公室	1682.00	1034.00	550.00	208.00	64.00	0.00	2994.00
6	100101	李小明	办公室	1535.36	955.00	550.00	202.50	68.74	60.00	2709.12
7	100402	万萌	财务部	2524.22	1030.00	570.00	220.00	66.90	0.00	3837.32
8	100202	王伟华	财务部	1658.98	1031.00	550.00	208.00	64.00	0.00	2967.98
9	100206	赵红	财务部	1631.24	1027.64	550.00	210.00	64.00	0.00	2934.88
10	100204	刘云	财务部	1502.84	1010.24	550.00	206.00	63.00	0.00	2794.08
11	100304	马永华	客服部	2366.00	1124.00	550.00	212.00	66.00	0.00	3762.00
12	100302	陆远谋	客服部	2337.25	1120.25	550.00	212.00	66.00	0.00	3729.50
13	100301	张凤鸣	客服部	2118.49	1092.89	550.00	218.00	69.00	60.00	3414.38
14	100306	杨青	客服部	1910.15	1064.15	550.00	210.00	65.00	40.00	3209.30
15	100102	李新	客服部	1412.50	955.00	550.00	202.50	60.00	80.00	2575.00
16	100104	张继业	信贷部	2520.15	1145.15	550.00	218.00	68.00	0.00	3929.30
17	100405	马远途	信贷部	2653.90	1000.00	550.00	218.00	67.90	0.00	3918.00
18	100303	孙键	信贷部	2320.00	1118.00	550.00	212.00	66.00	40.00	3670.00
19	100403	李小乐	信贷部	2338.51	1049.00	566.00	217.89	70.00	20.00	3645.62
20	100305	周韬	信贷部	2094.84	1088.24	550.00	210.00	65.00	20.00	3438.08
21	100401	林霖	信贷部	2105.80	1017.00	558.00	217.00	60.00	20.00	3383.80
22	100307	钱进	信贷部	1912.00	1064.00	550.00	208.00	64.00	0.00	3254.00
23	100203	谢家驹	信贷部	1829.88	1053.68	550.00	210.00	65.00	20.00	3138.56
24	100201	孙志	信贷部	1511.60	1011.74	550.00	208.00	63.74	0.00	2801.60
25	100207	沈慧	信贷部	1521.00	1013.00	550.00	208.00	64.00	80.00	2732.00

图 4-45　排序

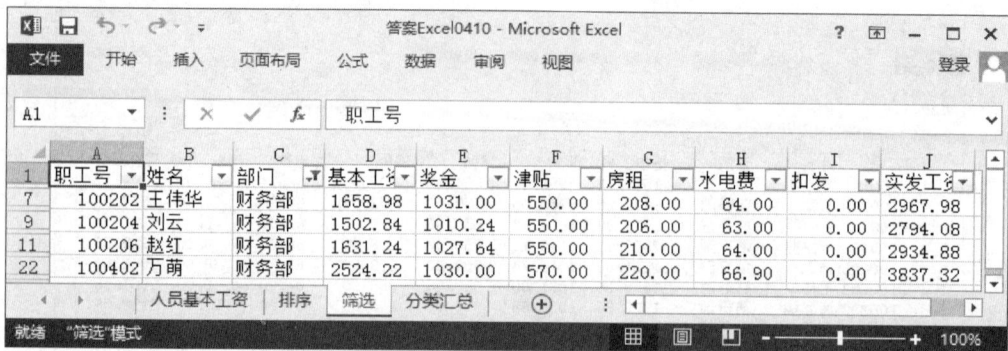

图 4-46 筛选

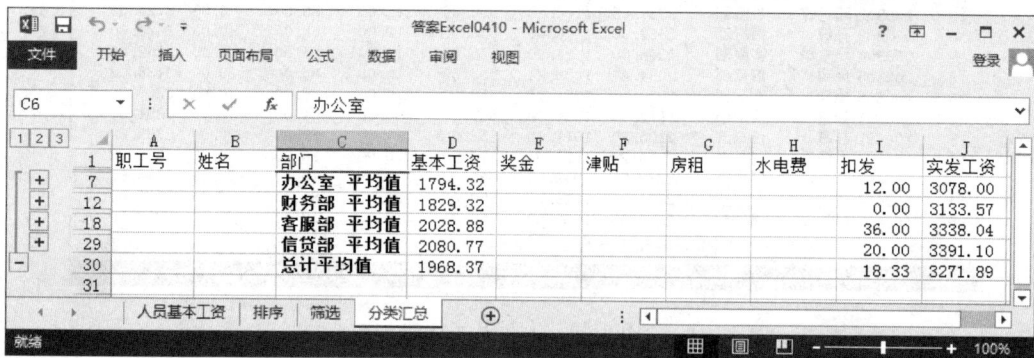

图 4-47 分类汇总

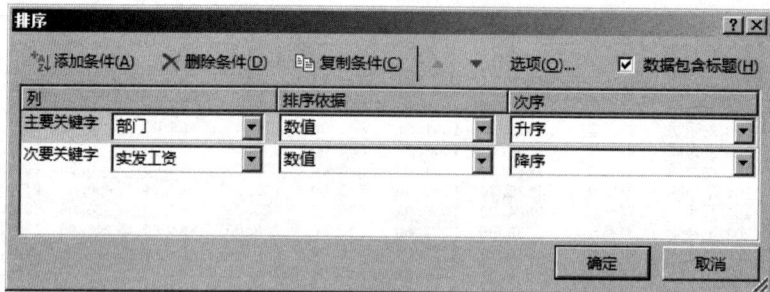

图 4-48 "排序"对话框

（3）将数据复制到"筛选"表中，光标停在数据区内部，单击"数据"选项卡，选择"排序和筛选"选项组中的"筛选"按钮后，再单击部门列上的筛选下拉三角按钮，选中复选框中的"财务部"或者单击"文本筛选"中的"等于"命令，在打开的"自定义自动筛选方式"对话框中，"等于"的内容输入或选择"财务部"。

（4）将数据复制到"分类汇总"表中，光标停在数据区内部，单击"数据"选项卡"分级显示"选项组中的"分类汇总"按钮，在弹出的"分类汇总"对话框中，"分类字段"选择"部门"，"汇总方式"选择"平均值"，在"选定汇总项"选项组中选中"基本工资"、"扣发"和"实发工资"复选框。默认选中"汇总结果显示在数据下方"复选框，单击"确定"按钮完成指定分类汇总。

4.6.10 音乐产品销售情况

📖案例描述

某公司音乐产品销售情况如工作簿 Excel0411. xlsx 中所示，汇总求出下面要求的几个结果：

(1) 求出每位销售员的“销售金额”。

(2) 求出每位销售员的每种产品的“销售金额”。

(3) 求出“陈玉玲”在“北京”地区销售的总金额。

💻最终效果

本案例最终效果如图 4-49～图 4-51 所示。

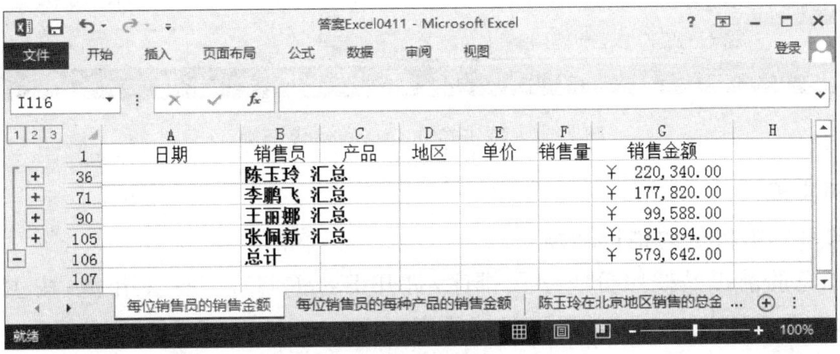

	A	B	C	D	E	F	G
1	日期	销售员	产品	地区	单价	销售量	销售金额
36		陈玉玲 汇总					￥ 220,340.00
71		李鹏飞 汇总					￥ 177,820.00
90		王丽娜 汇总					￥ 99,588.00
105		张佩新 汇总					￥ 81,894.00
106		总计					￥ 579,642.00
107							

图 4-49　每位销售员销售金额

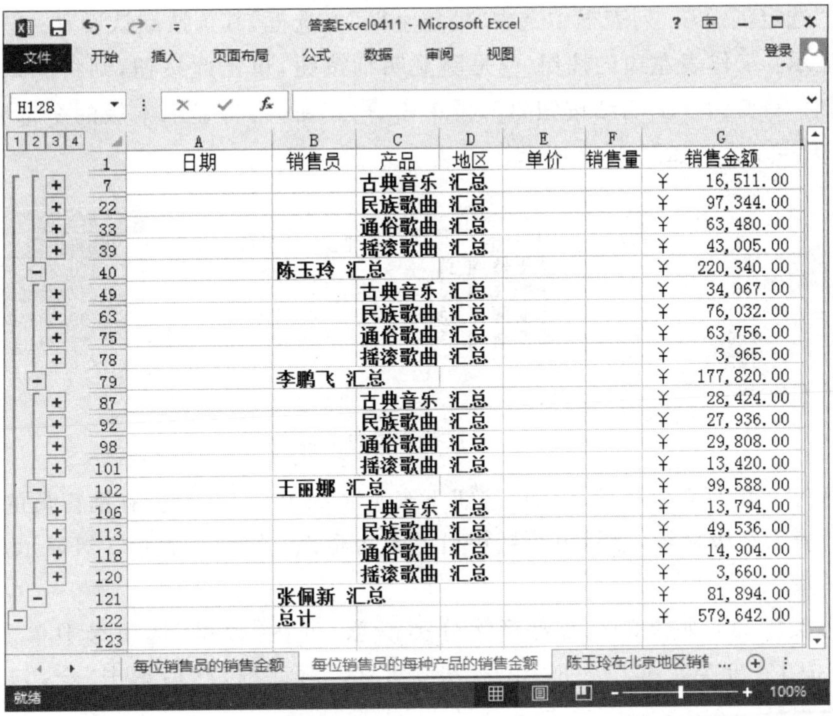

	A	B	C	D	E	F	G
1	日期	销售员	产品	地区	单价	销售量	销售金额
7			古典音乐 汇总				￥ 16,511.00
22			民族歌曲 汇总				￥ 97,344.00
33			通俗歌曲 汇总				￥ 63,480.00
39			摇滚歌曲 汇总				￥ 43,005.00
40		陈玉玲 汇总					￥ 220,340.00
49			古典音乐 汇总				￥ 34,067.00
63			民族歌曲 汇总				￥ 76,032.00
75			通俗歌曲 汇总				￥ 63,756.00
78			摇滚歌曲 汇总				￥ 3,965.00
79		李鹏飞 汇总					￥ 177,820.00
87			古典音乐 汇总				￥ 28,424.00
92			民族歌曲 汇总				￥ 27,936.00
98			通俗歌曲 汇总				￥ 29,808.00
101			摇滚歌曲 汇总				￥ 13,420.00
102		王丽娜 汇总					￥ 99,588.00
106			古典音乐 汇总				￥ 13,794.00
113			民族歌曲 汇总				￥ 49,536.00
118			通俗歌曲 汇总				￥ 14,904.00
120			摇滚歌曲 汇总				￥ 3,660.00
121		张佩新 汇总					￥ 81,894.00
122		总计					￥ 579,642.00
123							

图 4-50　每位销售员每种商品的销售金额

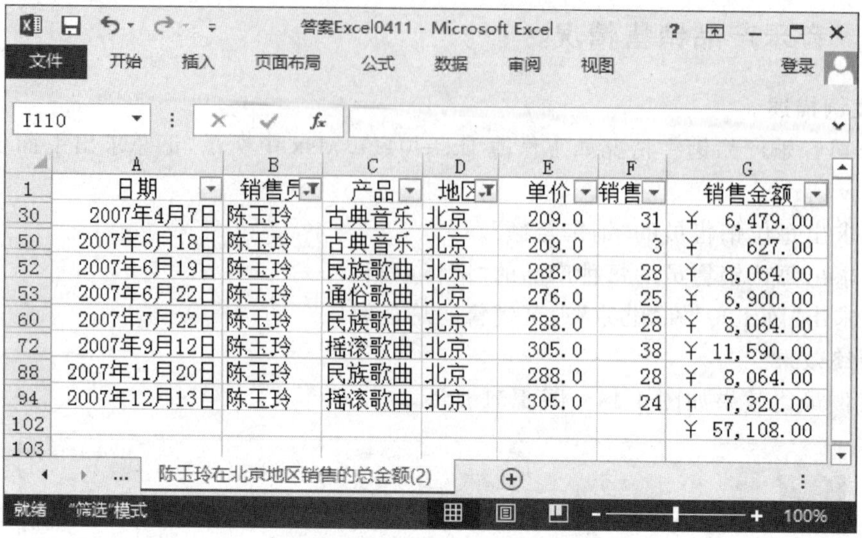

图 4-51　陈玉玲在北京的销售金额

✍案例实现

（1）求每位销售员的销售金额。

分类汇总的前提是按照分类字段排序，打开 Excel0411. xlsx 工作簿，按主要字段为"销售员"，次要字段为"产品"的顺序进行排序。

第一级分类汇总：单击要汇总区域中任何一个单元格，然后单击"数据"选项卡的"分级显示"选项组中的"分类汇总"按钮。"分类字段"中选择"销售员"，"汇总方式"中选择"求和"，在"选定汇总项"列表框中选中"销售金额"复选框，其余按默认设置。

分级显示：工作表左边的按钮 □ 是隐藏明细按钮，单击此按钮，则将隐藏本级的明细数据，同时 □ 变为显示明细按钮 ⊞ ，再单击 ⊞ 按钮，则将显示本级的全部明细数据，此时 ⊞ 变为 □ ，效果如图 4-52 所示。

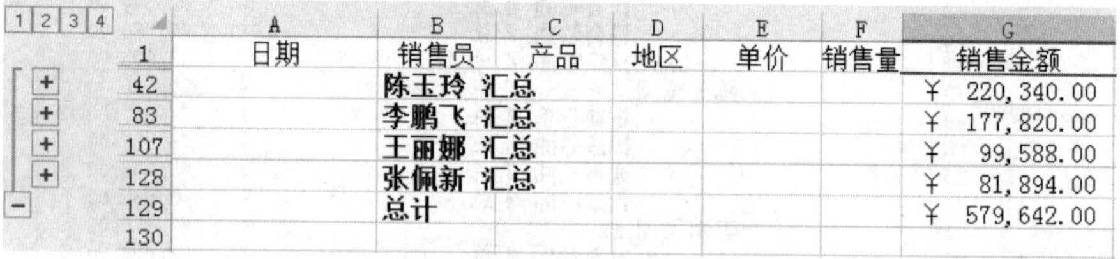

图 4-52　每位销售员的销售金额

工作表左上角有 3 个按钮 ①②③ ，按钮 1 表示 1 级显示，显示所有销售员的总销售金额；按钮 2 表示 2 级显示，显示每个销售员的销售金额；按钮 3 表示 3 级显示，显示汇总明细及汇总额。

删除分类汇总：如果用户需要删除分类汇总，可在"数据"选项卡中单击"分级显示"选项组中的"分类汇总"按钮，打开"分类汇总"对话框，然后单击"全部删除"按钮即可。

（2）求每位销售员的每种产品的销售金额。

二级分类汇总：如果需要，可以在一级分类汇总的基础上创建二级甚至多级分类汇总。多级分类汇总原理和简单分类汇总一样，按照主要字段建立一个第一级分类汇总，然后按照次要字段建立第二级分类汇总，更高级的分类汇总以此类推即可实现。

在以上单级汇总的基础上，单击要汇总区域中任何一个单元格，再打开"分类汇总"对话框，"分类字段"选择"产品"，"汇总方式"选择"求和"，在"选定汇总项"列表框中选中"销售金额"复选框，一定要取消选中"替换当前分类汇总"复选框，单击"确定"按钮。

显示分级汇总：此时工作表左上角显示有 4 个按钮 1 2 3 4，单击按钮 3 即可得到如图 4-53 所示的结果，也就是每位销售员的每种产品的"销售金额"。

		A 日期	B 销售员	C 产品	D 地区	E 单价	F 销售量	G 销售金额
7				古典音乐 汇总				￥ 16,511.00
22				民族歌曲 汇总				￥ 97,344.00
33				通俗歌曲 汇总				￥ 63,480.00
39				摇滚歌曲 汇总				￥ 43,005.00
40			陈玉玲 汇总					￥ 220,340.00
49				古典音乐 汇总				￥ 34,067.00
63				民族歌曲 汇总				￥ 76,032.00
75				通俗歌曲 汇总				￥ 63,756.00
78				摇滚歌曲 汇总				￥ 3,965.00
79			李鹏飞 汇总					￥ 177,820.00
87				古典音乐 汇总				￥ 28,424.00
92				民族歌曲 汇总				￥ 27,936.00
98				通俗歌曲 汇总				￥ 29,808.00
101				摇滚歌曲 汇总				￥ 13,420.00
102			王丽娜 汇总					￥ 99,588.00
106				古典音乐 汇总				￥ 13,794.00
113				民族歌曲 汇总				￥ 49,536.00
118				通俗歌曲 汇总				￥ 14,904.00
120				摇滚歌曲 汇总				￥ 3,660.00
121			张佩新 汇总					￥ 81,894.00
122			总计					￥ 579,642.00

图 4-53 每位销售员的每种产品的销售金额

（3）求出"陈玉玲"在"北京"地区销售的总金额。

方法一：使用解决上一问题的方法，按"销售员"一级分类汇总，按"地区"二级分类汇总，结果如图 4-54 所示。

G10 ▼ × ✓ fx =SUBTOTAL(9,G2:G9)

		A 日期	B 销售员	C 产品	D 地区	E 单价	F 销售量	G 销售金额
10					北京 汇总			￥ 57,108.00
16					广州 汇总			￥ 30,944.00
23					杭州 汇总			￥ 37,552.00
29					宁波 汇总			￥ 39,936.00
36					上海 汇总			￥ 27,152.00
41					深圳 汇总			￥ 27,648.00
42			陈玉玲 汇总					￥ 220,340.00
46					北京 汇总			￥ 25,719.00
55					广州 汇总			￥ 51,346.00
62					杭州 汇总			￥ 27,346.00

图 4-54 二级分类汇总出的结果

方法二：采用先筛选再求和的方法。自动筛选出销售员为陈玉玲的记录，在筛选结果中再自动筛选出地区为北京的记录，然后对“销售金额”进行自动求和，如图 4-55 所示。

G102 =SUBTOTAL(9,G2:G101)

	A	B	C	D	E	F	G
1	日期	销售员	产品	地区	单价	销售	销售金额
30	2007年4月7日	陈玉玲	古典音乐	北京	209.0	31	￥ 6,479.00
50	2007年6月18日	陈玉玲	古典音乐	北京	209.0	3	￥ 627.00
52	2007年6月19日	陈玉玲	民族歌曲	北京	288.0	28	￥ 8,064.00
53	2007年6月22日	陈玉玲	通俗歌曲	北京	276.0	25	￥ 6,900.00
60	2007年7月22日	陈玉玲	民族歌曲	北京	288.0	28	￥ 8,064.00
72	2007年9月12日	陈玉玲	摇滚歌曲	北京	305.0	38	￥ 11,590.00
88	2007年11月20日	陈玉玲	民族歌曲	北京	288.0	28	￥ 8,064.00
94	2007年12月13日	陈玉玲	摇滚歌曲	北京	305.0	24	￥ 7,320.00
102							￥ 57,108.00

图 4-55 筛选再求和的结果

4.7 本章课外实验

4.7.1 单元格引用

打开工作簿 Ekw0401.xlsx，按下列要求完成上机实验。

(1) 在工作表“混合引用”中编辑完成如图 4-56 所示内容。

答案Ekw0401 - Microsoft Excel

	1	2	3	4	5	6	7	8	9
1	1	2	3	4	5	6	7	8	9
2	2	4	6	8	10	12	14	16	18
3	3	6	9	12	15	18	21	24	27
4	4	8	12	16	20	24	28	32	36
5	5	10	15	20	25	30	35	40	45
6	6	12	18	24	30	36	42	48	54
7	7	14	21	28	35	42	49	56	63
8	8	16	24	32	40	48	56	64	72
9	9	18	27	36	45	54	63	72	81

图 4-56 混合引用

要求：

① 在 A2:A10 区域中采用自动填充的方法输入数字 1～9。

② 在 B1:J1 区域中也输入数字 1～9。

③ 在 B2 单元格输入公式"＝A2＊B1"。

④ 为了将 B2 中公式复制到其他单元格中也能得到正确结果，请修改公式中的单元格引用方式。

⑤ 将 B2 单元格公式复制到 B2:J10 区域的其他单元格中。

⑥ 设置图中所示边框。

（2）在工作表"连串运算"中编辑完成如图 4-57 所示内容。

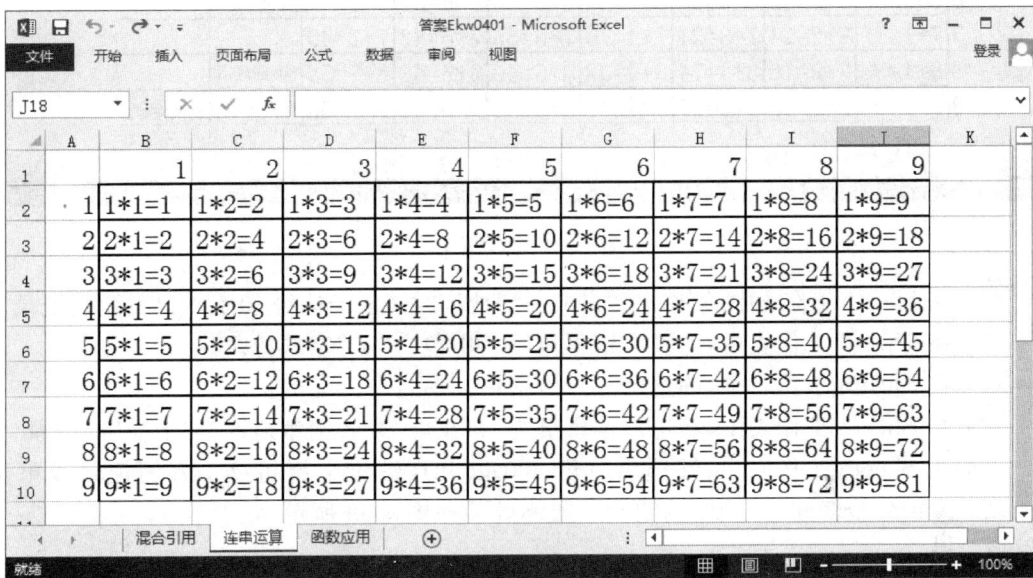

图 4-57　连串运算

要求：

① 将工作表"混合引用"中的全部内容复制到工作表"连串运算"中。

② 修改 B2 中公式：用连接运算符号将 A2 和 B1 中数字连接到公式中。

③ 将 B2 单元格中修改好的公式复制到 B2:J10 区域的其他单元格中。

（3）在工作表"函数应用"中编辑完成如图 4-58 所示的内容。

要求：

① 将工作表"连串运算"中的全部内容复制到工作表"函数应用"中。

② 在 B2 单元格的公式中使用 IF 条件函数，将 B2:J10 区域的部分单元格清空，如图 4-58 所示。

③ 将 B2 单元格中修改好的公式复制到 B2:J10 区域的其他单元格中。

4.7.2　产品筛选

打开工作簿 Ekw0402.xlsx，按下列要求完成上机实验。

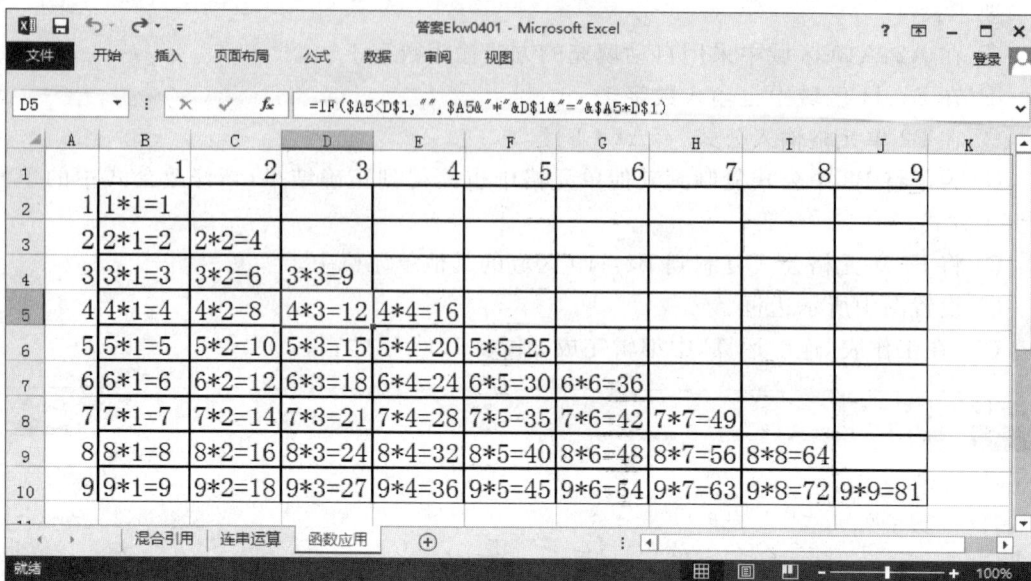

图 4-58　函数应用

（1）在 Sheet1 工作表中，筛选出北京或上海地区的销量未达到 10 套产品的销售记录。

（2）在 Sheet2 工作表中，筛选出销售员姓名中包含"玉"字的记录。

（3）在 Sheet3 工作表中，筛选出五月份销售额超过一万元的记录。

（4）在 Sheet4 工作表中，筛选出销售员为"张佩新"或者销售地区为"上海"的记录。

（5）在 Sheet5 工作表中，筛选出单价 300 以上且销售金额超过 1 万的记录或单价 200 以下且销售金额超过 5000 的记录。最终效果如图 4-59 所示。

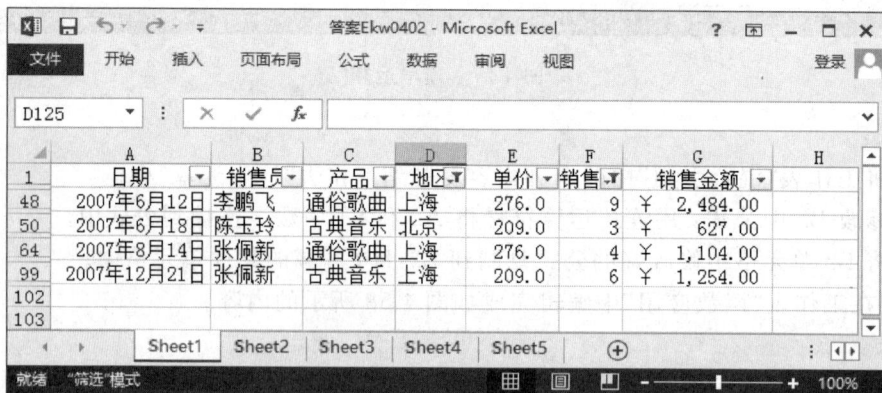

图 4-59　筛选

4.7.3　职工工资表

打开工作簿 Ekw0403.xlsx，按下列要求完成上机实验。

要求：

（1）计算出每个职工的实发工资。

(2) 表格需要打印出来,并且要求:每页要放 40 个记录(行),并对每页数据进行合计,在最后的一页上作出总合计。最终效果如图 4-60 所示。

	A	B	C	D	E	F	G	H	I	J	K
1	职工号	姓名	部门	基本工资	奖金	津贴	房租	水电费	扣发	实发工资	页数
2	100101	李小明	办公室	1535	955	550	203	69	60	2709	1
3	100102	李新	客服部	1413	955	580	203	60	80	2605	1
4	100103	刘明明	办公室	1914	1065	650	211	66	0	3352	1
39	100138	宋丽云	信贷部	2337	1120	550	212	66	0	3730	1
40	100139	亢砚芳	信贷部	2320	1118	900	212	66	40	4020	1
41				74520	40816	23904	8229	2547	780	127685	1 汇总
42	100140	高建萍	市场部	2366	1124	550	212	66	0	3762	2
43	100141	殷晓梅	演出部	2095	1088	550	210	65	20	3438	2
44	100142	郝林文	演出部	1910	1064	780	210	65	40	3439	2
45	100143	赵秀梅	企宣部	1912	1064	550	208	64	0	3254	2
46	100144	常晓霞	演出部	2106	1017	558	217	60	20	3384	2
47	100145	余虹	演出部	2524	1030	570	220	67	0	3837	2
48	100146	郭红菊	网络信息	2339	1049	566	218	70	20	3646	2
49	100147	李润莲	票务部	2056	1019	550	228	69	0	3328	2
50	100148	崔京慧	演出部	2654	1000	550	218	68	0	3918	2
51	100149	孙建薇	演出部	1535	955	550	203	69	60	2709	2
52	100150	牛钰	市场部	1413	955	580	203	60	80	2605	2
53	100151	杨立琴	市场部	1914	1065	650	211	66	0	3352	2

图 4-60　员工实发工资

第5章　Excel 图表应用

本章说明：

在 Excel 2013 中，可以很轻松地创建具有专业外观的图表，只需选择图表类型、图表布局和图表样式等。另外可以通过 Excel 数据透视表和数据透视图来分析复杂数据。数据透视表可以准确计算和分析数据，而数据透视图则可以可视化地展示数据和数据之间的关系。

本章主要内容：

- ➢ 图表制作
- ➢ 数据透视表
- ➢ 数据透视图

本章拟解决的重要问题：

 1. 如何生成图表？

 2. 如何增加或删除图表中的图例、数据标签、标题？

 3. 如何更改坐标轴的数据格式、文字方向、标签？

 4. 如何显示图表的网格线、背景墙？

 5. 如何切换图表的行列？

 6. 如何更改图表的类型？

 7. 如何利用现有的数据创建数据透视表？

 8. 如何利用现有的数据创建透视图？

5.1 图表的生成

  根据企业利税与捐赠表，如表 5-1 所示，生成图表。

表 5-1 企业利税与捐赠

企 业 名 称	利 税 合 计	公 益 捐 赠
大旗	100	90
唐都	70	68
奇遇	80	85
伊莱	64	51
宝矿	89	76
联众	40	50
古乐	60	63
清水	56	70

5.1.1 图表的插入

  选择需要生成图表的数据，选择"插入"→"图表"命令，根据要求选择需要的图表类型。

  下面以插入二维簇状柱形图为例进行说明。单击"插入"→"图表"→"插入柱形图"按钮，选择"二维簇状柱形图"图标，当鼠标指针指向所选择的图表图标时，出现生成图表的预览图，如图 5-1 所示，单击生成图表。

  单击生成的图表，便会弹出"图表工具"的"设计"和"格式"选项卡，同时单击图表时在图表右侧出现"图表元素"、"图表样式"和"图表筛选器"功能图标，利用它们可对图表数据或格式进行设置，如图 5-2 所示。

5.1.2 图表的快速布局

  生成的图表，利用快速布局，可实现快速添加图表的一些选项，如图 5-3 所示。

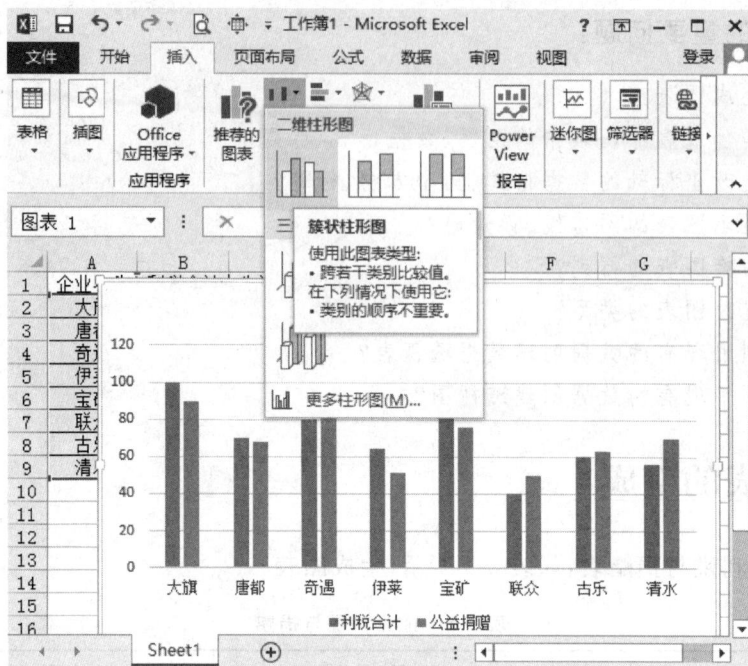

图 5-1　生成图表

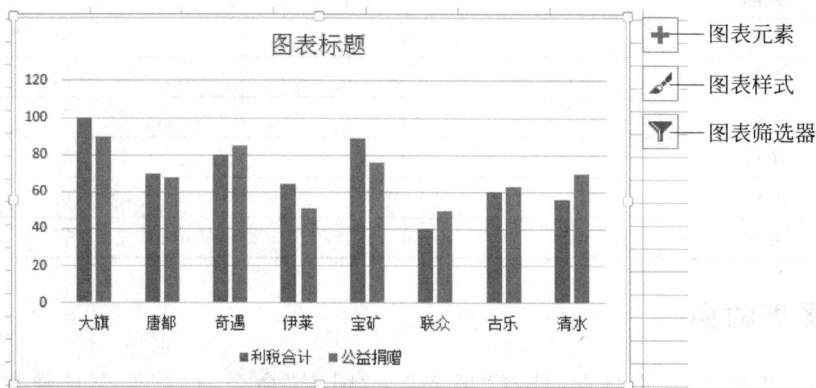

图 5-2　图表元素、样式、筛选器

5.1.3　图表的样式选择

利用图表样式，可对图表进行快速样式设计，如图 5-4 所示。

5.1.4　数据标签

单击生成的图表，出现"图表工具"选项卡，单击"设计"→"图表布局"→"添加图表元素"→"数据标签"命令，如图 5-5 所示，选择相应的数据标签格式，最终效果如图 5-6 所示。

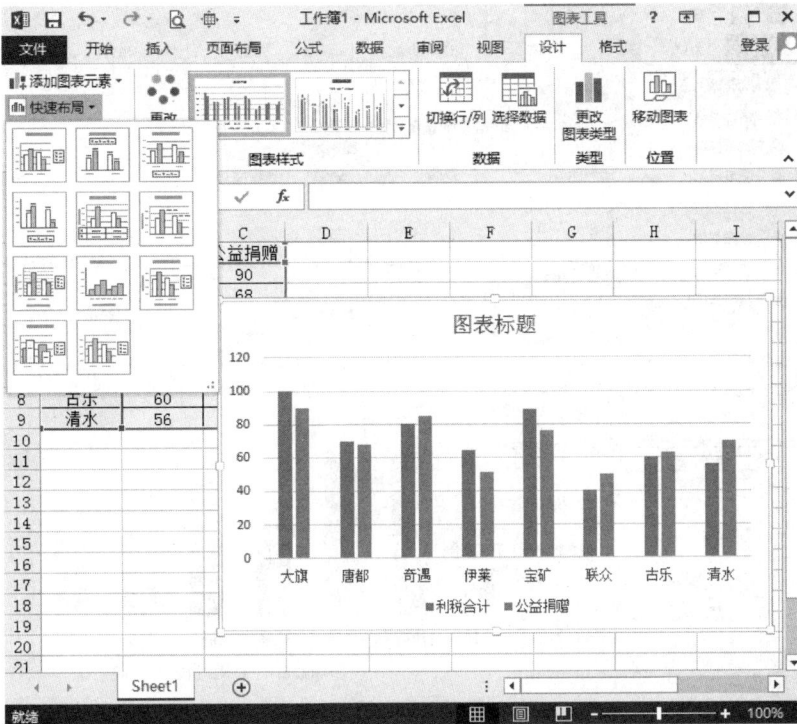

图 5-3　图表的快速布局

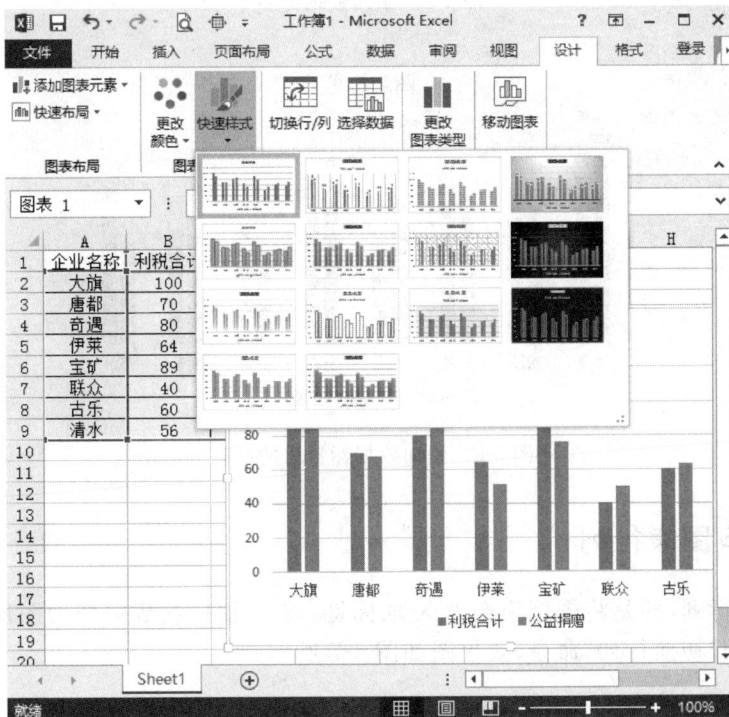

图 5-4　图表样式的选择

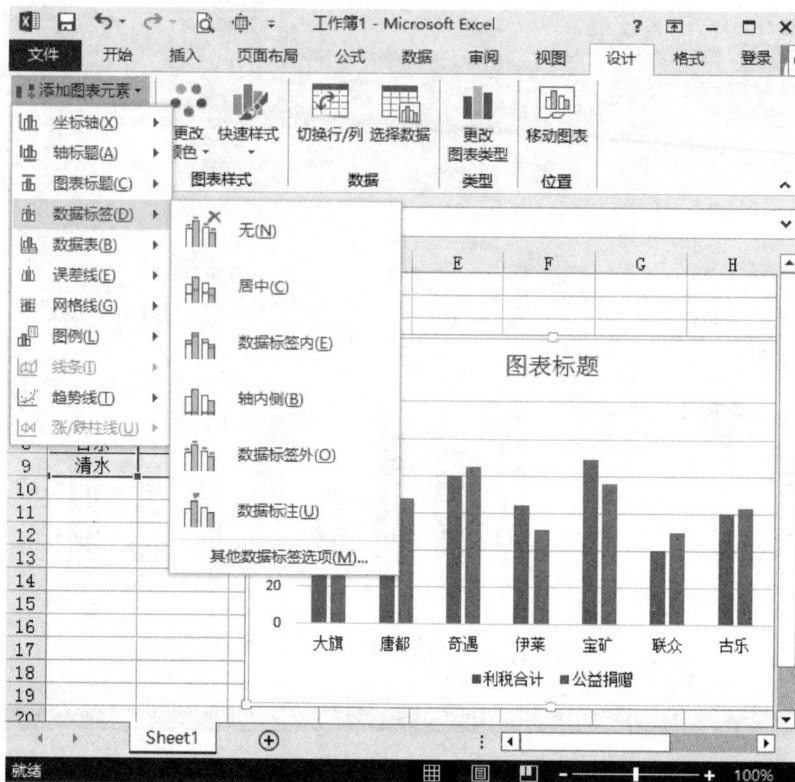

图 5-5　添加数据标签

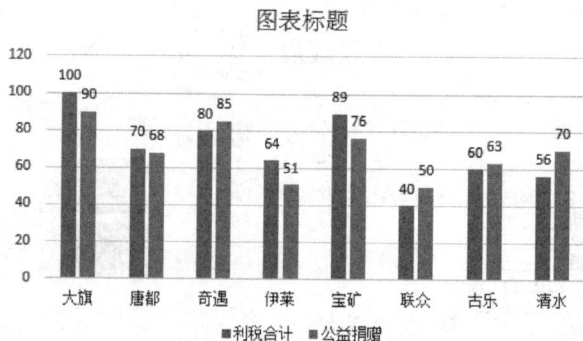

图 5-6　添加数据标签后的图表

5.1.5　切换图表行列

切换图表行列,即是将图例项变为 X 轴标签,将 X 轴标签数据变为图例项,单击"设计"→"数据"→"切换行列"命令,效果图如图 5-7 所示。

5.1.6　更改图表类型

单击"设计"→"类型"→"更改图表类型"命令,在弹出的"更改图表类型"对话框中,可

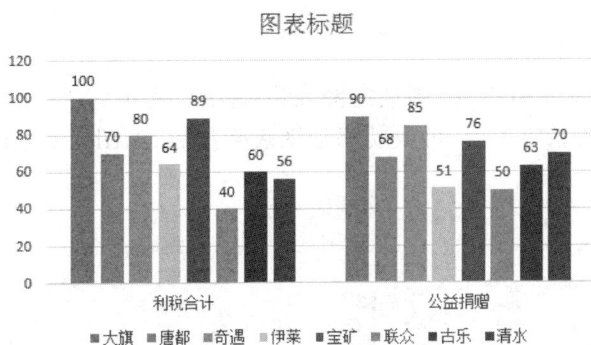

图 5-7　图表切换行列

将图表类型更改为折线图、饼图、条形图、面积图等,如图 5-8 所示,若将图表类型更改为折线图,得到如图 5-9 所示的效果。

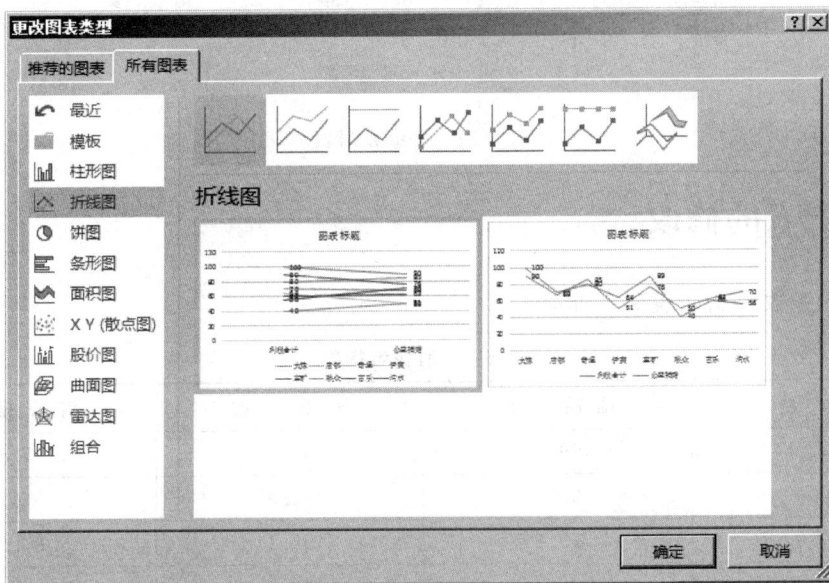

图 5-8　更改图表类型

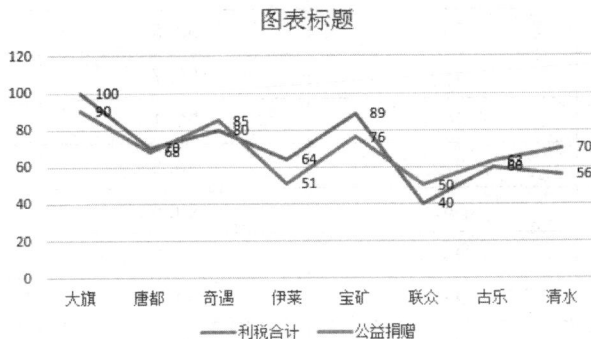

图 5-9　更改为折线图后的效果图

5.1.7 数据表

生成的图表如要显示数据表,则选定图表后,单击"设计"→"图表布局"→"添加图表元素"→"数据表"中的相应命令,可成功添加图表数据表,如图5-10所示。

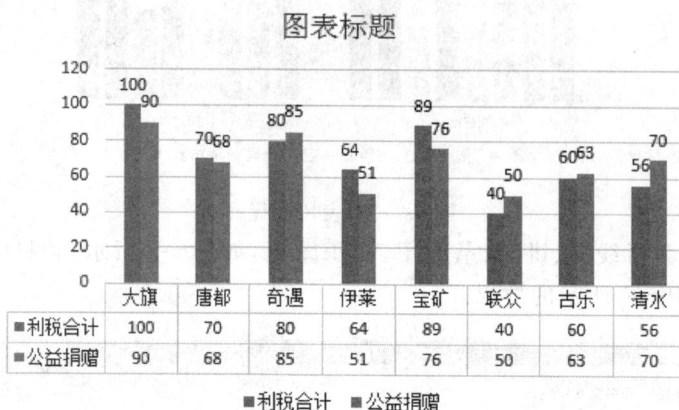

图 5-10 显示数据表

5.2 图表的修改

消费者指数数据如表5-2所示。

表 5-2 消费者指数

日　　期	预 期 指 数	满 意 指 数	信 心 指 数
2007.08	99.9	93.3	97.3
2007.09	99.6	92.9	96.9
2007.01	99.2	92.4	96.5
2007.11	98.7	92	96
2007.12	99.5	93.1	96.9
2008.01	98.6	91.2	95.6
2008.02	96.8	90.5	94.3
2008.03	97.1	90.7	94.5
2008.04	96.6	90.1	94
2008.05	97	90.2	94.3
2008.06	96.5	90.6	94.1
2008.07	96.9	90.8	94.5
2008.08	96	90.2	93.7
2008.09	95.6	90	93.4

根据消费者指数的"日期"和"预期指数"制作如图 5-11 所示的图表。

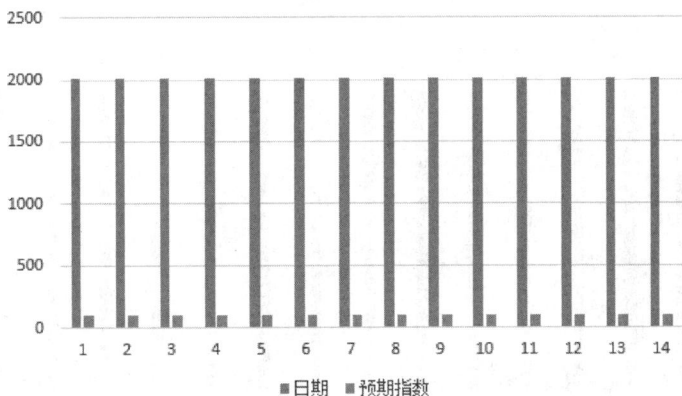

图 5-11　生成的图表

5.2.1　添加图表标题

单击生成的图表，出现图表工具选项卡，单击"设计"→"图表布局"→"添加图表元素"→"图表标题"中的相应命令，即可生成图表标题，如图 5-12 所示，最终效果如图 5-13 所示。

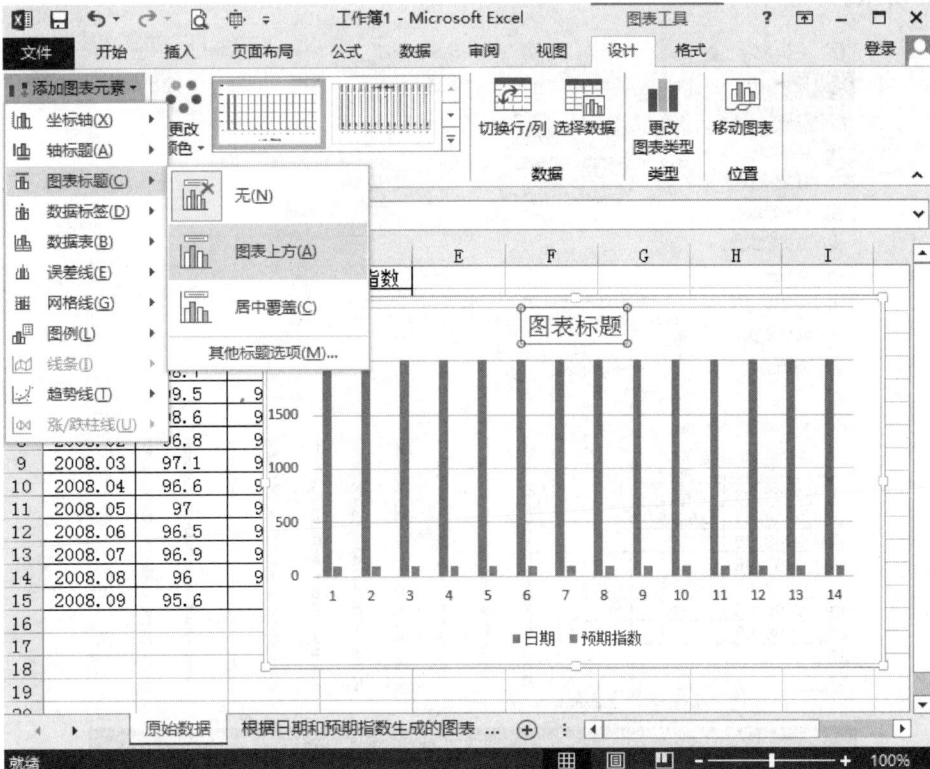

图 5-12　添加图表标题

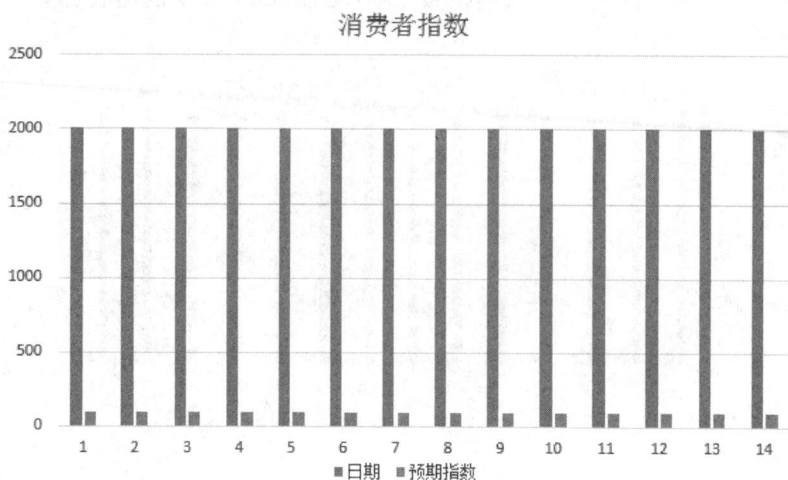

图 5-13　添加了标题的图表

5.2.2　修改坐标轴标题

　　单击生成的图表，出现"图表工具"选项卡，单击"设计"→"图表布局"→"添加图表元素"→"轴标题"中的相应命令，如图 5-14 所示，添加 X 轴为时间，Y 轴为指数，最终效果如图 5-15 所示。

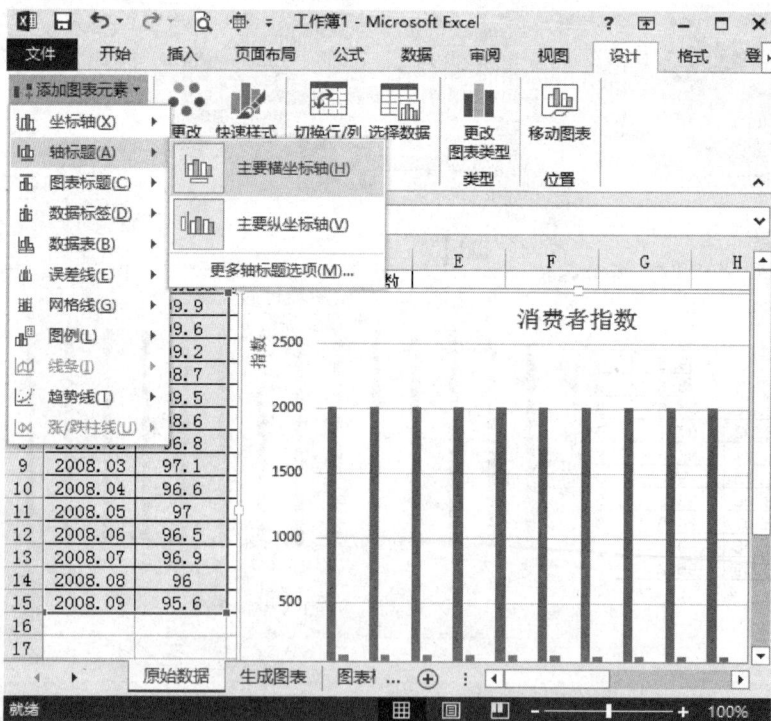

图 5-14　添加坐标轴标题

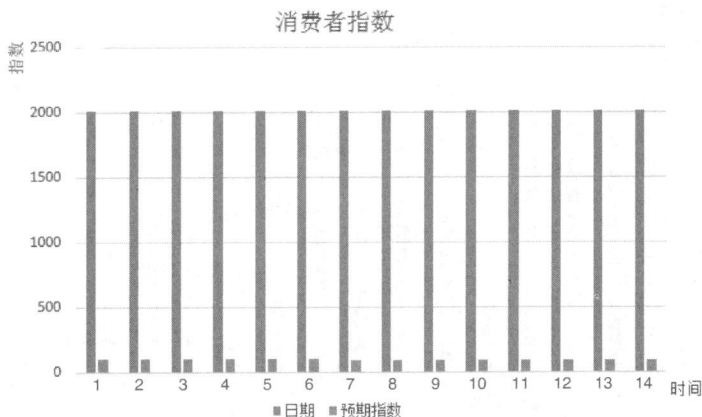

图 5-15　添加了坐标轴标题的图表

5.2.3　删除、添加和编辑图例项

Excel 生成的图表,图例项可以增加,也可以删除,删除图例的操作步骤如下:

(1) 选定图表单击"设计"→"数据"→"选择数据"命令。

(2) 在弹出的"选择数据源"对话框左侧的"图例项"选项区中,选择要删除的图例,单击"删除"按钮,之后单击"确定"按钮即可,如图 5-16 所示。

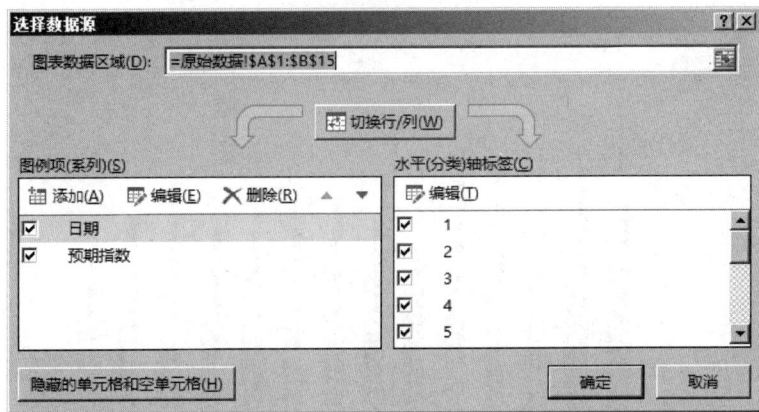

图 5-16　删除图例项

(3) 删除"日期"图例项的效果如图 5-17 所示。

如果要添加图例项,在图中"选择数据源"对话框左侧的"图例项"选项区中,单击"添加"按钮,打开"编辑数据系列"对话框,可以把消费者的"满意指数"图例项添加进来,如图 5-18 所示。产生的效果图如图 5-19 所示。

如果要编辑图例项,则在"选择数据源"对话框左侧的"图例项"选项区中,选择要编辑的图例,单击"编辑"按钮,在打开的如图 5-18 所示的"编辑数据系列"对话框中,进行修改操作。

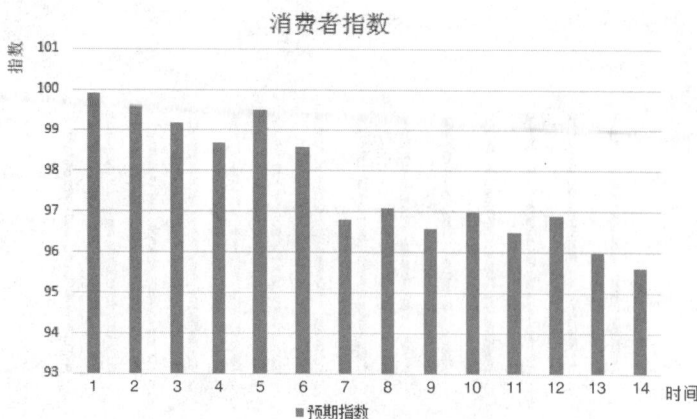

图 5-17　删除日期图例项后的图表

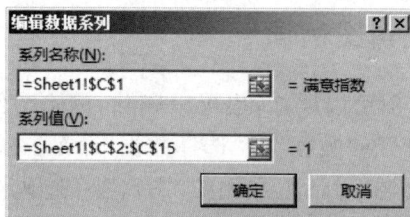

图 5-18　增加图例项

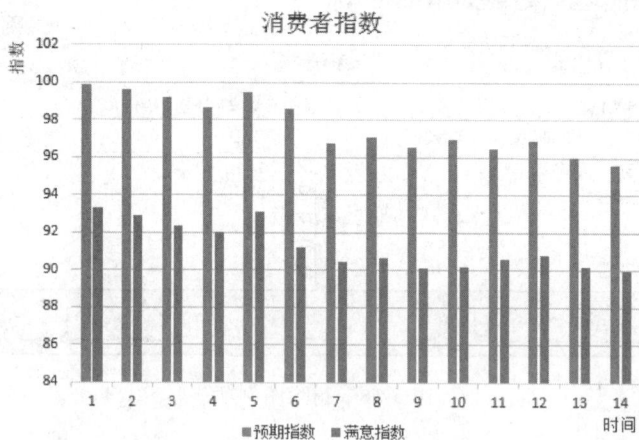

图 5-19　增加了图例的图表

5.2.4　更改 X 轴标签

（1）单击生成的如图 5-19 所示图表，单击"设计"→"数据"→"选择数据"命令。

（2）在弹出的"选择数据源"对话框右侧的"水平（分类）轴标签"列表框中，单击"编辑"按钮，在弹出的"轴标签"对话框的"轴标签区域"中选择"日期"列数据，如图 5-20 所示。

（3）更改 X 轴标签为"日期"后，效果如图 5-21 所示。

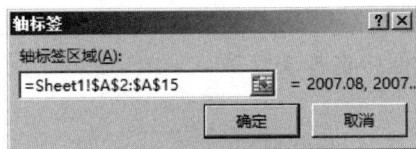

图 5-20　更改 X 轴标签

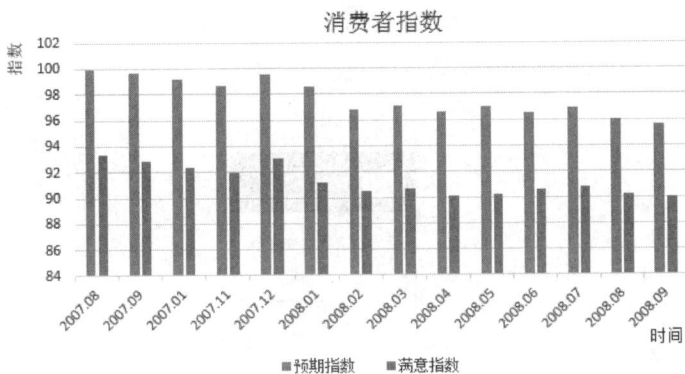

图 5-21　更改 X 轴标签后的图表

5.2.5　修改水平轴(X 轴)的文字方向

(1) 右击 X 轴标签数据,在弹出的快捷菜单中选择"设置坐标轴格式"命令,如图 5-22 所示。

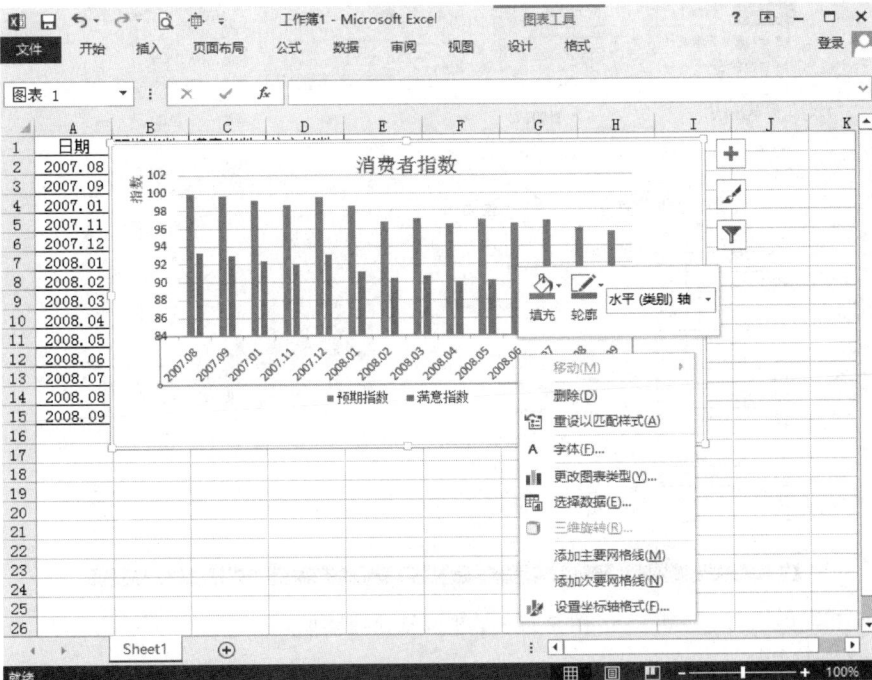

图 5-22　x 坐标轴快捷菜单

（2）在弹出的"设置坐标轴格式"任务窗格中，选择"文本选项"选项卡，在"文本框"选项组的"文字方向"下拉列表框中选择文字方向，如图 5-23 所示。

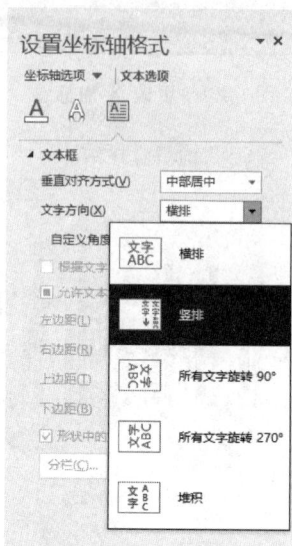

图 5-23　设置文字方向

5.2.6　修改 Y 轴数据格式

右击 y 轴数据，在弹出的快捷菜单中选择"设置坐标轴格式"命令，如图 5-24 所示。

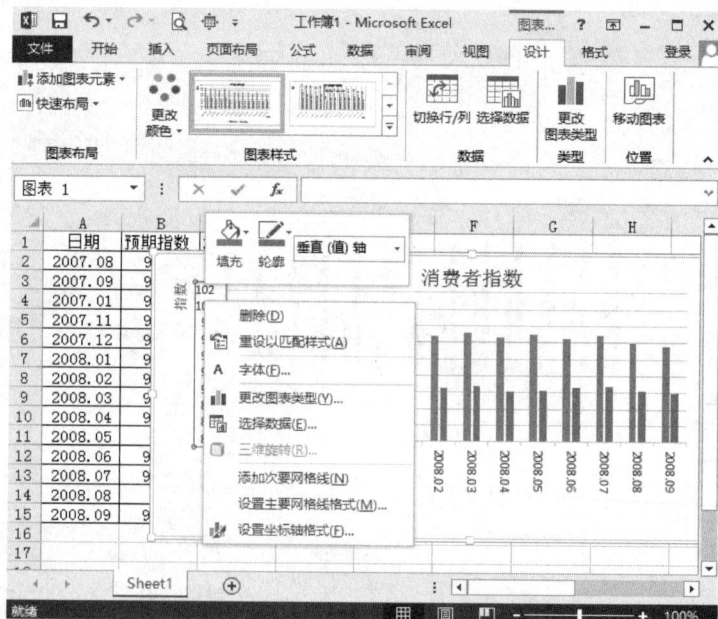

图 5-24　Y 坐标轴快捷菜单

（1）在弹出的"设置坐标轴格式"任务窗格中设置坐标轴主要刻度、次要刻度、最大值和最小值，如图 5-25 所示。

（2）设置坐标轴数字格式，如图 5-26 所示。

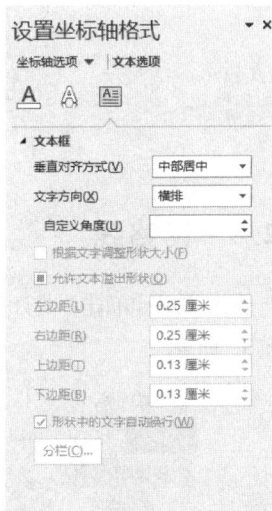

（3）设置坐标轴对齐方式和文字方向，打开"文本选项"选项卡，在"文本框"选项组中进行设置，如图 5-27 所示。

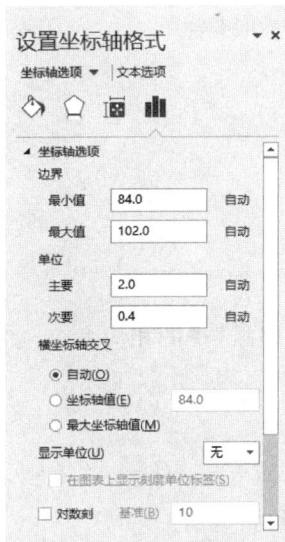

图 5-25　设置坐标轴选项　　　　图 5-26　设置坐标轴数字格式　　　　图 5-27　设置坐标轴对齐方式

5.2.7　更改图例位置

单击生成的图表，出现图表工具选项卡，单击"设计"→"图表布局"→"添加图表元素"→"图例"中的相应命令，如图 5-28 所示。将图例位置改至图表右侧，生成的图表如图 5-29 所示。

图 5-28　设置图例位置

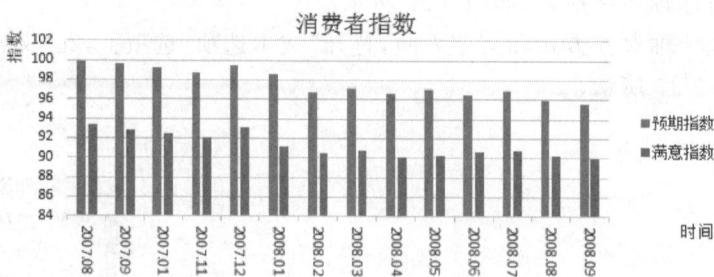

图 5-29　图例移至右侧的图表效果图

5.2.8　网格线

选定图表,单击"设计"→"图表布局"→"添加图表元素"→"网格线"中的相应命令,如图 5-30 所示。

图 5-30　设置网格线

5.2.9　添加背景

1.绘图区背景

在如图 5-29 所示的绘图区右击,在弹出的快捷菜单中选择"设置绘图区格式"命令,打开"设置绘图区格式"任务窗格。在此可设置绘图区的背景填充,如图 5-31 所示。生成效果如图 5-32 所示。

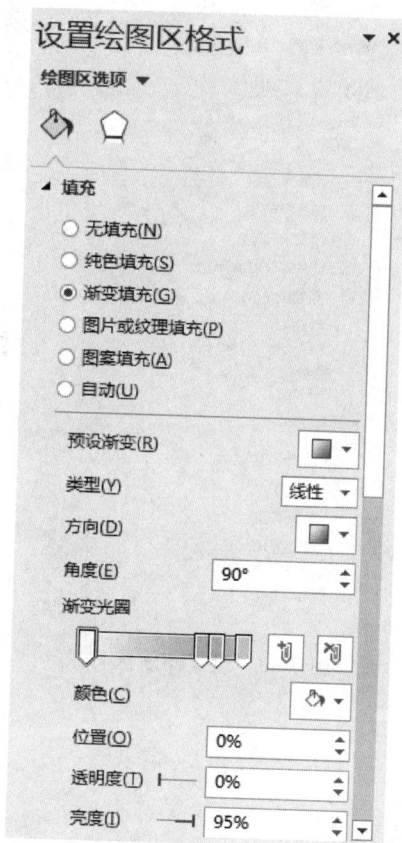

图 5-31　填充绘图区背景

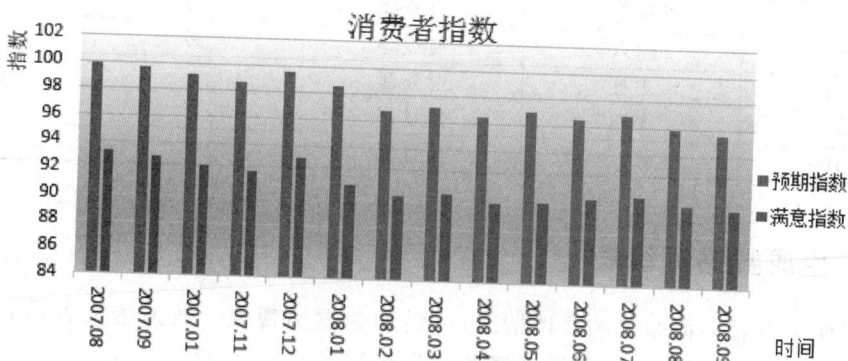

图 5-32　填充了背景颜色的图表

2．图表区

在图表区右击，在弹出的快捷菜单中选择"设置图表区格式"命令，打开"设置图表区格式"任务窗格，如图 5-33 所示，在此可设置图表区背景格式。

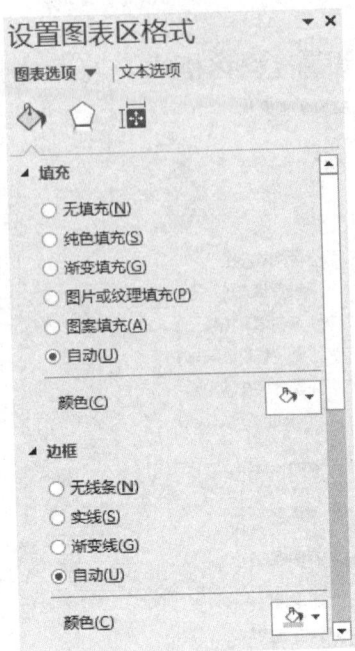

图 5-33　设置图表区背景

5.3　数据透视表

某公司有人事信息如表 5-3 所示。

表 5-3　人事信息

职　工　号	姓　名	部　门	性　别	工　资
1005	马七	财务部	男	1600
1004	赵六	财务部	男	1300
1003	王五	财务部	女	1200
1002	李四	信息部	男	1500
1001	张三	信息部	女	1400

5.3.1　生成数据透视表

为了便于查看公司职工的具体情况,可借助数据透视表。数据透视表是对数据进行分析和计算的常用工具,制作数据透视表的步骤如下:

(1) 选中数据区域,单击"插入"→"表格"→"数据透视表"命令,弹出"创建数据透视表"对话框,如图 5-34 所示,在此可选择是在新工作表还是在现有工作表创建数据透视表。生成如图 5-35 所示的工作表。

(2) 在图 5-35 所示窗口右侧的"数据透视图字段"任务窗格,选择数据透视表的各个字段。将"职工号"拖入"筛选器"中,以"性别"为列拖到"图例"区,以"部门"为行拖到"轴(类别)"区,求工资之和,如图 5-36 所示。

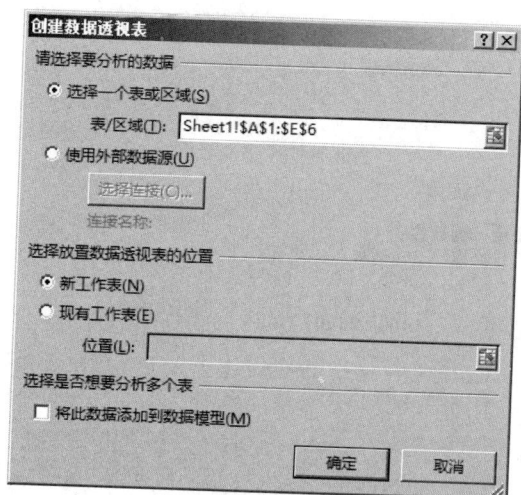

图 5-34 "创建数据透视表"对话框

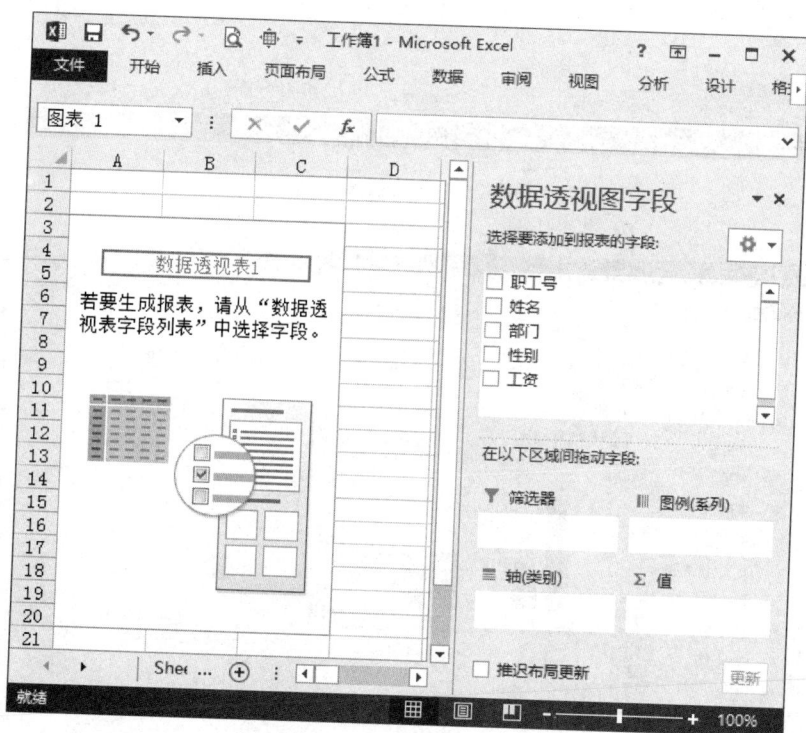

图 5-35 数据透视表工作表

5.3.2 生成数据透视图

根据数据透视表可以分析出各个部门的男女工资的具体情况。利用数据透视表，可以生成数据透视图。定位插入点在透视表数据区域中，在数据透视表工具中单击"分析"→"工具"→"数据透视图"命令，打开如图 5-37 所示的对话框。生成数据透视图如图 5-38 所示。

图 5-36　字段设置完成

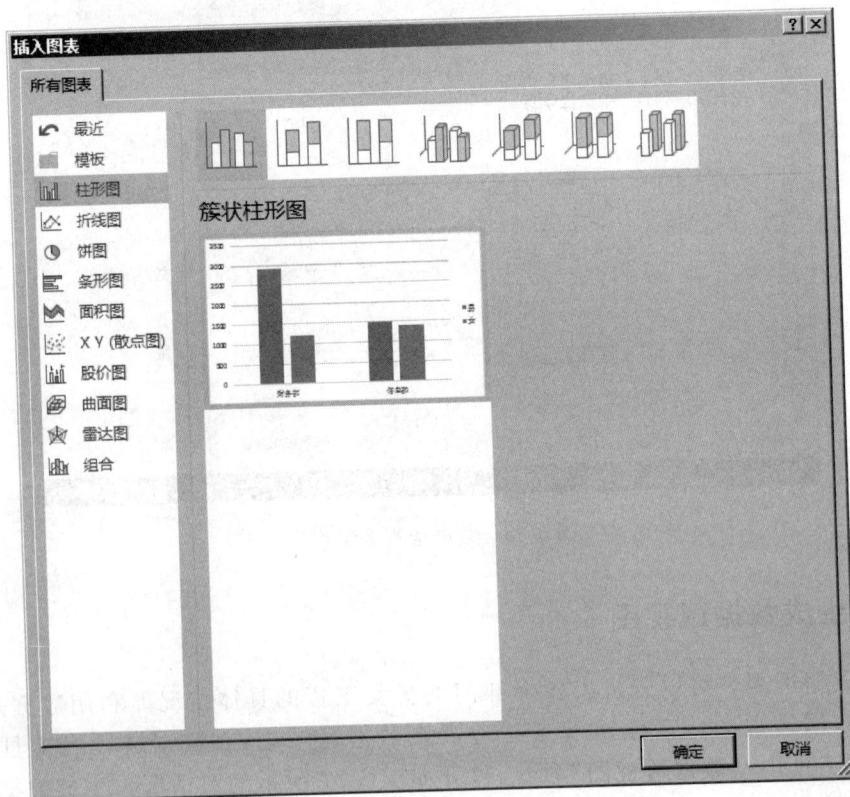

图 5-37　"插入图表"对话框

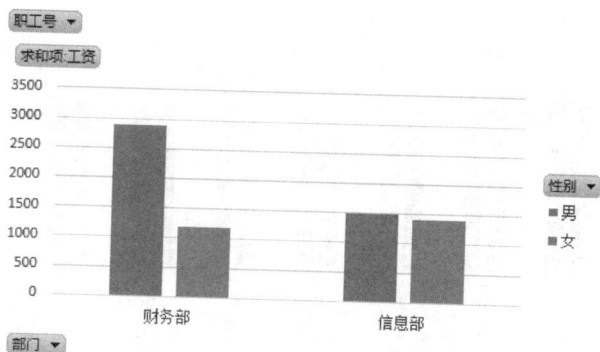

图 5-38 生成的数据透视图

5.4 本章教学案例

5.4.1 价格增长率图表

📖**案例描述**

打开名称为 Excel0501.xlsx 的工作簿,进行如下操作:

(1) 在"价格增长率"工作表中,求出城市价格增长率和农村价格增长率,数据保留小数位数为 1 位,最终效果如表 5-4 所示。

表 5-4 增长率

商品分类	城市	城市价格增长率	农村	农村价格增长率
食品	106.6	6.6%	106.8	6.8%
饮料、烟酒	101.6	1.6%	101.3	1.3%
服装、鞋帽	98.3	−1.7%	99.0	−1.0%
纺织品	99.3	−0.7%	100.2	0.2%
家用电器及音像器材	94.4	−5.6%	96.7	−3.3%
文化办公用品	96.5	−3.5%	98.8	−1.2%
日用品	99.5	−0.5%	100.2	0.2%

(2) 在"2012 年 2 月商品零售价格分类指数(基数是 100)"工作表中,插入二维簇状柱形图。

(3) 将横坐标轴 X 轴数据文字方向设为竖排显示。

(4) 将纵坐标轴 Y 轴数据主要刻度单位设为 20,最小值为 0,最大值为 120。

(5) 添加图表标题,名称为"价格增长率"。

🖥**最终效果**

本案例最终效果如图 5-39 所示。

✎**案例实现**

(1) 打开"Excel0501.xlsx"工作簿中的"价格增长率"工作表,增长率的计算是通过所给出的指数减去 100 的差,再除以 100 完成的。方法为在 C2 单元格填写"=(B2−100)/100",在 E2 单元格填写"=(D2−100)/100",得出结果之后右击单元格,在弹出的快捷菜

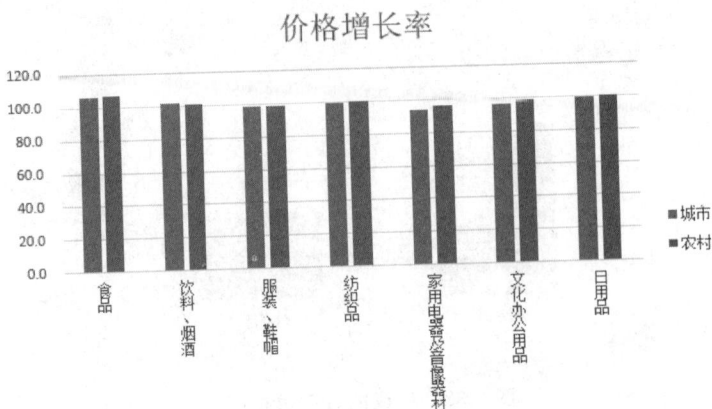

图 5-39　价格增长率

单中选择"设置单元格格式"命令,在"设置单元格格式"对话框中选择"数字"选项卡下的百分比,小数位数设置为 1。鼠标移至 C2、E2 单元格右下角,光标变成实心十字时双击,完成单元格自动填充。

（2）在"2012 年 2 月商品零售价格分类指数（基数是 100）"工作表中,选中 B2:C8 单元格,选择"插入"→"图表"→"推荐的图表"命令,打开"插入图表"对话框,选择第二个簇状柱形图,单击"确定"按钮,插入图表。

（3）右击图表区,在弹出的快捷菜单中选择"选择数据"命令,在"选择数据源"对话框中,修改图例与水平轴标签,方法为单击"图例项"区的"编辑"按钮,在"编辑数据系列"对话框中,设置系列名称和系列值,在"轴标签"区,单击"编辑"按钮,在打开的"轴标签"对话框中,选择商品名称所在 A2 至 A8 单元格,修改轴标签。

（4）在水平轴处右击,在弹出的快捷菜单中选择"设置坐标轴格式"命令,在窗口右侧打开的"设置坐标轴格式"任务窗格的"坐标轴选项"选项卡中,选择上方四个图标中的第三个"大小属性"图标,文字方向选择"竖排"。

（5）在垂直轴处右击,在弹出的快捷菜单中选择"设置坐标轴格式"命令,在右侧出现的任务窗格中修改,边界中的最小值设置为 0,最大值设置为 120,主要单位自动变为 20。

（6）在图例处右击,在弹出的快捷菜单中选择"设置图例格式"命令,在右侧出现的"设置图例格式"任务窗格中修改图例位置,选择"靠右"选项。

（7）双击图表标题,出现光标后修改为"价格增长率",并设置相应的字体格式。

5.4.2　社会客运量图表

📖案例描述

打开名称为 Excel0502.xlsx 的工作簿,进行如下操作:

（1）在"2011 年 2 月客运人数"工作表中,计算出 2011 年 2 月客运人数,数据保留 2 位小数,结果如表 5-5 所示。

（2）在"2012 年 2 月全社会客运量"工作表中插入二维簇状柱形图。

（3）图表标题为"2012 年 2 月全社会客运人数/亿"。

（4）将纵坐标轴 Y 轴数据坐标轴选项设为最大值为 10。

表 5-5　2011 年 2 月客运人数

客运类型	人数（亿）	比上年同月增长%	2011 年 2 月客运人数
铁路	1.42	4.6	1.36
公路	6.56	10.1	5.96
水运	0.18	1.4	0.18
民航	0.2	18.9	0.17

（5）为图表增加数据显示表。

（6）为横坐标轴 X 轴增加坐标轴标题，名称为"客运类型"。

🖳 **最终效果**

本案例最终效果如图 5-40 所示。

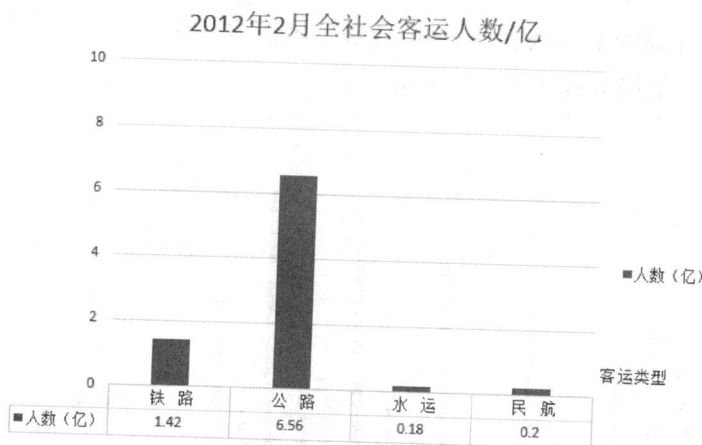

图 5-40　价格增长率

✍ **案例实现**

（1）打开"Excel0502.xlsx"工作簿中的"2011 年 2 月客运人数"工作表，在 D2 中输入 "＝B2/（1＋C2/100）"，得出结果之后右击单元格，在弹出的快捷菜单中选择"设置单元格格式"命令，在"设置单元格格式"对话框中选择"数字"选项卡下的数值，小数位数设置为 2。鼠标移至 D2 单元格右下角，光标变成实心十字时双击，完成单元格自动填充。

（2）在"2012 年 2 月全社会客运量"工作表中，选中 B2:B5 单元格，选择"插入"→"图表"→"推荐的图表"命令，打开"插入图表"对话框，选择第一个簇状柱形图，单击"确定"按钮，插入图表。

（3）右击插入图表的图表区，在弹出的快捷菜单中选择"选择数据"命令，在"选择数据源"对话框中，修改图例与水平轴标签。方法为单击"图例项"区的"编辑"命令，在"编辑数据系列"对话框中，设置系列名称和系列值，在"水平分类轴标签"区单击"编辑"按钮，在打开的"轴标签"对话框中，选择客运类型所在的 A2 至 A5 单元格，修改轴标签。

（4）双击图标标题，出现光标后修改为"2012 年 2 月全社会客运人数/亿"，并设置相应的字体格式。

（5）双击垂直轴，在右侧出现的任务窗格中修改，在边界中的最小值设置为 0，最大值设置为10,主要单位设置为2。

（6）单击图表区,在右上角会出现三个图标,单击第一个"图表元素",选中"坐标轴标题"选项,并单击此选项右侧的黑色小箭头,在出现的选项中只选中"主要横坐标轴"选项。修改横坐标轴标题为"客运类型",并设置相应的字体格式。鼠标移动至标题边框变成带箭头十字时,用鼠标拖曳到目标位置。

（7）同上操作,在"图表元素"中选中"数据表"、"图例"复选框。

5.5 本章课外实验

5.5.1 国民生产总值统计图

打开名称为 Ekw0501.xlsx 的工作簿,完成下列图表操作:

（1）生成图表,最终效果如图 5-41 所示。

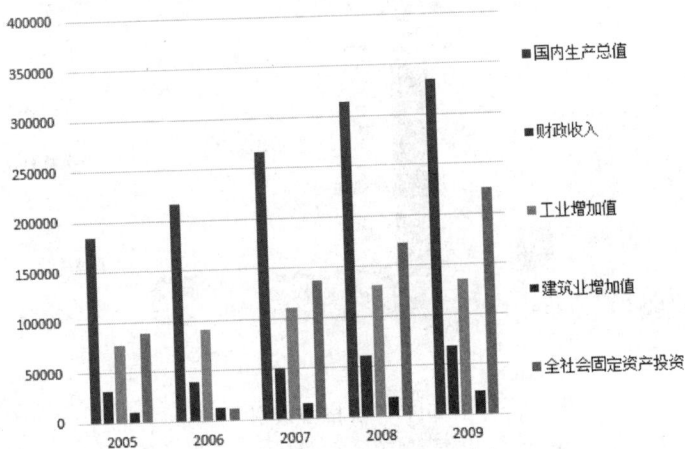

图 5-41　图表效果

（2）插入一个工作表,命名为"国内生产总值",生成图表,最终效果如图 5-42 所示。

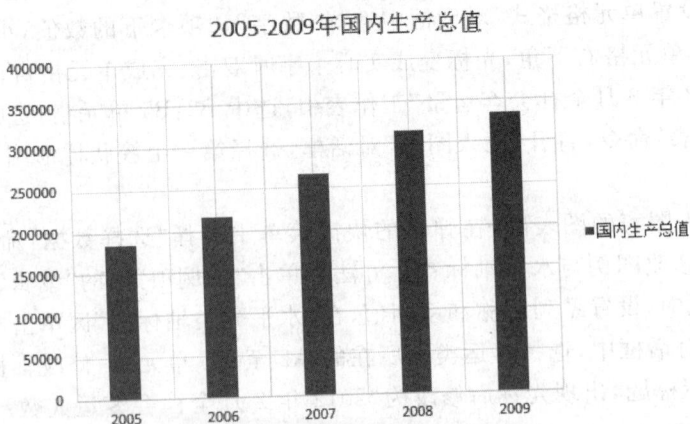

图 5-42　国内生产总值图表效果

（3）插入一个工作表,命名为"财政收入",生成图表,最终效果如图 5-43 所示。

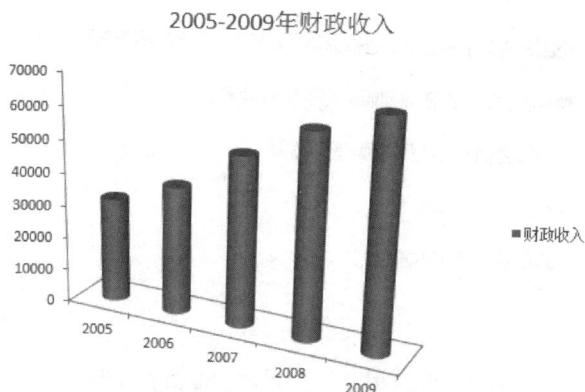

2005-2009年财政收入

图 5-43   财政收入图表效果

（4）插入一个工作表,命名为"工业增加值",生成图表,最终效果如图 5-44 所示。

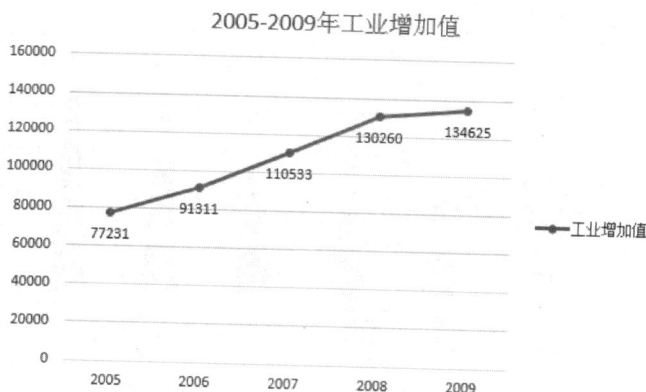

2005-2009年工业增加值

图 5-44   工业增加值图表效果

（5）插入一个工作表,命名为"建筑业增加值",生成图表,最终效果如图 5-45 所示。

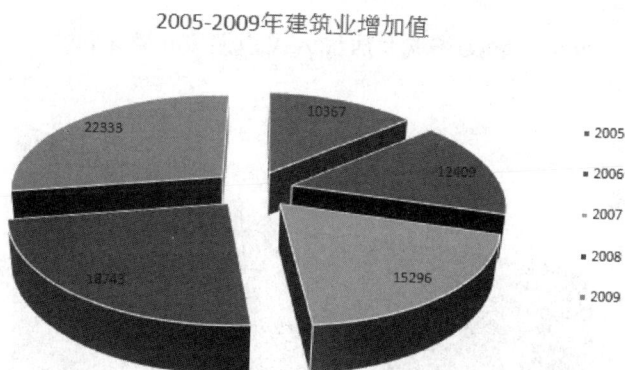

2005-2009年建筑业增加值

图 5-45   建筑业增加值图表效果

（6）插入一个工作表,命名为"全社会固定资产投资",生成图表,最终效果如图 5-46 所示。

（7）插入一个工作表,命名为"社会消费品零售总额",生成图表,最终效果如图 5-47 所示。

2005—2009年全社会固定资产投资

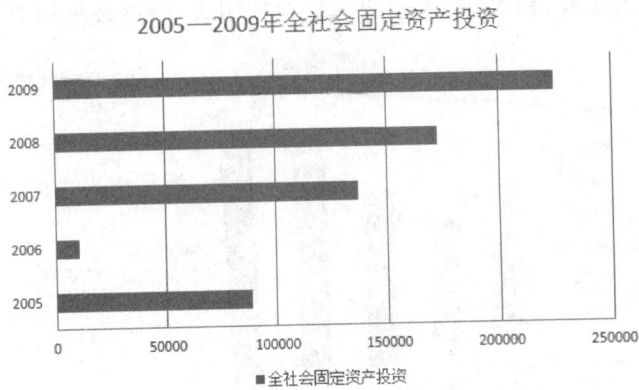

图 5-46　全社会固定资产投资图表效果

2005—2009年社会消费品零售总额

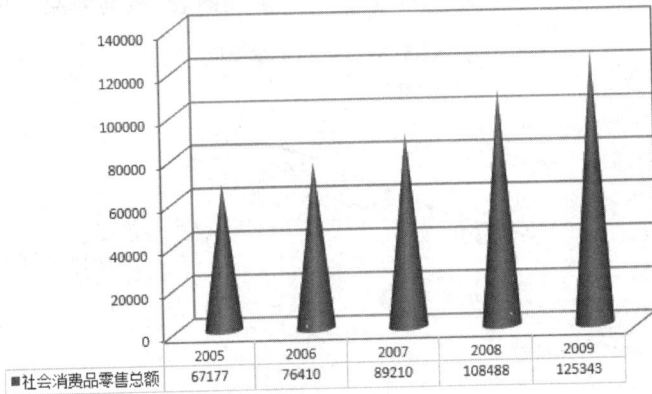

	2005	2006	2007	2008	2009
■社会消费品零售总额	67177	76410	89210	108488	125343

图 5-47　社会消费品零售总额图表效果

（8）插入一个工作表，命名为"城乡居民人民币储蓄存款余额"，生成图表，最终效果如图 5-48 所示。

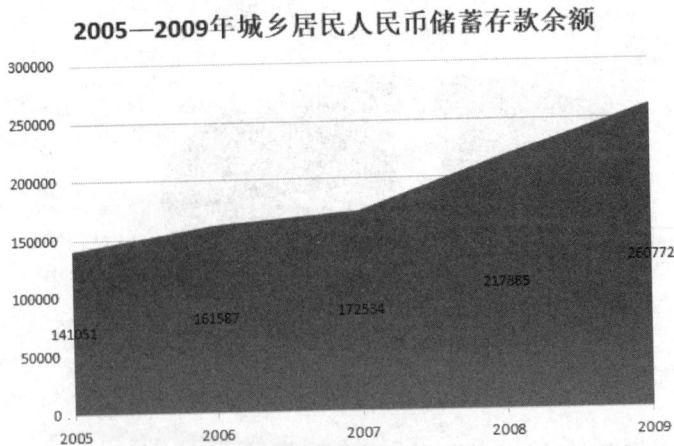

2005—2009年城乡居民人民币储蓄存款余额

141051　161587　172534　217885　260772

图 5-48　城乡居民人民币储蓄存款余额图表效果

5.5.2 企业工资计算与数据透视图

打开名称为 Ekw0502.xlsx 的工作簿，完成下面图表制作。

(1) 将 Sheet1 工作表更名为“工资统计”。

(2) 通过公式计算每位员工的基本工资。

计算标准为：

- “高级工程师”，8000；
- “工程师”，5000；
- “助理工程师”，3000。

计算每位员工的工资项：

- 应发合计＝基本工资＋绩效工资＋生活补贴；
- 代扣社会保险＝基本工资×8%；
- 代扣住房公积金＝基本工资×6%；
- 代扣其他为：每旷工 1 天扣 20；
- 实发合计＝应发合计－房租－水电费－代扣社会保险－代扣住房公积金－代扣其他；
- 其中应发合计与实发合计保留 2 位小数，最终效果如图 5-49 所示。

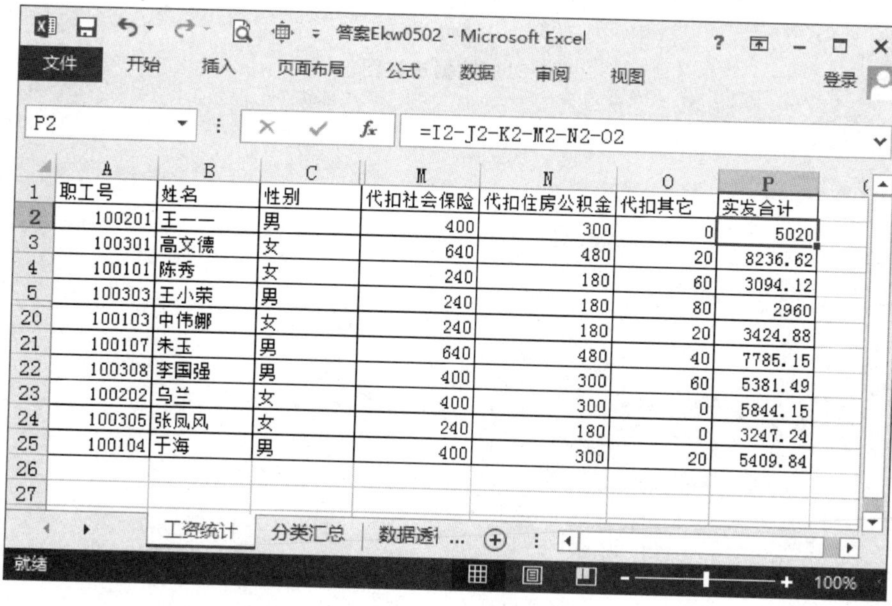

	A	B	C	M	N	O	P
1	职工号	姓名	性别	代扣社会保险	代扣住房公积金	代扣其它	实发合计
2	100201	王一一	男	400	300	0	5020
3	100301	高文德	女	640	480	20	8236.62
4	100101	陈秀	女	240	180	60	3094.12
5	100303	王小荣	男	240	180	80	2960
20	100103	中伟娜	女	240	180	20	3424.88
21	100107	朱玉	男	640	480	40	7785.15
22	100308	李国强	男	400	300	60	5381.49
23	100202	乌兰	女	400	300	0	5844.15
24	100305	张凤凤	女	240	180	0	3247.24
25	100104	于海	男	400	300	20	5409.84
26							
27							

图 5-49 工资统计图表最终效果

(3) 将“工资统计”工作表复制，并更名为“分类汇总”，按部门对实发合计汇总求和。

(4) 根据“工资统计”工作表所给数据，在新工作表中插入数据透视表，将“部门”作为报表筛选，“性别”作为列标签，“职称”作为行标签，对“实发合计”进行求和；将该工作表重命名为“数据透视表”。最终效果如图 5-50 所示。

(5) 根据数据透视表生成数据透视图，最终效果如图 5-51 所示。

▲	A	B	C	D
1	部门	(全部) ▼		
2				
3	求和项:实发合计	列标签 ▼		
4	行标签 ▼	男	女	总计
5	高级工程师	15144.15	16185.62	31329.77
6	工程师	31965.17	22384.94	54350.11
7	助理工程师	16846.09	17423.81	34269.9
8	总计	63955.41	55994.37	119949.78

图 5-50   数据透视表

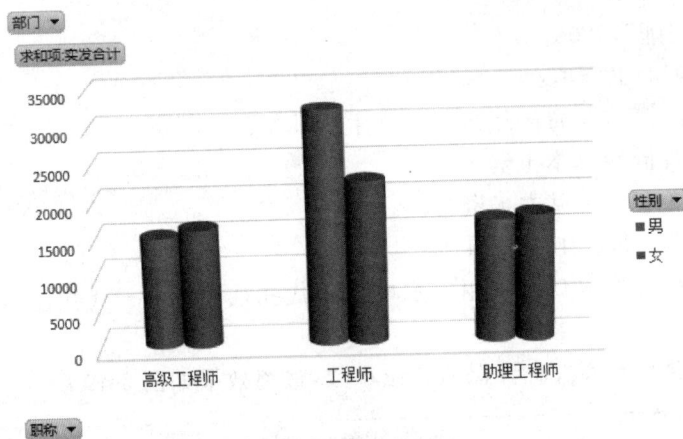

图 5-51   数据透视图

第6章 Excel 在数据统计分析中的应用

本章说明：

　　Excel 函数是一些预定义的公式，使用一些称为参数的特定数值按特定顺序或结构进行计算。Excel 函数有财务函数、数学函数、查找函数、统计函数等多种类型，可以应用于不同领域解决实际问题。本章主要介绍 Excel 常用统计函数的格式、功能及用法，重点阐述了其在数据统计分析中的应用。

本章主要内容：

- ➢ 常用统计函数
- ➢ 数据统计分析
- ➢ 本章课外实验

本章拟解决的重要问题：

1. 如何利用统计函数对数据区域进行计算最大值、最小值、求和、求平均、计数和排名？

2. 如何选择正确的统计函数对包含空值、逻辑值、文本值和数值的数据区域进行求和、求平均、计数和排名？

3. 如何进行单条件求和、计数和求平均？

4. 如何进行多条件求和、计数和求平均？

5. 如何进行数值排名？

6. 什么是百分比排名？如何进行百分比排名？

7. 如何查找指定位置的最大值、最小值？

8. 不同工作表中的数据统计分析如何进行？

6.1 常用统计函数

Excel统计函数能够计算统计指标值，如最大值、最小值、平均值、个数、标准偏差等，是对基本数据区域或公式计算结果进行数据分析的关键函数，常用的统计函数如表6-1所示。

表 6-1 常用统计函数

序号	函数名	作　用
1	MAX	返回一组数值中的最大值（忽略逻辑值和文本）
2	MIN	返回一组数值中的最小值（忽略逻辑值和文本）
3	MAXA	返回一组数值中的最大值，不忽略逻辑值（值为0/1）和文本字符（值为0）
4	MINA	返回一组数值中的最大值，不忽略逻辑值（值为0/1）和文本字符（值为0）
5	LARGE	计算数组或者数据区域中的第N个最大值
6	SMALL	计算数组或者数据区域中的第N个最小值
7	SUM	求和
8	SUMIF	单一条件下求和
9	SUMIFS	多条件下求和
10	SUMPRODUCT	返回相应的数组或区域乘积的和、多条件计数、按条件求和
11	AVERAGE	返回一组数的算术平均值，忽略逻辑值和文本
12	AVERAGEA	返回一组数的算术平均值，不忽略逻辑值（值为0/1）和文本（值为0）
13	AVERAGEIF	单一条件下计算平均值
14	AVERAGEIFS	多条件下计算平均值
15	COUNT	计算数值区域中数字单元格的个数（忽略逻辑值和文本字符串）
16	COUNTA	计算数值区域中非空单元格的个数
17	COUNTIF	单一条件下求个数
18	COUNTIFS	多条件下求个数
19	COUNTBLANK	计算数值区域中空白单元格的个数

续表

序号	函数名	作　　用
20	MODE	计算数组或者数据区域中出现次数最多的数
21	PERCENTILE	返回数组中占某个百分点的值
22	RANK	返回数据区域内某一数值在本数据区域中的排名
23	PERCENTRANK	返回数据区域内某一数值在本数据区域中的百分比排名

6.2　数据统计分析

6.2.1　商品销售量汇总及排名

📖**案例描述**

打开 Excel0601.xlsx 工作簿,此工作簿提供了 2013 年某电器总公司对分布于华东、华北、华南、西北、东北五个地区的连锁店随机抽取的若干名销售员的 1—12 月份销售洗衣机 XQB50-728E 的情况,根据此工作簿完成下列操作:

(1) 在"员工全年销售数据"工作表中,计算每位员工的全年销售合计、月平均销售数量并对全年销售数量进行排名。

(2) 在"员工全年销售数据"工作表中,计算各月份所有员工的总销售数量、月人均销售数量并对月总销售数量进行排名。

(3) 在"全年销售数量统计"工作表中,统计全年个人销售数量的最高值、最低值、平均值。

(4) 在"全年销售数量统计"工作表中,按月统计销售数量的最高值、最低值、平均值。

(5) 所有的计算结果不保留小数位。

💻**最终效果**

本案例最终效果如图 6-1 和图 6-2 所示。

图 6-1　员工销售数量汇总和排名

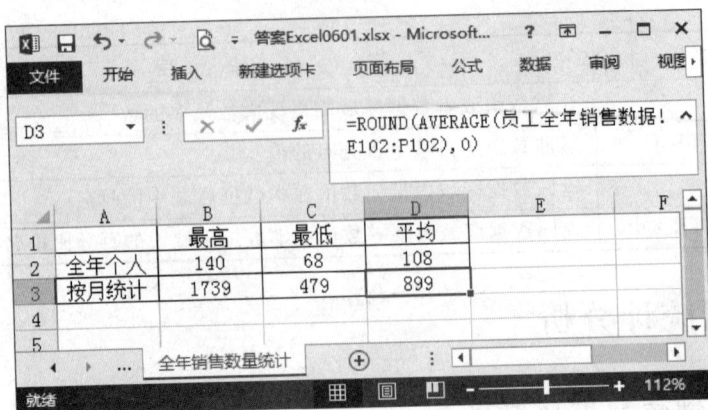

图 6-2 全年销售数量统计

案例实现

(1) 在"员工全年销售数据"工作表定义如表 6-2 所示的公式。

表 6-2 "员工全年销售数据"工作表中定义的公式

单元格	公 式
Q2	=SUM(E2:P2),向下填充至 Q101 单元格
R2	=ROUND(AVERAGE(E2:P2),0),向下填充至 R101 单元格
S2	=RANK(Q2,＄Q＄2:＄Q＄101),向下填充至 S101 单元格
E102	=SUM(E2:E101),向右填充至 Q102 单元格
E103	=ROUND(AVERAGE(E2:E101),0),向右填充至 P103 单元格
E104	=RANK(E102,＄E＄102:＄P＄102),向右填充至 P104 单元格

(2) 在"全年销售数量统计"工作表定义如表 6-3 所示的公式。

表 6-3 "全年销售数量统计"工作表定义公式

单元格	公 式
B2	=MAX(员工全年销售数据!Q2:Q101)
C2	=MIN(员工全年销售数据!Q2:Q101)
D2	=ROUND(AVERAGE(员工全年销售数据!Q2:Q101),0)
B3	=MAX(员工全年销售数据!E102:P102)
C3	=MIN(员工全年销售数据!E102:P102)
D3	=ROUND(AVERAGE(员工全年销售数据!E102:P102),0)

6.2.2 销售员人数按商品销量分段统计

案例描述

打开 Excel0602.xlsx 工作簿,此工作簿提供了 2013 年某电器总公司对分布于华东、华北、华南、西北、东北五个地区的连锁店随机抽取的若干名销售员的 1—12 月份销售洗衣机 XQB50-728E 的情况,根据此工作簿完成下列操作:

(1) 在"销售员人数按商品销量分段统计"工作表中,统计出各月份销售数量分别在 5

台及以下、6～10 台、11～20 台、21～30 台、31 台以上的人数。

(2) 计算出每个月份的人均销售台数、最高和最低销售台数。

(3) 对各月份分段统计的人数进行汇总。

(4) 所有数据均不保留小数位。

最终效果

本案例最终效果如图 6-3 所示。

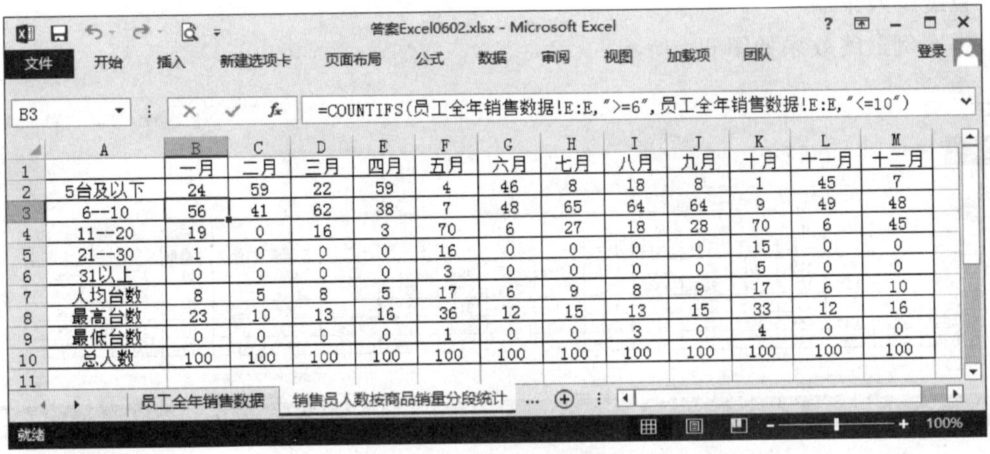

	A	B	C	D	E	F	G	H	I	J	K	L	M
1		一月	二月	三月	四月	五月	六月	七月	八月	九月	十月	十一月	十二月
2	5台及以下	24	59	22	59	4	46	8	18	8	1	45	7
3	6--10	56	41	62	38	7	48	65	64	64	9	49	48
4	11--20	19	0	16	3	70	6	27	18	28	70	6	45
5	21--30	1	0	0	0	16	0	0	0	0	15	0	0
6	31以上	0	0	0	0	3	0	0	0	0	5	0	0
7	人均台数	8	5	8	5	17	6	9	8	9	17	6	10
8	最高台数	23	10	13	16	36	12	15	13	15	33	12	16
9	最低台数	0	0	0	0	1	0	0	3	0	4	0	0
10	总人数	100	100	100	100	100	100	100	100	100	100	100	100
11													

图 6-3　销售员人数按商品销量分段统计

案例实现

(1) 在"销售员人数按商品销量分段统计"工作表定义如表 6-4 所示的公式。

表 6-4　"销售员人数按商品销量分段统计"工作表计算公式

单元格	公　式
B2	=COUNTIF(员工全年销售数据!E:E,"<=5")
B3	=COUNTIFS(员工全年销售数据!E:E,">=6",员工全年销售数据!E:E,"<=10")
B4	=COUNTIFS(员工全年销售数据!E:E,">=11",员工全年销售数据!E:E,"<=20")
B5	=COUNTIFS(员工全年销售数据!E:E,">=21",员工全年销售数据!E:E,"<=30")
B6	=COUNTIFS(员工全年销售数据!E:E,">=31")
B7	=ROUND(AVERAGE(员工全年销售数据!E:E),0)
B8	=MAX(员工全年销售数据!E:E)
B9	=MIN(员工全年销售数据!E:E)
B10	=SUM(B2:B6)

(2) 定义完如表 6-4 所示公式后向右填充。

6.2.3　商品销售区域按月份统计销售量

案例描述

打开 Excel0603.xlsx 工作簿，此工作簿提供了 2013 年某电器总公司对分布于华东、华北、华南、西北、东北五个地区的连锁店随机抽取的若干名销售员的 1—12 月份销售洗衣机 XQB50-728E 的情况，根据此工作簿完成下列操作：

（1）在“商品销售区域按月份统计销售量”工作表中，统计出各区域每个月份的销售数量。

（2）计算各区域总销售数量，月销售数量的最高值、最低值和平均值。

（3）计算各区域总销量的百分比排名。

（4）所有计算结果不保留小数位。

最终效果

本案例最终效果如图 6-4 所示。

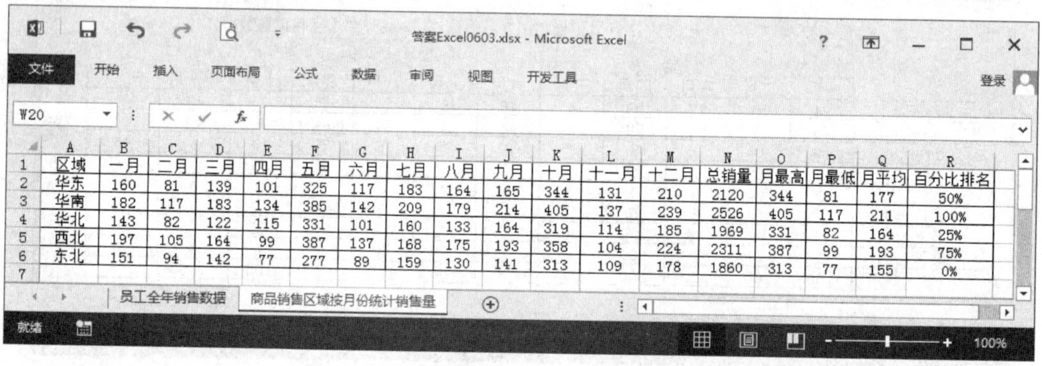

区域	一月	二月	三月	四月	五月	六月	七月	八月	九月	十月	十一月	十二月	总销量	月最高	月最低	月平均	百分比排名
华东	160	81	139	101	325	117	183	164	165	344	131	210	2120	344	81	177	50%
华南	182	117	183	134	385	142	209	179	214	405	137	239	2526	405	117	211	100%
华北	143	82	122	115	331	101	160	133	164	319	114	185	1969	331	82	164	25%
西北	197	105	164	99	387	137	168	175	193	358	104	224	2311	387	99	193	75%
东北	151	94	142	77	277	89	159	130	141	313	109	178	1860	313	77	155	0%

图 6-4　商品销售区域按月份统计销售量

案例实现

（1）在“商品销售区域按月份统计销售量”工作表定义如表 6-5 所示的公式。

表 6-5　商品销售区域按月份统计销量公式

单元格	公　式
B2	=SUMIF(员工全年销售数据!$D:$D,$A2,员工全年销售数据!E:E)，将公式在行上填充至 M6；在列上向下填充到 B6
N2	=SUM(B2:M2)，向下填充至 N6 单元格
O2	=MAX(B2:M2)，向下填充至 O6 单元格
P2	=MIN(B2:M2)，向下填充至 P6 单元格
Q2	=ROUND(AVERAGE(B2:M2),0)，向下填充至 Q6 单元格
R2	=PERCENTRANK($N$2:$N$6,N2)，向下填充至 R6 单元格

（2）打开“设置单元格格式”对话框，定义 R2:R6 区域不保留小数位。

6.2.4　商品销售区域按性别统计销售量

案例描述

打开 Excel0604.xlsx 工作簿，此工作簿提供了 2013 年某电器总公司对分布于华东、华北、华南、西北、东北五个地区的连锁店随机抽取的若干名销售员的 1—12 月份销售洗衣机 XQB50-728E 的情况，根据此工作簿完成下列操作：

（1）在“员工全年销售数据”工作表中，汇总每位员工的全年总销售量。

（2）在“商品销售区域按性别统计销售量”工作表中，分别统计出每个区域的男员工数、女员工数和区域总人数。

(3) 在“商品销售区域按性别统计销售量”工作表中，汇总所有区域的男女员工数和总人数。

(4) 在“商品销售区域按性别统计销售量”工作表中，分别计算每个区域男、女员工的销售量和平均销售量。

(5) 计算区域总销售量和区域平均销售量。

(6) 汇总所有区域中男员工销售量、女员工销售量和总销售量。

(7) 所有计算结果不保留小数位。

注意：在计算总人数、区域总销售量、平均销售量、男女平均销售量时，一种方法是在已有计算结果的基础上通过简单的公式(如相除、相加)即可实现；另一种方法是利用函数实现，本例要求男平均销售量利用这两种方法实现，其他统计项可以选用二者之一。

最终效果

本案例最终效果如图 6-5 所示。

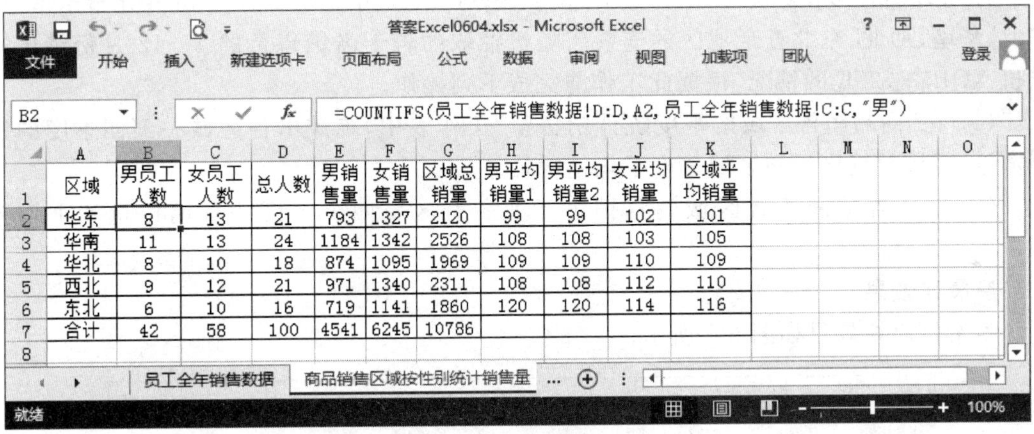

	A	B	C	D	E	F	G	H	I	J	K
1	区域	男员工人数	女员工人数	总人数	男销售量	女销售量	区域总销量	男平均销量1	男平均销量2	女平均销量	区域平均销量
2	华东	8	13	21	793	1327	2120	99	99	102	101
3	华南	11	13	24	1184	1342	2526	108	108	103	105
4	华北	8	10	18	874	1095	1969	109	109	110	109
5	西北	9	12	21	971	1340	2311	108	108	112	110
6	东北	6	10	16	719	1141	1860	120	120	114	116
7	合计	42	58	100	4541	6245	10786				

图 6-5　商品销售区域按性别统计销售量

案例实现

(1) 在“员工全年销售数据”工作表的 Q2 单元格定义公式：=SUM(E2:P2)，并向下填充。

(2) 在“商品销售区域按性别统计销售量”工作表定义如表 6-6 所示的公式。

表 6-6　商品销售区域按性别统计销量公式

单元格	公　式
B2	=COUNTIFS(员工全年销售数据!D:D,A2,员工全年销售数据!C:C,"男")，向下填充至 B6 单元格
C2	=COUNTIFS(员工全年销售数据!D:D,A2,员工全年销售数据!C:C,"女")，向下填充至 C6 单元格
D2	=B2+C2，向下填充至 D6 单元格
E2	=SUMIFS(员工全年销售数据!Q:Q,员工全年销售数据!D:D,A2,员工全年销售数据!C:C,"男")，向下填充至 E6 单元格

续表

单元格	公　式
F2	＝SUMIFS(员工全年销售数据!Q:Q,员工全年销售数据!D:D,A2,员工全年销售数据!C:C,"女"),向下填充至F6单元格
G2	＝E2＋F2,向下填充至G6单元格
H2	＝ROUND(E2/B2,0),向下填充至H6单元格
I2	＝ROUND(AVERAGEIFS(员工全年销售数据!Q:Q,员工全年销售数据!D:D,A2,员工全年销售数据!C:C,"男"),0),向下填充至I6单元格
J2	＝ROUND(F2/C2,0),向下填充至J6单元格
K2	＝ROUND(G2/D2,0),向下填充至K6单元格
B7	＝SUM(B2:B6),向右填充至G7单元格

6.2.5　商品销售区域按季度统计销售量

📖案例描述

打开Excel0605.xlsx工作簿,此工作簿提供了2013年某电器总公司对分布于华东、华北、华南、西北、东北五个地区的连锁店随机抽取的若干名销售员的1—12月份销售洗衣机XQB50-728E的情况,根据此工作簿完成下列操作。

(1)在"商品销售区域按季度统计销售量"工作表中,统计出各区域一到四季度的销售数量、区域总销售量和区域季度平均销售量。

(2)统计各季度所有区域的总销售量及所有区域四个季度的总销售量和平均销售量。

🖳最终效果

本案例最终效果如图6-6所示。

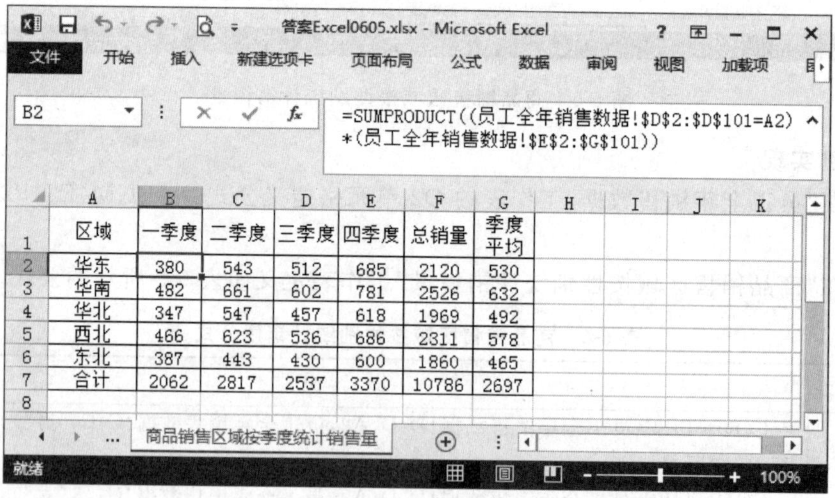

图6-6　商品销售区域按季度统计销售量

✍案例实现

在"商品销售区域按季度统计销售量"工作表定义如表6-7所示的公式。

表 6-7　商品销售区域按季度统计销量公式

单元格	公　式
B2	=SUMPRODUCT((员工全年销售数据!$D$2:$D$101=A2)*(员工全年销售数据!$E$2:$G$101)),向下填充至B6单元格
C2	=SUMPRODUCT((员工全年销售数据!$D$2:$D$101=A2)*(员工全年销售数据!$H$2:$J$101)),向下填充至C6单元格
D2	=SUMPRODUCT((员工全年销售数据!$D$2:$D$101=A2)*(员工全年销售数据!$K$2:$M$101)),向下填充至D6单元格
E2	=SUMPRODUCT((员工全年销售数据!$D$2:$D$101=A2)*(员工全年销售数据!$N$2:$P$101)),向下填充至E6单元格
F2	=SUM(B2:E2),向下填充至F6单元格
G2	=ROUND(AVERAGE(B2:E2),0),向下填充至G7单元格
B7	=SUM(B2:B6),向右填充至F7单元格

☏案例解析

SUMPRODUCT函数可以用于计算数组对应元素乘积之和也可以用于多条件计数或求和。数组是连续存储的数据集合,数据可以是文本型、日期型、数值型或逻辑值等。Excel中数组有一维数组和二维数组,一维数组可以是行或列,二维数组是一个数据区域。SUMPRODUCT函数主要有三种用法:

(1) SUMPRODUCT(array1,array2,array3,…)。

说明:参数array1,array2,array3,…为2~255个数组,数组参数的大小必须相等,否则,SUMPRODUCT函数将返回错误值 #VALUE!。SUMPRODUCT函数将非数值型的数组元素作为0处理。

如图6-7所示为用SUMPRODUCT函数计算两个数组的乘积之和。

	A	B	C	D	E
1	Array1			Array2	
2	1	3		2	4
3	2	4		5	3
4					
5	乘积之和函数			计算结果	
6	=SUMPRODUCT(A2:B3*D2:E3)			36	
7	公式推导			计算结果	
8	=A2*D2+B2*E2+A3*D3+B3*E3			36	

图 6-7　乘积之和

(2) SUMPRODUCT((条件1)*(条件2)*(条件3)*…(条件N))。

功能:统计同时满足条件1、条件2、…、条件N的记录个数。

如图6-8所示为利用SUMPRODUCT函数进行多条件计数。

	A	B	C	D	E	F
1	Array1		Array2			
2	2		4			
3	4		5			
4	2		3			
5						
6	数组1中取值为2,数组2中取值>3的记录个数					计算结果
7	=SUMPRODUCT((A2:A4=2)*(C2:C4>3))					1

图 6-8　多条件计数

（3）SUMPRODUCT（（条件1）＊（条件2）＊（条件3）＊…＊（条件N）＊区域）。

功能：对同时满足条件1、条件2到条件N的记录的指定区域进行求和。

如图6-9所示为利用SUMPRODUCT函数进行按条件求和。

	A	B	C	D	E	F
1	Array1		Array2			
2	2		1	2		
3	4		2	3		
4	2		3	4		
5						
6	数组1中取值为2，数组2中对应行数据相加					计算结果
7	=SUMPRODUCT((A2:A4=2)*(C2:D4))					10

图 6-9　按条件求和

说明：Array1数组中A2和A4取值为2，因此Array2数组中的对应行单元格数据相加：C2＋D2＋C4＋D4＝10。

6.2.6　销售员销售业绩考核

📖案例描述

打开Excel0606.xlsx工作簿，此工作簿提供了2013年某电器总公司对分布于华东、华北、华南、西北、东北五个地区的连锁店随机抽取的若干名销售员的1—12月份销售洗衣机XQB50-728E的情况，根据此工作簿完成下列操作：

（1）在"员工全年销售数据"工作表中，合计每位销售员全年的销售数量，根据全年销售量计算奖金，计算规则为：

- 全年销售量低于100台，无奖金；
- 全年销售量大于等于100而小于110台，年奖金为500元；
- 全年销售量大于等于110而小于120台，年奖金为1000元；
- 全年销售量大于等于120而小于130台，年奖金为1500元；
- 全年销售量大于等于130台，年奖金为2000元。

（2）在"最高与最低销售量"工作表中，分别统计出所有员工中全年最高的十个销售量和最低的十个销售量。

🖥最终效果

本案例最终效果如图6-10和图6-11所示。

✍案例实现

（1）在"员工全年销售数据"工作表中定义如表6-8所示的公式。

表 6-8　员工全年销售合计和年终奖计算公式

单元格	公　　式
Q2	＝SUM(E2:P2)，向下填充至Q101单元格
R2	＝IF(Q2<100,0,IF(Q2<110,500,IF(Q2<120,1000,IF(Q2<130,1500,2000)))), 向下填充至R101单元格

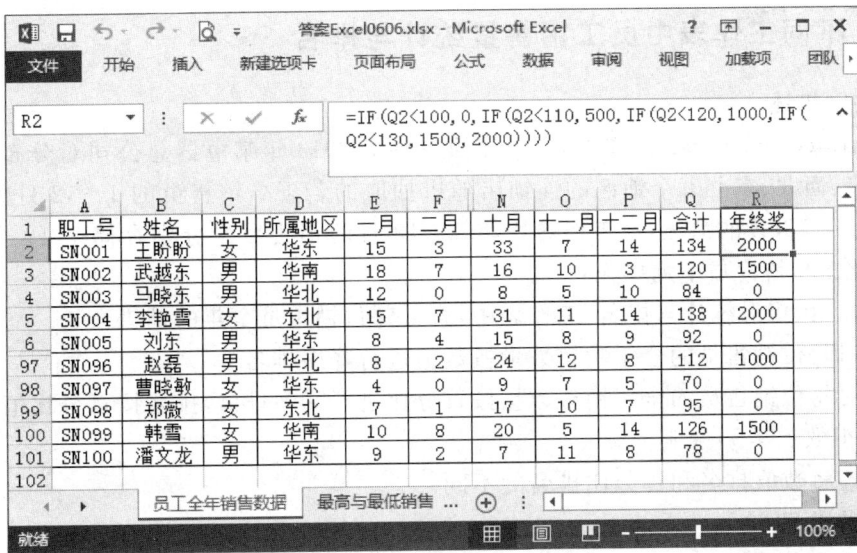

图 6-10 销售业绩考核

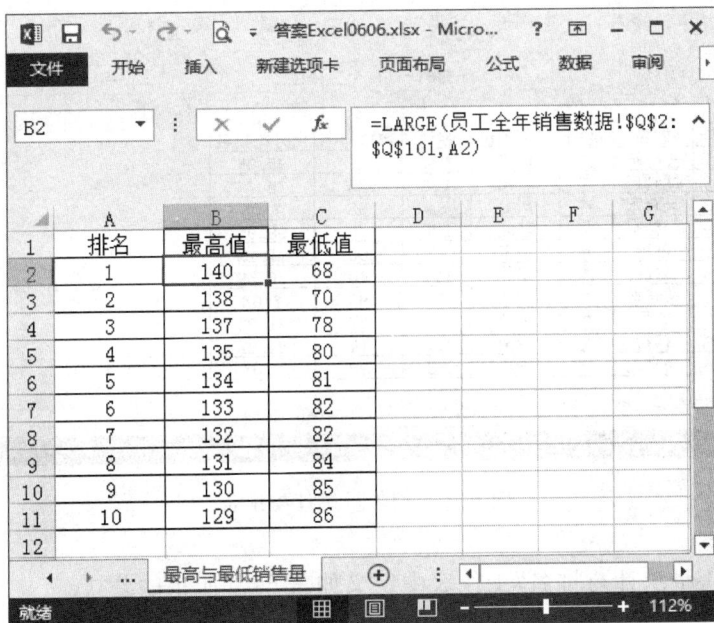

图 6-11 最高与最低销售量

(2) 在"最高与最低销售量"工作表中定义如表 6-9 所示的公式。

表 6-9 最高和最低销量计算公式

单元格	公 式
B2	=LARGE(员工全年销售数据!$Q$2：$Q$101,A2),向下填充至 B11 单元格
C2	=SMALL(员工全年销售数据!$Q$2：$Q$101,A2),向下填充至 C11 单元格

6.2.7 不同工作表中员工销售量统计与排名

📖**案例描述**

打开 Excel0607.xlsx 工作簿,此工作簿提供了 2013 年某电器总公司对分布于华东、华北、华南、西北、东北五个地区的连锁店随机抽取的若干名销售员的 1—12 月份销售洗衣机 XQB50-728E 的情况,在工作簿中将 1—12 月的销售数量分别存储于 12 个工作表中,根据此工作簿完成下列操作:

(1)在"销售量统计与排名"工作表中,合计每位销售员全年的销售数量。

(2)对每位销售员的全年销售数量按数值进行降序排名。

(3)对每位销售员的全年销售数量按百分比进行降序排名,排名按百分比值显示,并保留 1 位小数。

(4)理解数值排名和百分比排名的不同。

💻**最终效果**

本案例最终效果如图 6-12 所示。

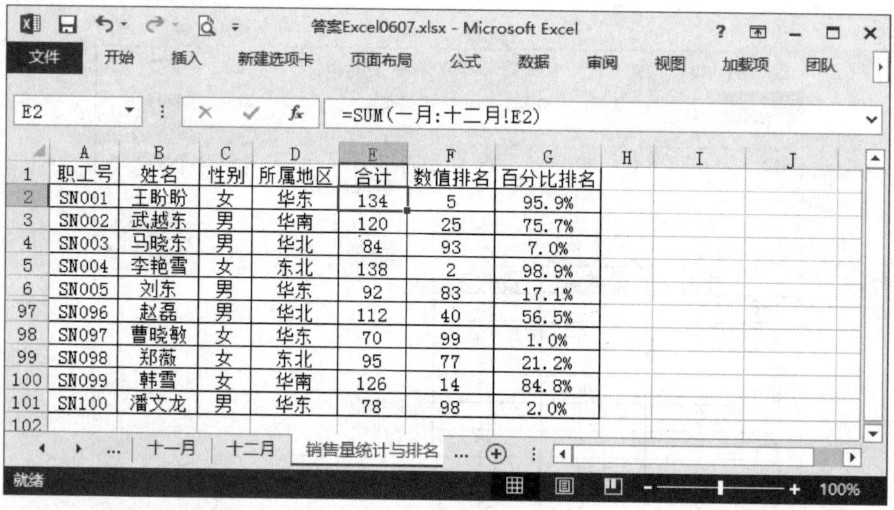

图 6-12 销售量统计与排名

✎**案例实现**

(1)在"销售量统计与排名"工作表中定义如表 6-10 所示的公式。

表 6-10 "销售量统计与排名"计算公式

单元格	公　式
E2	＝SUM(一月:十二月!E2),向下填充至 E101 单元格
F2	＝RANK(E2,＄E＄2:＄E＄101),向下填充至 F101 单元格
G2	＝PERCENTRANK(＄E＄2:＄E＄101,E2),向下填充至 G101 单元格

(2)设置 G2:G101 单元格区域百分比数据保留一位小数。

6.3 本章课外实验

6.3.1 统计函数的选择和比较

打开 Ekw0601. xlsx 工作簿，此工作簿提供了 2013 年某电器总公司对分布于华东、华北、华南、西北、东北五个地区的连锁店随机抽取的若干名销售员的 1—3 月份销售洗衣机 XQB50-728E 的情况。根据此工作簿完成下列操作，最终效果如图 6-13 所示。

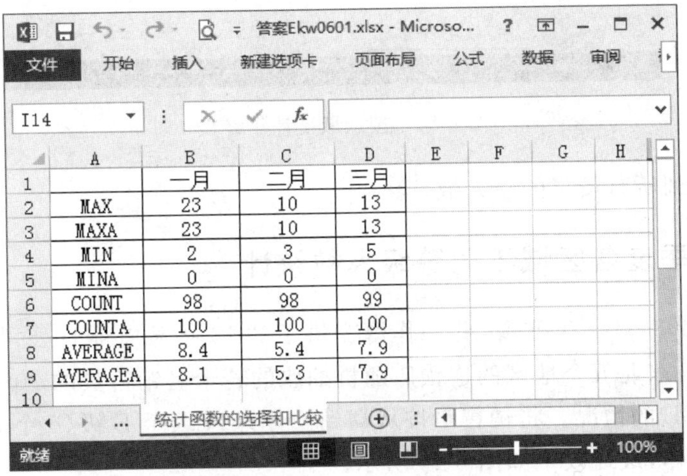

	A	B	C	D
1		一月	二月	三月
2	MAX	23	10	13
3	MAXA	23	10	13
4	MIN	2	3	5
5	MINA	0	0	0
6	COUNT	98	98	99
7	COUNTA	100	100	100
8	AVERAGE	8.4	5.4	7.9
9	AVERAGEA	8.1	5.3	7.9

图 6-13　统计函数的选择和比较

(1) 在“统计函数的选择和比较”工作表中通过相应的函数分别完成查找 1～3 月份员工销量的最大值、最小值，统计各月工作人数以及每月平均销售量。

(2) 比较并说明 MAX 与 MAXA、MIN 与 MINA、COUNT 与 COUNTA、AVERAGE 与 AVERAGEA 函数之间的区别。

6.3.2 销售员年终奖金统计

打开 Ekw0602. xlsx 工作簿，此工作簿提供了 2013 年某电器总公司对分布于华东、华北、华南、西北、东北五个地区的连锁店随机抽取的若干名销售员的 1—12 月份销售洗衣机 XQB50-728E 的情况。根据此工作簿完成下列操作，最终效果如图 6-14 所示。

(1) 在“员工全年销售数据”工作表中，合计每位销售员全年的销售数量。根据全年销售量计算奖金，计算规则为：

- 全年销售量低于 100 台，无奖金；
- 全年销售量大于等于 100 而小于 110 台，年奖金为 500 元；
- 全年销售量大于等于 110 而小于 120 台，年奖金为 1000 元；
- 全年销售量大于等于 120 而小于 130 台，年奖金为 1500 元；
- 全年销售量大于等于 130 台，年奖金为 2000 元。

(2) 在“按区域统计年终奖”工作表中按区域统计得到各奖金数量的人数。

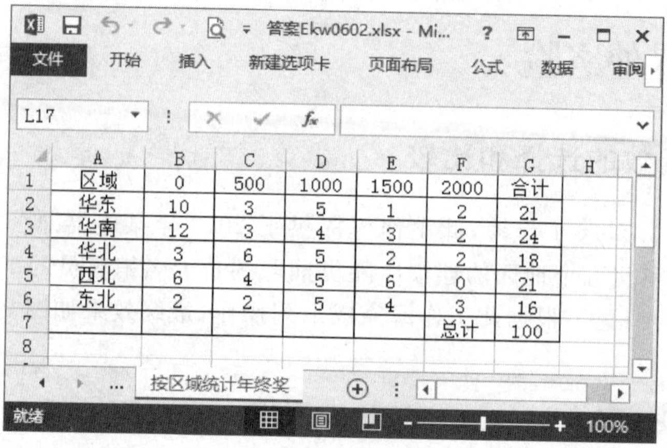

	A	B	C	D	E	F	G
1	区域	0	500	1000	1500	2000	合计
2	华东	10	3	5	1	2	21
3	华南	12	3	4	3	2	24
4	华北	3	6	5	2	2	18
5	西北	6	4	5	6	0	21
6	东北	2	2	5	4	3	16
7						总计	100

图 6-14 按区域统计年终奖

（3）计算得到所有员工的总人数。

6.3.3 第四季度各区域不同等级人数统计

打开 Ekw0603.xlsx 工作簿，此工作簿提供了 2013 年某电器总公司对分布于华东、华北、华南、西北、东北五个地区的连锁店随机抽取的若干名销售员的 10—12 月份销售洗衣机 XQB50-728E 的情况。将销售量按从高到低分为 A 级至 E 级（5 个等级），根据此工作簿完成下列操作，最终效果如图 6-15 所示。

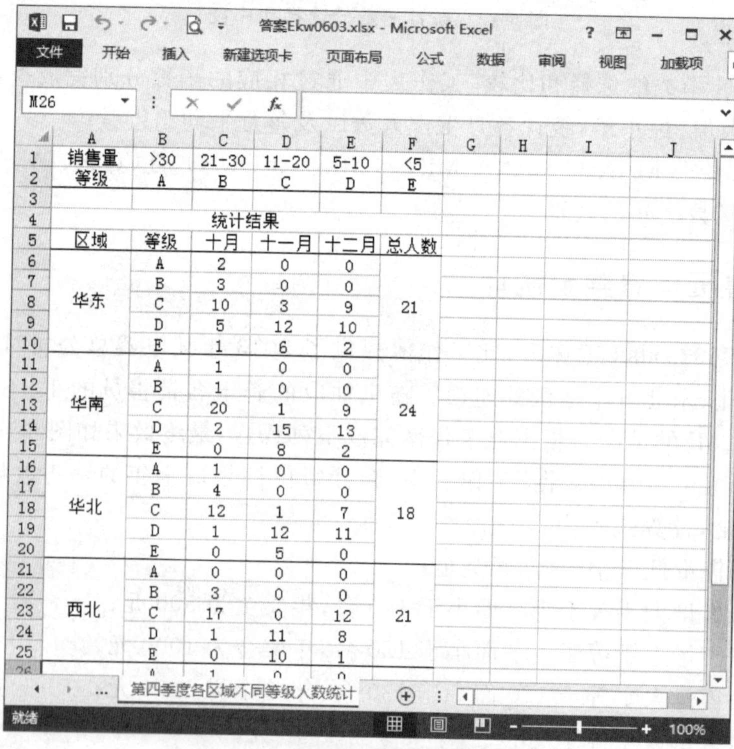

	A	B	C	D	E	F
1	销售量	>30	21-30	11-20	5-10	<5
2	等级	A	B	C	D	E
3						
4			统计结果			
5	区域	等级	十月	十一月	十二月	总人数
6	华东	A	2	0	0	21
7		B	3	0	0	
8		C	10	3	9	
9		D	5	12	10	
10		E	1	6	2	
11	华南	A	1	0	0	24
12		B	1	0	0	
13		C	20	1	9	
14		D	2	15	13	
15		E	0	8	2	
16	华北	A	1	0	0	18
17		B	4	0	0	
18		C	12	1	7	
19		D	1	12	11	
20		E	0	5	0	
21	西北	A	0	0	0	21
22		B	3	0	0	
23		C	17	0	12	
24		D	1	11	8	
25		E	0	10	1	

图 6-15 第四季度各区域不同等级人数统计

（1）在"第四季度各区域不同等级人数统计"工作表中对第四季度的销售量按月份及销售区域统计各月达到不同等级的人数。

（2）在"第四季度各区域不同等级人数统计"工作表中统计各区域销售员人数。

6.3.4 不同工作表中销售区域按月汇总销售量

打开 Ekw0604.xlsx 工作簿，此工作簿提供了 2013 年某电器总公司对分布于华东、华北、华南、西北、东北五个地区的连锁店随机抽取的若干名销售员的 1—12 月份销售洗衣机 XQB50-728E 的情况，在工作簿中将 1—12 月的销售数量分别存储于 12 个工作表中，根据此工作簿完成下列操作，最终效果如图 6-16 所示。

（1）在"销售量统计"工作表中统计 1—12 月各区域的销售数量。

（2）计算区域总销售量和平均销售量。

（3）计算各月份的总销售数量及全年的总销量、平均销量。

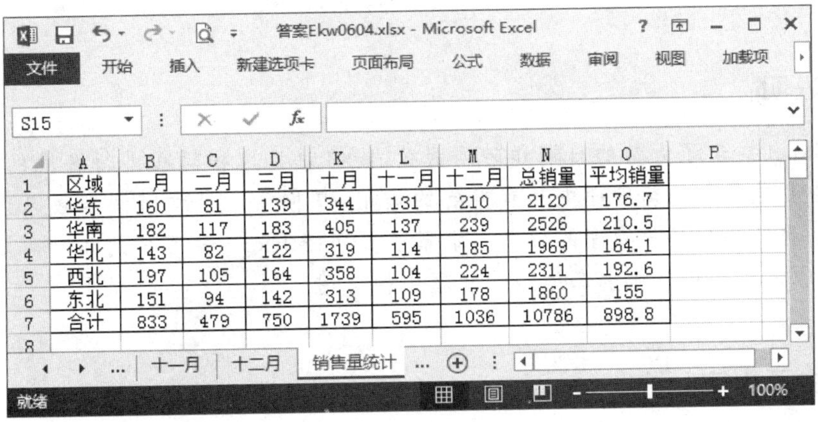

图 6-16　销售量统计

第 7 章 Excel 在企业生产和经营管理中的应用

本章说明：

Excel 提供了大量的日期和时间函数，能够对日期和时间进行精准的计算，这在企业生产和经营管理中具有重要的作用，掌握了日期和时间函数可以有效提高企业生产和经营管理的效率。本章主要介绍 Excel 常用日期和时间函数的格式、功能及其在企业生产和经营管理中的应用。

本章主要内容：

➢ 日期和时间函数

➢ 企业生产和经营管理

➢ 本章课外实验

Excel在企业生产和经营管理中的应用 ——

本章拟解决的重要问题：

1. 日期的起始年月日是从哪天开始的？
2. 日期和数字间有什么关系？
3. 时间和小数有什么关系？
4. 如何得到计算机的系统日期和时间？
5. 如何计算得到某个日期是星期几？
6. 如何从日期值中得到年、月、日？
7. 如何从时间值中得到时、分、秒？
8. 日期差和时间差的含义是什么？
9. 如何将数值转换成日期？
10. 如何将文本转换成日期？
11. 如何计算两个日期间的工作日天数？
12. 如何判断一个日期是工作日、双休日还是节假日？

7.1 日期和时间函数

日期和时间函数如表 7-1 所示。

表 7-1　日期和时间函数

序 号	函 数 名	用 法
1	DATE	将指定的年月日数字转换成日期
2	TIME	将指定的时分秒数字转换成时间
3	TODAY	返回计算机系统的当前日期
4	NOW	返回计算机系统的当前日期和时间
5	DATEVALUE	将文本格式的日期转换成真正的日期
6	TIMEVALUE	将文本格式的时间转换成为真正的时间
7	YEAR	求一个日期的年
8	MONTH	求一个日期的月
9	DAY	求一个日期的日
10	HOUR	求一个日期时间的小时
11	MINUTE	求一个日期时间的分钟
12	SECOND	求一个日期时间的秒
13	WEEKDAY	返回某个日期的星期系列数
14	WEEKNUM	返某个日期一年中的第几个星期
15	EDATE	返回在开始日期之前或之后指定月数的某个日期
16	EOMONTH	返回指定月份数之前或之后某月的最后一天
17	WORKDAY	返回当前工作日加减一个天数后的工作日，扣除假日
18	NETWORKDAYS	返回两个日期之间的完整工作日数
19	DAYS360	按每年 360 天计算两个日期之间的天数
20	YEARFRAC	返回开始日期和结束日期之间天数的以年为单位的分数

7.2 企业生产和经营管理

7.2.1 企业停车场收费计算

📖 **案例描述**

打开 Excel0701.xlsx 工作簿,数据是某企业门前收费停车场的停车记录,停车收费标准为:停车场按每小时 2 元收取停车费用,不足 1 小时按 1 小时计费;超过 1 小时后,不足小时的部分不够半小时按半小时计算,收费 1 元,超过半小时(含半小时)不足 1 小时按 1 小时计算。

(1)计算停车时间。

(2)计算停车的小时数和分钟数。

(3)计算停车费用。

🖥 **最终效果**

本案例最终效果如图 7-1 所示。

| H2 | | | fx | =IF(F2>=1,F2*2+IF(G2>=30,2,IF(G2<>0,1)),2) |

	A	B	C	D	E	F	G	H
1	编号	车主姓名	驶入时间	开出时间	存车时间	小时数	分钟数	停车费用
2	蒙ARM216	赵惠	9:20:30	11:23:26	2:02:56	2	2.93	5
3	蒙AAA579	王铁毅	9:20:45	14:20:45	5:00:00	5	0.00	10
4	蒙ABM567	李长军	9:35:20	10:01:26	0:26:06	0	26.10	2
5	蒙ABC555	陈浩艺	9:48:10	22:45:38	12:57:28	12	57.47	26
6	蒙AYT621	石晶	9:50:20	19:52:55	10:02:35	10	2.58	21
7	蒙AMW823	贺晓岚	10:05:01	16:53:28	6:48:27	6	48.45	14
8	蒙AMM678	张凡	10:10:08	10:53:09	0:43:01	0	43.02	2
9	蒙ARR456	刘萱萱	10:20:30	10:24:18	0:03:48	0	3.80	2
10	蒙AWY235	王璐	10:25:29	10:26:55	0:01:26	0	1.43	2
11	蒙AKL555	沈一梅	10:30:35	11:01:19	0:30:44	0	30.73	2
12	蒙AYY666	金英	10:38:28	13:25:36	2:47:08	2	47.13	6
13	蒙ANM512	徐艳萍	10:48:25	16:18:26	5:30:01	5	30.02	12
14	蒙ALM723	马军	10:55:38	11:36:37	0:40:59	0	40.98	2
15	蒙ALK928	马丽丽	11:01:23	20:25:38	9:24:15	9	24.25	19
16	蒙AKM425	胡晓宇	11:08:25	19:35:32	8:27:07	8	27.12	17
17	蒙AZW106	赵晓娟	11:10:25	12:10:25	1:00:00	1	0.00	2
18	蒙AWQ789	吴丽萍	11:15:31	12:35:37	1:20:06	1	20.10	3
19	蒙ABC905	郑惠媛	11:20:23	18:25:36	7:05:13	7	5.22	15
20	蒙ACC222	张子涵	11:25:27	11:25:45	0:00:18	0	0.30	2
21	蒙ACM235	金鑫	11:30:08	11:36:28	0:06:20	0	6.33	2
22	蒙ARP123	王虎	11:38:18	15:27:38	3:49:20	3	49.33	8

图 7-1 停车场收费

✎ **案例实现**

(1)定义如表 7-2 所示的公式。

表 7-2　停车场停车时间和费用计算公式

单元格	公　式
E2	=D2-C2
F2	=HOUR(E2)
G2	=MINUTE(E2)+SECOND(E2)/60
H2	=IF(F2>=1,F2 * 2+IF(G2>=30,2,IF(G2<>0,1)),2)

(2) 定义完表 7-2 所示的公式后向下填充。

7.2.2　企业职工运动会计时

📖案例描述

打开 Excel0702. xlsx 工作簿，数据是某企业职工运动会运动员参加项目的起止时间。

(1) 计算每个运动员完成参赛项目所用的时间。

(2) 将所用时间转换成秒数。

💻最终效果

本案例最终效果如图 7-2 所示。

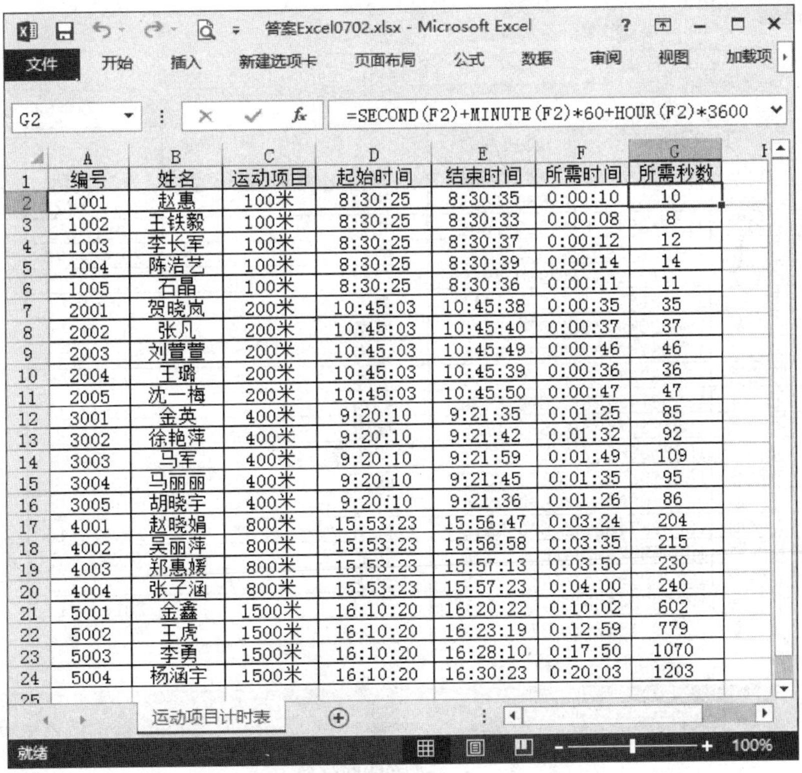

编号	姓名	运动项目	起始时间	结束时间	所需时间	所需秒数
1001	赵惠	100米	8:30:25	8:30:35	0:00:10	10
1002	王铁毅	100米	8:30:25	8:30:33	0:00:08	8
1003	李长军	100米	8:30:25	8:30:37	0:00:12	12
1004	陈浩艺	100米	8:30:25	8:30:39	0:00:14	14
1005	石晶	100米	8:30:25	8:30:36	0:00:11	11
2001	贺晓岚	200米	10:45:03	10:45:38	0:00:35	35
2002	张凡	200米	10:45:03	10:45:40	0:00:37	37
2003	刘萱萱	200米	10:45:03	10:45:49	0:00:46	46
2004	王璐	200米	10:45:03	10:45:39	0:00:36	36
2005	沈一梅	200米	10:45:03	10:45:50	0:00:47	47
3001	金英	400米	9:20:10	9:21:35	0:01:25	85
3002	徐艳萍	400米	9:20:10	9:21:42	0:01:32	92
3003	马军	400米	9:20:10	9:21:59	0:01:49	109
3004	马丽丽	400米	9:20:10	9:21:45	0:01:35	95
3005	胡晓宇	400米	9:20:10	9:21:36	0:01:26	86
4001	赵晓娟	800米	15:53:23	15:56:47	0:03:24	204
4002	吴丽萍	800米	15:53:23	15:56:58	0:03:35	215
4003	郑惠媛	800米	15:53:23	15:57:13	0:03:50	230
4004	张子涵	800米	15:53:23	15:57:23	0:04:00	240
5001	金鑫	1500米	16:10:20	16:20:22	0:10:02	602
5002	王虎	1500米	16:10:20	16:23:19	0:12:59	779
5003	李勇	1500米	16:10:20	16:28:10	0:17:50	1070
5004	杨涵宇	1500米	16:10:20	16:30:23	0:20:03	1203

图 7-2　运动员项目所需时间

✍案例实现

(1) 定义如表 7-3 所示的公式。

表 7-3　运动项目所需时间和秒数计算公式

单元格	公　式
F2	=E2−D2
G2	=SECOND(F2)+MINUTE(F2) * 60+HOUR(F2) * 3600

(2) 定义完表 7-3 所示的公式后向下填充。

7.2.3　商品到货期计算

案例描述

打开 Excel0703. xlsx 工作簿，数据是某公司配送中心的物流信息，完成下列计算。

(1) 订货清单中的订货日期为计算机系统当天日期，采用函数填充。

(2) 根据每位客户的送货周期，计算到货日期。

最终效果

本案例最终效果如图 7-3 所示。

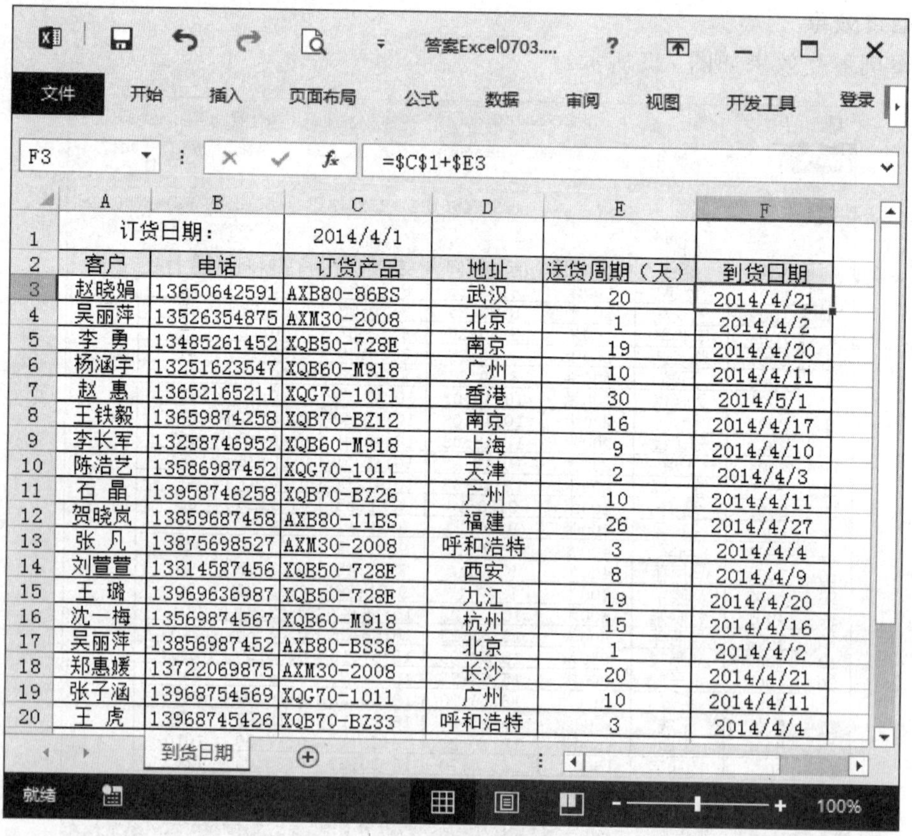

	A	B	C	D	E	F
1	订货日期：		2014/4/1			
2	客户	电话	订货产品	地址	送货周期（天）	到货日期
3	赵晓娟	13650642591	AXB80-86BS	武汉	20	2014/4/21
4	吴丽萍	13526354875	AXM30-2008	北京	1	2014/4/2
5	李　勇	13485261452	XQB50-728E	南京	19	2014/4/20
6	杨涵宇	13251623547	XQB60-M918	广州	10	2014/4/11
7	赵　惠	13652165211	XQG70-1011	香港	30	2014/5/1
8	王铁毅	13659874258	XQB70-BZ12	南京	16	2014/4/17
9	李长军	13258746952	XQB60-M918	上海	9	2014/4/10
10	陈浩艺	13586987452	XQG70-1011	天津	2	2014/4/3
11	石　晶	13958746258	XQB70-BZ26	广州	10	2014/4/11
12	贺晓岚	13859687458	AXB80-11BS	福建	26	2014/4/27
13	张　凡	13875698527	AXM30-2008	呼和浩特	3	2014/4/4
14	刘萱萱	13314587456	XQB50-728E	西安	8	2014/4/9
15	王　璐	13969636987	XQB50-728E	九江	19	2014/4/20
16	沈一梅	13569874567	XQB60-M918	杭州	15	2014/4/16
17	吴丽萍	13856987452	AXB80-BS36	北京	1	2014/4/2
18	郑惠媛	13722069875	AXM30-2008	长沙	20	2014/4/21
19	张子涵	13968754569	XQG70-1011	广州	10	2014/4/11
20	王　虎	13968745426	XQB70-BZ33	呼和浩特	3	2014/4/4

图 7-3　到货日期计算

案例实现

定义如表 7-4 所示的公式。

表 7-4　订货日期和到货日期计算公式

单元格	公　　式
C1	＝TODAY()
F3	＝＄C＄1＋＄E3,并将公式向下填充

7.2.4　员工值班星期数计算

案例描述

打开 Excel0704.xlsx 工作簿,根据给定的员工的值班日期计算其所对应的星期数。

最终效果

本案例最终效果如图 7-4 所示。

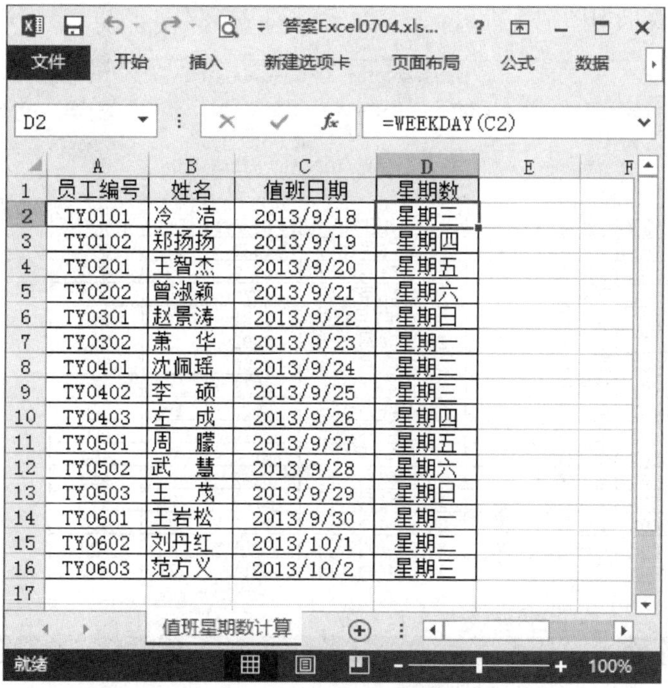

图 7-4　员工值班星期数计算

案例实现

(1) 定义如表 7-5 所示的公式。

表 7-5　计算星期数公式

单元格	公　　式
D2	＝WEEKDAY(C2)

(2) 定义完表 7-5 所示的公式后向下填充,并设置 D 列的"数字"格式为"日期"中的"星期三"。

7.2.5 企业员工工龄和工龄工资计算

🕮案例描述

在企事业单位中，员工职位的升迁、考核、工资等均与员工的工龄、上岗天数，年龄等信息密切相关，因此相关人事部门必须要准确把握这些信息。

打开 Excel0705. xlsx 工作簿，根据给定的员工基本信息完成下列操作：

（1）根据上岗日期计算每位员工的上岗天数。

（2）根据上岗日期计算每位员工的工龄。

（3）根据公司规定工龄每增加一年，工龄工资涨 50 元，计算每位员工的工龄工资。

注：上岗天数为当前日期减去上岗日期，工龄为当前年减去上岗日期年份。

最终效果

本案例最终效果如图 7-5 所示。

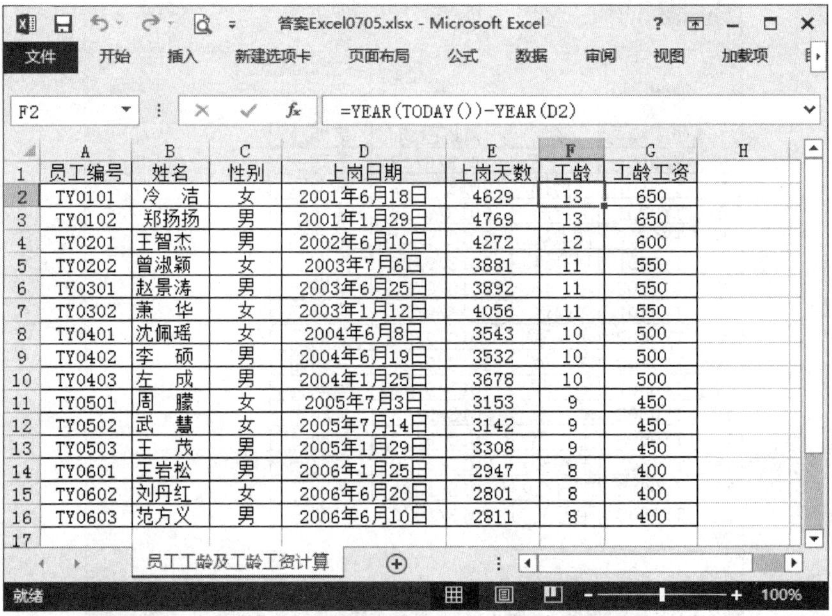

员工编号	姓名	性别	上岗日期	上岗天数	工龄	工龄工资
TY0101	冷 洁	女	2001年6月18日	4629	13	650
TY0102	郑扬扬	男	2001年1月29日	4769	13	650
TY0201	王智杰	男	2002年6月10日	4272	12	600
TY0202	曾淑颖	女	2003年7月6日	3881	11	550
TY0301	赵景涛	男	2003年6月25日	3892	11	550
TY0302	萧 华	女	2003年1月12日	4056	11	550
TY0401	沈佩瑶	女	2004年6月8日	3543	10	500
TY0402	李 硕	男	2004年6月19日	3532	10	500
TY0403	左 成	男	2004年1月25日	3678	10	500
TY0501	周 朦	女	2005年7月3日	3153	9	450
TY0502	武 慧	女	2005年7月14日	3142	9	450
TY0503	王 茂	男	2005年1月29日	3308	9	450
TY0601	王岩松	男	2006年1月25日	2947	8	400
TY0602	刘丹红	女	2006年6月20日	2801	8	400
TY0603	范方义	男	2006年6月10日	2811	8	400

图 7-5 员工工龄及工龄工资计算

✍案例实现

（1）定义如表 7-6 所示的公式。

表 7-6 员工工龄及工龄工资计算公式

单元格	公 式
E2	=TODAY()－D2
F2	=YEAR(TODAY())－YEAR(D2)
G2	=F2 * 50

（2）定义完如表 7-6 所示的公式后向下填充，并将 E、F、G 列“数字”格式设置为“常规”。

7.2.6 企业员工退休年龄和日期计算

🕮案例描述

打开 Excel0706. xlsx 工作簿，根据给定的员工基本信息完成下列操作：

（1）国家法定的企业职工退休年龄是男年满 60 周岁，女工人年满 50 周岁，女干部年满 55 周岁。根据该政策结合员工身份计算每位员工的退休年龄。

（2）根据退休年龄推算每位员工的退休日期。

🖳最终效果

本案例最终效果如图 7-6 所示。

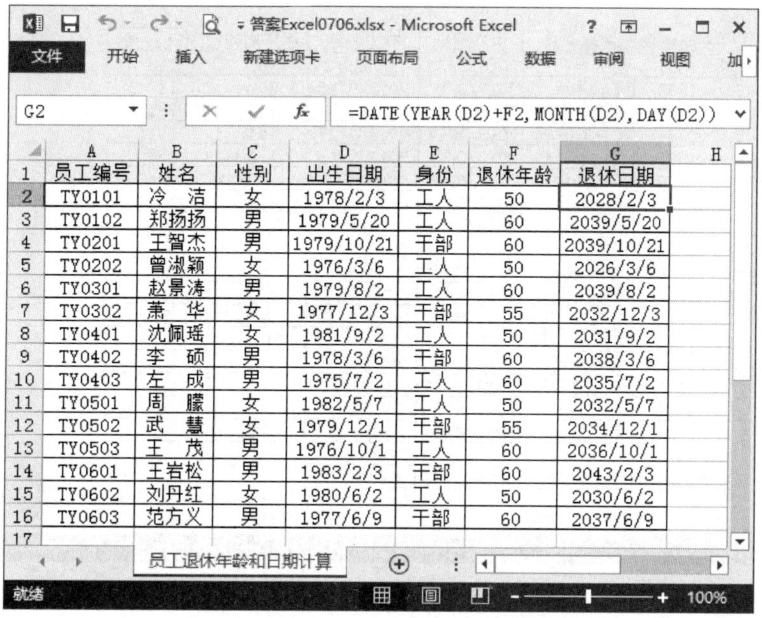

	A	B	C	D	E	F	G
1	员工编号	姓名	性别	出生日期	身份	退休年龄	退休日期
2	TY0101	冷　洁	女	1978/2/3	工人	50	2028/2/3
3	TY0102	郑扬扬	男	1979/5/20	工人	60	2039/5/20
4	TY0201	王智杰	男	1979/10/21	干部	60	2039/10/21
5	TY0202	曾淑颖	女	1976/3/6	工人	50	2026/3/6
6	TY0301	赵景涛	男	1979/8/2	工人	60	2039/8/2
7	TY0302	萧　华	女	1977/12/3	干部	55	2032/12/3
8	TY0401	沈佩瑶	女	1981/9/2	工人	50	2031/9/2
9	TY0402	李　硕	男	1978/3/6	干部	60	2038/3/6
10	TY0403	左　成	男	1975/7/2	工人	60	2035/7/2
11	TY0501	周　朦	女	1982/5/7	工人	50	2032/5/7
12	TY0502	武　慧	女	1979/12/1	干部	55	2034/12/1
13	TY0503	王　茂	男	1976/10/1	工人	60	2036/10/1
14	TY0601	王岩松	男	1983/2/3	干部	60	2043/2/3
15	TY0602	刘丹红	女	1980/6/2	工人	50	2030/6/2
16	TY0603	范方义	男	1977/6/9	干部	60	2037/6/9

图 7-6　员工退休年龄和日期计算

✍案例实现

（1）定义如表 7-7 所示的公式。

表 7-7　退休年龄和日期计算公式

单元格	公　　式
F2	=IF(C2="男",60,IF(E2="工人",50,55))
G2	=DATE(YEAR(D2)+F2,MONTH(D2),DAY(D2))

（2）定义完表 7-7 所示的公式后向下填充。

7.2.7 产品的生产周期和工人的工作日天数计算

🕮案例描述

打开 Excel0707. xlsx 工作簿，在“生产周期和工作日天数计算”工作表中列出了每种产品的生产日期和完工日期，假设2013年1月1日至10月1日的节假日是4月4日、5月1日和6月12日。

（1）根据每种产品的生产日期和完工日期，计算每种产品的生产周期。

（2）用函数计算出员工生产这些产品的实际工作日天数。

最终效果

本案例最终效果如图7-7所示。

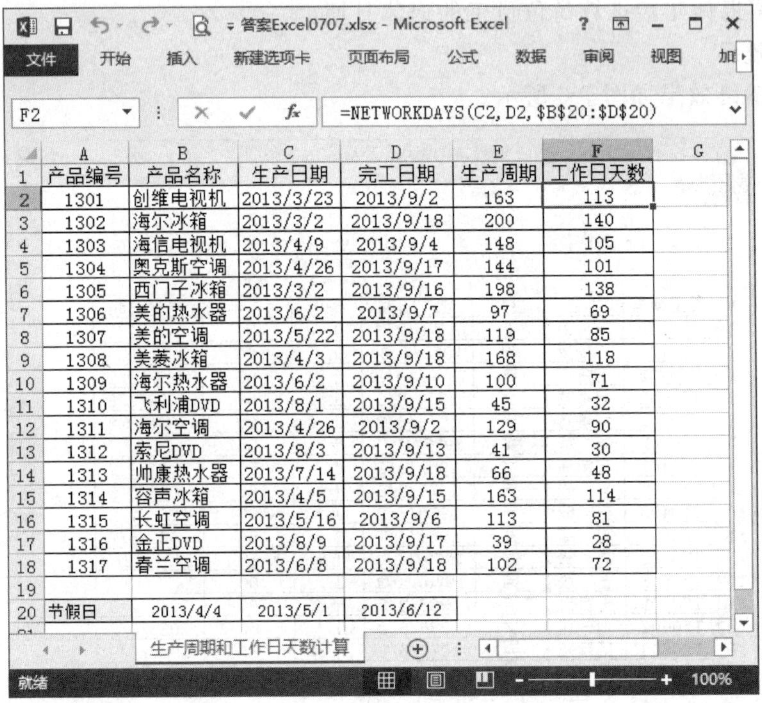

	A	B	C	D	E	F
1	产品编号	产品名称	生产日期	完工日期	生产周期	工作日天数
2	1301	创维电视机	2013/3/23	2013/9/2	163	113
3	1302	海尔冰箱	2013/3/2	2013/9/18	200	140
4	1303	海信电视机	2013/4/9	2013/9/4	148	105
5	1304	奥克斯空调	2013/4/26	2013/9/17	144	101
6	1305	西门子冰箱	2013/3/2	2013/9/16	198	138
7	1306	美的热水器	2013/6/2	2013/9/7	97	69
8	1307	美的空调	2013/5/22	2013/9/18	119	85
9	1308	美菱冰箱	2013/4/3	2013/9/18	168	118
10	1309	海尔热水器	2013/6/2	2013/9/10	100	71
11	1310	飞利浦DVD	2013/8/1	2013/9/15	45	32
12	1311	海尔空调	2013/4/26	2013/9/2	129	90
13	1312	索尼DVD	2013/8/3	2013/9/13	41	30
14	1313	帅康热水器	2013/7/14	2013/9/18	66	48
15	1314	容声冰箱	2013/4/5	2013/9/15	163	114
16	1315	长虹空调	2013/5/16	2013/9/6	113	81
17	1316	金正DVD	2013/8/9	2013/9/17	39	28
18	1317	春兰空调	2013/6/8	2013/9/18	102	72
19						
20	节假日	2013/4/4	2013/5/1	2013/6/12		

图7-7　生产周期和工作日天数计算

案例实现

（1）定义如表7-8所示的公式。

表7-8　生产周期和工作日天数计算公式

单元格	公　式
E2	＝D2－C2
F2	＝NETWORKDAYS(C2,D2,＄B＄20:＄D＄20)

（2）定义完表7-8所示的公式后向下填充。

7.2.8　员工工作时间和时间性质计算

案例描述

打开Excel0708.xlsx工作簿，在“员工信息”工作表中列出员工的编号、姓名、每小时薪水以及周末加班和法定节假日加班薪水是正常工作时间薪水的倍数，也提供了法定节假日的日期，如图7-8所示。在“工作时间和时间性质计算”工作表中，完成下列操作：

Excel在企业生产和经营管理中的应用

（1）工作时间性质分为：正常工作时间、周末加班时间、法定节假日加班时间。根据给定的工作日期，计算出当前日期的工作时间性质。

（2）根据给定日期的工作时间，计算出员工当天的工作总时间。

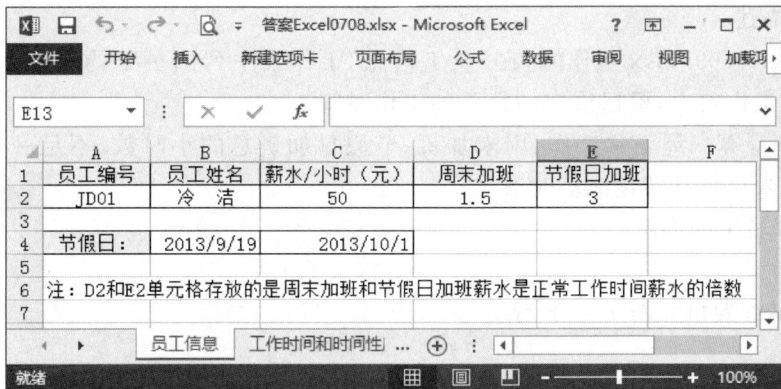

图 7-8 员工信息

💻 **最终效果**

本案例最终效果如图 7-9 所示。

图 7-9 员工工作时间和时间性质计算

✍ **案例实现**

（1）单击工作簿中的"工作时间和时间性质计算"工作表，定义如表 7-9 所示的公式。

表 7-9 工作时间和时间性质计算公式

单元格	公　式
F2	＝IF(OR(WEEKDAY(A2)＝1,WEEKDAY(A2)＝7),"周末",IF(COUNTIF(员工信息!＄B＄4：＄C＄4,A2)＞0,"节假日","正常"))
G2	＝IF(F2＝"正常",C2－B2＋(E2－D2),0)
H2	＝IF(F2＝"周末",C2－B2＋(E2－D2),0)
I2	＝IF(F2＝"节假日",C2－B2＋(E2－D2),0)

（2）定义完如表 7-9 所示的公式后向下填充。

7.2.9 员工周薪计算

📖案例描述

打开 Excel0709.xlsx 工作簿，在"员工信息"工作表中列出员工的基本信息。在"员工周薪计算"工作表中，根据给定的每天的工作时间：

（1）分别计算一周正常工作、周末加班、节假日加班总的小时数，不足一个小时的分钟数，四舍五入后将其转化成小时数。

（2）计算员工的周薪。

🖥最终效果

本案例最终效果如图 7-10 所示。

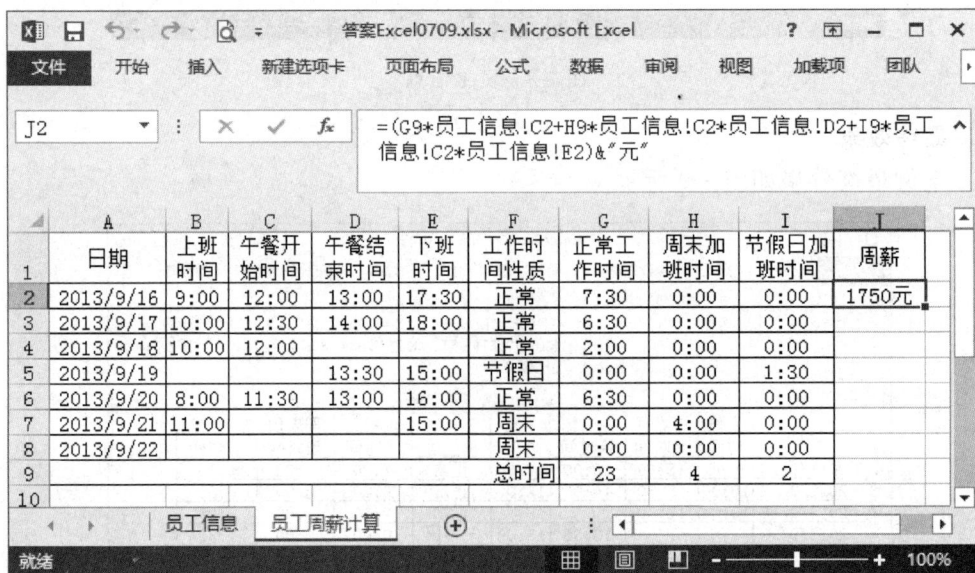

图 7-10 员工周薪计算结果

✎案例实现

（1）打开"员工周薪计算"工作表，定义如表 7-10 所示的公式。

表 7-10 周薪计算公式

单元格	公 式
G9	＝HOUR(SUM(G2:G8))＋ROUND(MINUTE(SUM(G2:G8))/60,0)
J2	＝(G9＊员工信息!C2＋H9＊员工信息!C2＊员工信息!D2＋I9＊员工信息!C2＊员工信息!E2)&"元"

（2）单元格 G9 中的公式向右填充至 I9 单元格，设置 G9～I9 单元格的"数字"格式为"常规"。

Excel在企业生产和经营管理中的应用

7.2.10 商品保修期计算

📖案例描述

打开 Excel0710. xlsx 工作簿,在"商品保修期计算"工作表中列出了每种商品的购买日期和保修期限。

(1) 计算每种商品保修期的到期日。

(2) 将当天日期与到期日比较,判断商品是否过期。

🖳最终效果

本案例最终效果如图 7-11 所示。

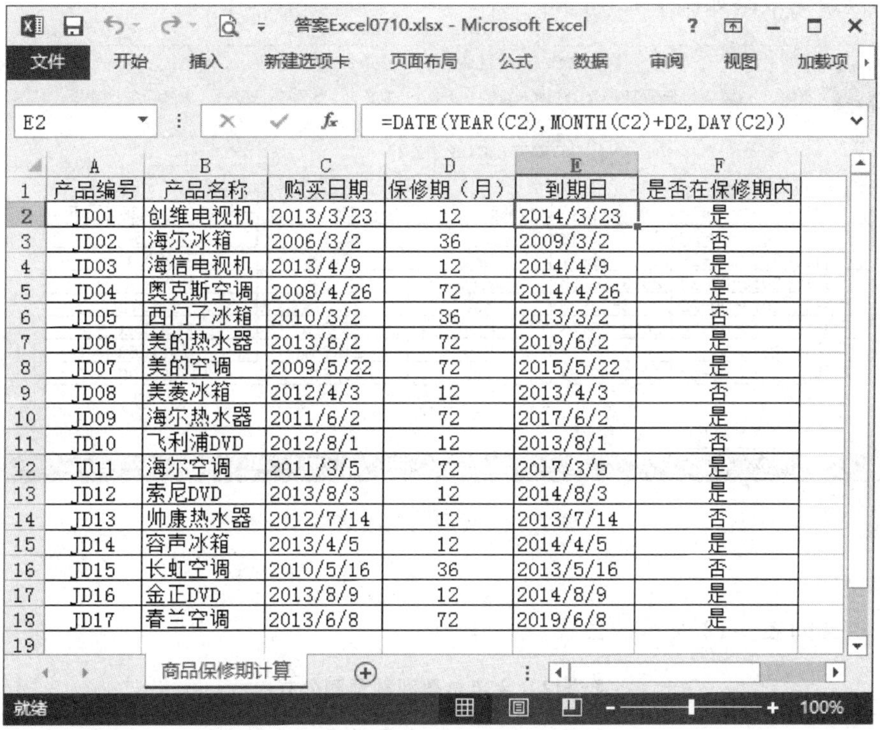

图 7-11 商品保修期计算结果

✍案例实现

(1) 定义如表 7-11 所示的公式。

表 7-11 商品保修期计算公式

单元格	公 式
E2	=DATE(YEAR(C2),MONTH(C2)+D2,DAY(C2)) 或者使用另外一个公式 = EDATE(C2,D2)
F2	=IF(E2<TODAY(),"否","是")

(2) 定义完如表 7-11 所示的公式后向下填充。

7.2.11 企业产品销售全年总盈利额预测

案例描述

打开 Excel0711.xlsx 工作簿，根据“盈利额预测”工作表提供的产品从起始日期到截止日期间一个生产周期的盈利额，预测某种产品的全年总盈利额。

(1) 计算每种产品的一个生产周期占全年的比例。

(2) 根据每种产品一个周期所占全年的比例和每个周期的盈利额，对每种产品全年总盈利额进行预测。

最终效果

本案例最终效果如图 7-12 所示。

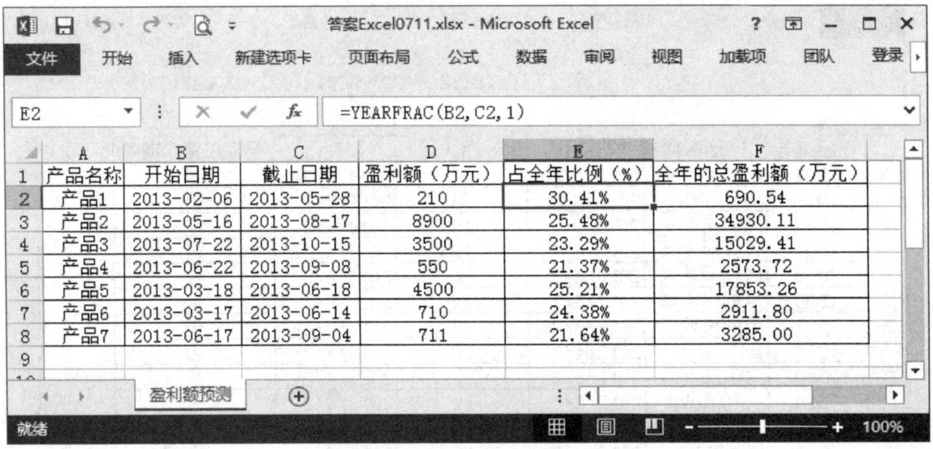

产品名称	开始日期	截止日期	盈利额（万元）	占全年比例（%）	全年的总盈利额（万元）
产品1	2013-02-06	2013-05-28	210	30.41%	690.54
产品2	2013-05-16	2013-08-17	8900	25.48%	34930.11
产品3	2013-07-22	2013-10-15	3500	23.29%	15029.41
产品4	2013-06-22	2013-09-08	550	21.37%	2573.72
产品5	2013-03-18	2013-06-18	4500	25.21%	17853.26
产品6	2013-03-17	2013-06-14	710	24.38%	2911.80
产品7	2013-06-17	2013-09-04	711	21.64%	3285.00

图 7-12 盈利额预测结果

案例实现

(1) 定义如表 7-12 所示的公式。

表 7-12 全年总盈利额预测公式

单元格	公 式
E2	=YEARFRAC(B2,C2,1)
F2	=D2/E2

(2) 定义完如表 7-12 所示的公式后向下填充。

7.3 本章课外实验

7.3.1 存货天数计算

打开 Ekw0701.xlsx 工作簿，在“存货天数计算”工作表中给出了商品的入库日期，根据当前日期和入库日期计算存货天数，最终效果如图 7-13 所示。

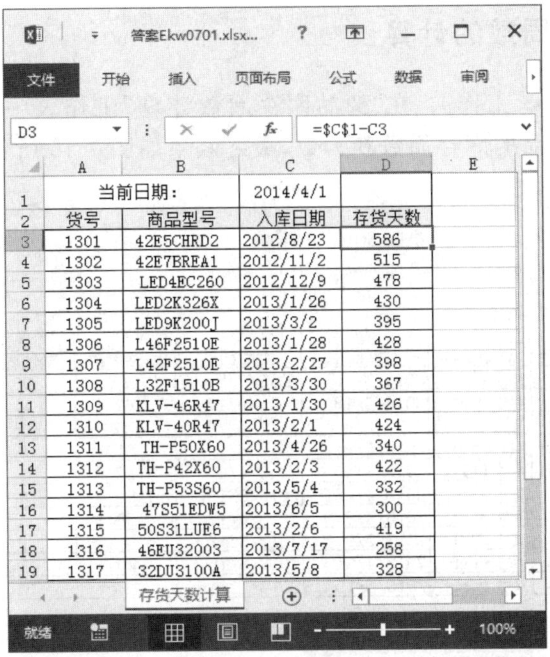

	A	B	C	D
1	当前日期:		2014/4/1	
2	货号	商品型号	入库日期	存货天数
3	1301	42E5CHRD2	2012/8/23	586
4	1302	42E7BREA1	2012/11/2	515
5	1303	LED4EC260	2012/12/9	478
6	1304	LED2K326X	2013/1/26	430
7	1305	LED9K200J	2013/3/2	395
8	1306	L46F2510E	2013/1/28	428
9	1307	L42F2510E	2013/2/27	398
10	1308	L32F1510B	2013/3/30	367
11	1309	KLV-46R47	2013/1/30	426
12	1310	KLV-40R47	2013/2/1	424
13	1311	TH-P50X60	2013/4/26	340
14	1312	TH-P42X60	2013/2/3	422
15	1313	TH-P53S60	2013/5/4	332
16	1314	47S51EDW5	2013/6/5	300
17	1315	50S31LUE6	2013/2/6	419
18	1316	46EU32003	2013/7/17	258
19	1317	32DU3100A	2013/5/8	328

图 7-13　存货天数计算

7.3.2　食品保质期计算

案例描述

打开 Ekw0702.xlsx 工作簿,在"食品保质期"工作表中给出了每种食品的生产日期和过期日期。

(1) 计算出每种食品的保质期的天数。

(2) 将食品过期日期与今天的日期比较判断每种食品是否已经过期。

最终效果如图 7-14 所示。

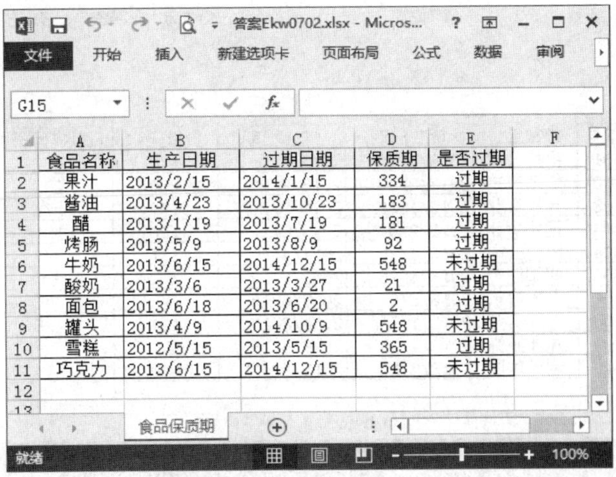

	A	B	C	D	E
1	食品名称	生产日期	过期日期	保质期	是否过期
2	果汁	2013/2/15	2014/1/15	334	过期
3	酱油	2013/4/23	2013/10/23	183	过期
4	醋	2013/1/19	2013/7/19	181	过期
5	烤肠	2013/5/9	2013/8/9	92	过期
6	牛奶	2013/6/15	2014/12/15	548	未过期
7	酸奶	2013/3/6	2013/3/27	21	过期
8	面包	2013/6/18	2013/6/20	2	过期
9	罐头	2013/4/9	2014/10/9	548	未过期
10	雪糕	2012/5/15	2013/5/15	365	过期
11	巧克力	2013/6/15	2014/12/15	548	未过期

图 7-14　食品保质期计算结果

7.3.3 商品库存周数的计算

打开 Ekw0703.xlsx 工作簿，在“商品库存周数计算”工作表中给出了商品的入库日期和出库日期，计算商品的库存周数和天数，最终效果如图 7-15 所示。

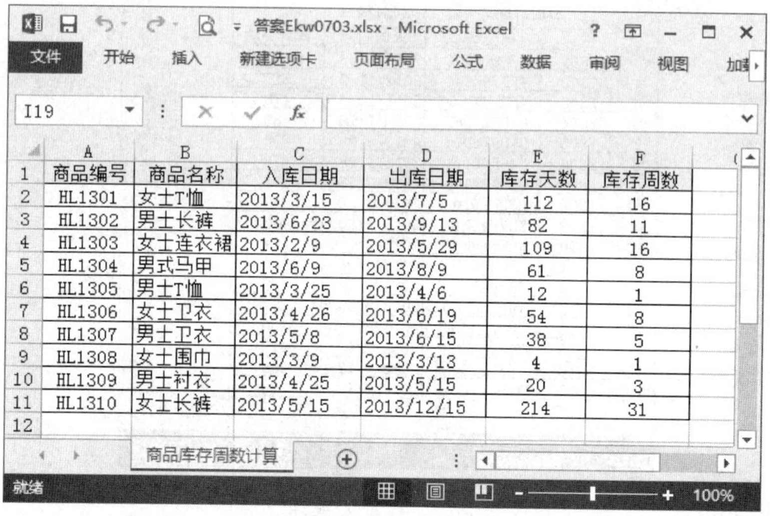

商品编号	商品名称	入库日期	出库日期	库存天数	库存周数
HL1301	女士T恤	2013/3/15	2013/7/5	112	16
HL1302	男士长裤	2013/6/23	2013/9/13	82	11
HL1303	女士连衣裙	2013/2/9	2013/5/29	109	16
HL1304	男式马甲	2013/6/9	2013/8/9	61	8
HL1305	男士T恤	2013/3/25	2013/4/6	12	1
HL1306	女士卫衣	2013/4/26	2013/6/19	54	8
HL1307	男士卫衣	2013/5/8	2013/6/15	38	5
HL1308	女士围巾	2013/3/9	2013/3/13	4	1
HL1309	男士衬衣	2013/4/25	2013/5/15	20	3
HL1310	女士长裤	2013/5/15	2013/12/15	214	31

图 7-15 商品库存周数计算结果

7.3.4 贷款天数计算

打开 Ekw0704.xlsx 工作簿，在“贷款天数计算”工作表中给出了贷款日期和应还日期，以一年 360 天，一个月 30 天为准计算贷款天数，同时也计算贷款的实际天数，最终效果如图 7-16 所示。

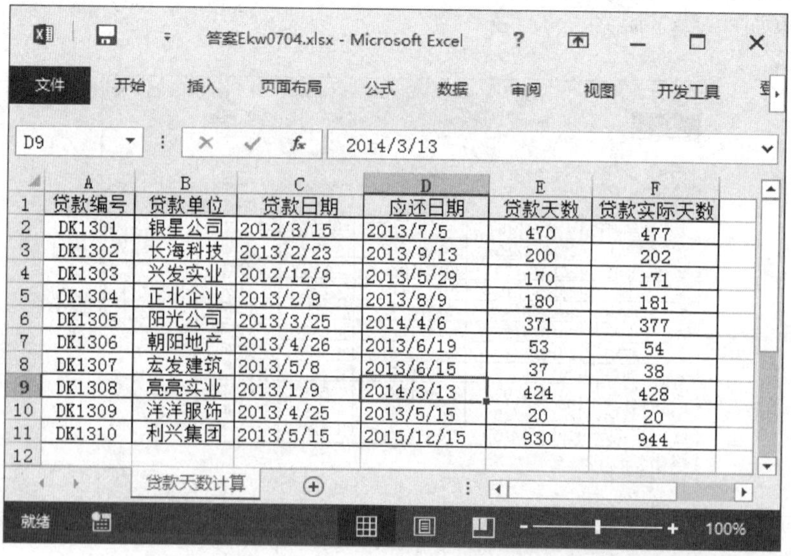

贷款编号	贷款单位	贷款日期	应还日期	贷款天数	贷款实际天数
DK1301	银星公司	2012/3/15	2013/7/5	470	477
DK1302	长海科技	2013/2/23	2013/9/13	200	202
DK1303	兴发实业	2012/12/9	2013/5/29	170	171
DK1304	正北企业	2013/2/9	2013/8/9	180	181
DK1305	阳光公司	2013/3/25	2014/4/6	371	377
DK1306	朝阳地产	2013/4/26	2013/6/19	53	54
DK1307	宏发建筑	2013/5/8	2013/6/15	37	38
DK1308	亮亮实业	2013/1/9	2014/3/13	424	428
DK1309	洋洋服饰	2013/4/25	2013/5/15	20	20
DK1310	利兴集团	2013/5/15	2015/12/15	930	944

图 7-16 贷款天数计算

7.3.5 产品的完工日期和结账日期预测

打开 Ekw0705. xlsx 工作簿，在“产品完工日期和结账日期预测”工作表中给出了每种产品的投产日期和生产周期（月），通过相应的函数计算每种产品的预计完工日期和结账日期，最终效果如图 7-17 所示。

注：结账日期是每月的最后一天。

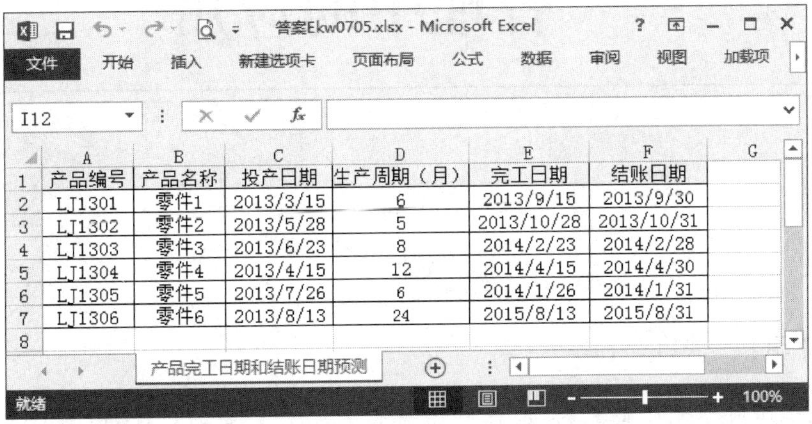

产品编号	产品名称	投产日期	生产周期（月）	完工日期	结账日期
LJ1301	零件1	2013/3/15	6	2013/9/15	2013/9/30
LJ1302	零件2	2013/5/28	5	2013/10/28	2013/10/31
LJ1303	零件3	2013/6/23	8	2014/2/23	2014/2/28
LJ1304	零件4	2013/4/15	12	2014/4/15	2014/4/30
LJ1305	零件5	2013/7/26	6	2014/1/26	2014/1/31
LJ1306	零件6	2013/8/13	24	2015/8/13	2015/8/31

图 7-17 产品完工日期和结账日期预测

第 8 章 Excel 在销售和业绩管理中的应用

本章说明：

    对于任何一个企业来说，产品的销售都是至关重要的。Excel 提供的函数特别是查找函数可以帮助工作人员方便地查找到需要的数据，然后对数据进行处理。通过本章的学习可以掌握查找函数在销售和业绩管理方面的应用。

本章主要内容：

    ➢ 本章主要函数
    ➢ 商品销售管理
    ➢ 销售业绩管理

本章拟解决的重要问题：

1. 如何根据行号和列号获得单元格的地址？

2. 如何获取单元格的内容？

3. CHOOSE 函数如何实现数据选择？

4. 如何实现按列查找？

5. 如何实现按行查找？

6. 用什么函数既可以实现按行也可以实现按列查找？

8.1 主要函数

本章用到的主要函数如表 8-1 所示。

表 8-1　查找引用函数

序号	函数名	函 数 作 用
1	VALUE	将表示数字的文本字符串转换为数字
2	MATCH	返回数据区域内某一数值在本数据区域内的相对位置
3	ADDRESS	根据指定行号和列号获得工作表中的某个单元格的地址（即返回单元格名称），例如，ADDRESS(2,3) 返回 ＄C＄2
4	INDIRECT	返回指定单元格里存放的内容
5	CHOOSE	根据索引值，返回数值参数列表中相应位置的值
6	HLOOKUP	按行查找（在区域的首行进行查找，返回首行中满足条件元素所对应的指定行单元格的值）
7	VLOOKUP	按列查找（在区域的首列进行查找，返回首列中满足条件元素所对应的指定列单元格的值）
8	LOOKUP	在数据区域的第一行或第一列中查找指定的值，并返回该区域最后一行或最后一列中同一位置的值

说明：

（1）函数 MATCH（lookup_value，lookup_array，[match_type]）的第一个参数 lookup_value 是在数组中要查找匹配的值；第二个参数 lookup_array 是含有要查找值的连续单元格区域，一个数组，或对某数组的引用；第三个参数为匹配类型 Match_type，有 3 种选择，如表 8-2 所示。

表 8-2　参数 Match_type 的选项

Match_type	含　义
1 或者省略	查找小于或等于 lookup_value 的最大值。lookup_array 参数中的值必须以升序排序
0	MATCH 查找完全等于 lookup_value 的第一个值
−1	MATCH 查找大于或等于 lookup_value 的最小值。lookup_array 参数中的值必须按降序排列

（2）函数 ADDRESS(row_num, column_num, [abs_num], [a1], [sheet_text])的第三个参数 Abs_num 是一个可选的数值,指定要返回的引用类型,如表 8-3 所示。

表 8-3　参数 abs_num 的选项

abs_num	含　义	abs_num	含　义
1 或者省略	绝对单元格地址	3	相对行号,绝对列标
2	绝对行号,相对列标	4	相对单元格引用

参数 A1 是一个可选的逻辑值,指定 A1 或 R1C1 引用样式。如果参数 A1 为 TRUE 或被省略,则 ADDRESS 函数返回 A1 样式引用;如果为 FALSE,则 ADDRESS 函数返回 R1C1 样式引用。

（3）函数 VLOOKUP(lookup_value, table_array, col_index_num, [range_lookup]) 和 HLOOKUP(lookup_value, table_array, row_index_num, [range_lookup]),第四个参数 Range_lookup 是一个可选的逻辑值,表示查找方式,如果为 False,将查找精确匹配值,若找不到精确匹配值,则返回错误值 ♯N/A;如果为 TRUE 或省略,则返回近似匹配值。

8.2　商品销售管理

8.2.1　员工销售量查询

📖**案例描述**

打开 Excel0801. xlsx 工作簿,进行如下操作:

（1）在"员工销售量"工作表中,有 10 位员工的产品销售数据,根据该数据在"员工销售量查询(按位置)"工作表和"员工销售量查询(按公共字段)"工作表中,利用数据验证设置"月份"与"姓名"的下拉列表,从而可以选择员工的姓名及销售月份。

（2）在"员工销售量查询(按位置)"工作表中,选定员工的姓名及销售月份后,通过 ADDRESS 和 MATCH 函数找到所要查询信息在工作簿中单元格的位置;根据查询信息所在位置的单元格,通过 INDIRECT 函数查询出本月销售量。

（3）在"员工销售量查询(按公共字段)"工作表中,按照员工的编号查询该员工的本月销售数量。

🖥**最终效果**

本案例最终效果如图 8-1 和图 8-2 所示。

✍**案例实现**

（1）在"员工销售量查询(按位置)"工作表中,选定 B1 单元格,单击"数据"→"数据工具"→"数据验证"命令,从弹出的下拉列表中选择"数据验证"选项,打开"数据验证"对话框,验证条件中允许选择"序列",来源选取"员工销售量"工作表中 C1:N1 单元格,如图 8-3 所示。

（2）在"员工销售量查询(按位置)"工作表中,选定 B2 单元格,单击"数据"→"数据工具"→"数据验证"命令,从弹出的下拉列表中选择"数据验证"选项,打开"数据验证"对话

Excel在销售和业绩管理中的应用

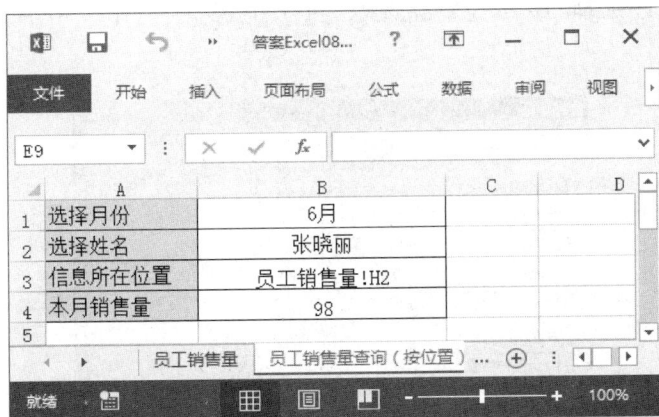

图 8-1　员工销售量按位置查询结果

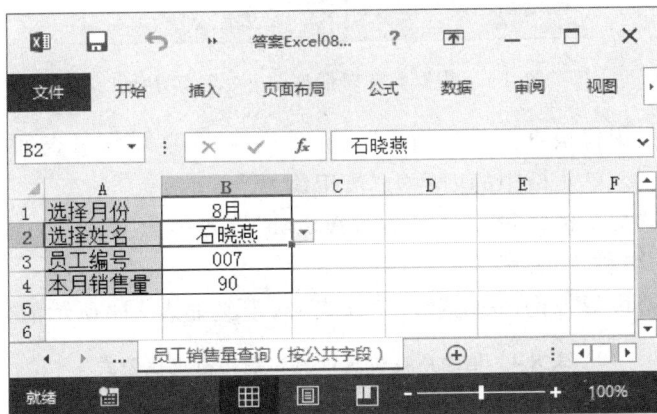

图 8-2　员工销售量按公共字段查询结果

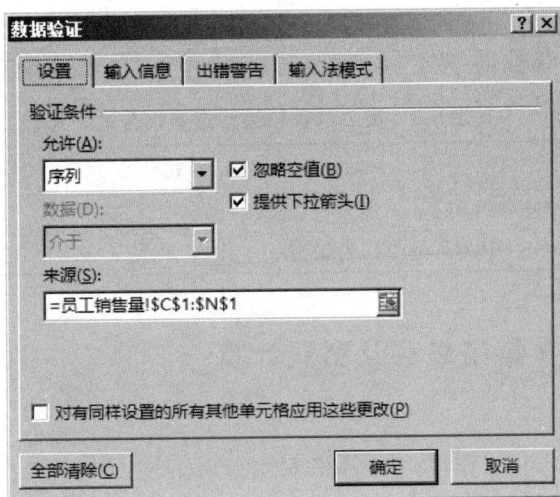

图 8-3　数据验证对话框——"月份"验证

框,验证条件中允许选择"序列",来源选取"员工销售量"工作表中 A2：A11 单元格,如图 8-4 所示。

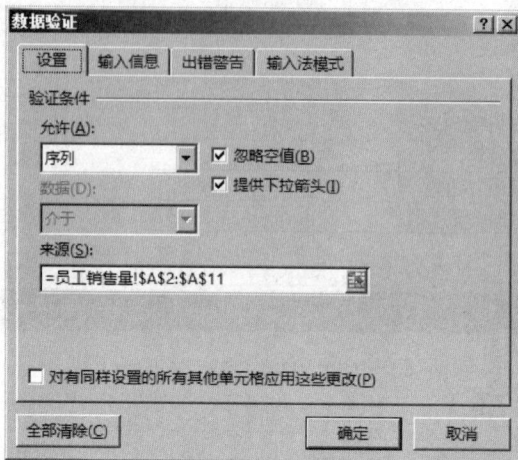

图 8-4　数据验证对话框——"姓名"验证

（3）复制"员工销售量查询（按位置）"工作表生成"员工销售量查询（按公共字段）"工作表,修改新表中 A3 单元格中的内容为"员工编号"。

（4）定义区域"员工销售量！$A$1：$A$11"的名称为"姓名"；区域"员工销售量！$A$1：$N$1"的名称为"月份"。

（5）在"员工销售量查询（按位置）"工作表中,定义如表 8-4 所示的公式。

表 8-4　信息所在位置计算和销售量查找公式

单元格	公　　式
B3	＝ADDRESS(MATCH(B2,姓名,0),MATCH(B1,月份,0),4,TRUE,"员工销售量")
B4	＝INDIRECT(B3)

（6）在"员工销售量查询（按公共字段）"工作表中,定义如表 8-5 所示的公式。

表 8-5　员工编号和销售量查找公式

单元格	公　　式
B3	＝VLOOKUP(B2,员工销售量!A2:B11,2,FALSE)
B4	＝VLOOKUP(B3,员工销售量!B2:N11,VALUE(LEFT(B1,1))＋1,FALSE)

8.2.2　产品批发零售销售额及利润计算

📖案例描述

打开 Excel0802.xlsx 工作簿,在"价格表"工作表中已经给出了产品的进货、批发和零售价格。进行如下操作：

（1）在"销售额"工作表中,完成批发价格、零售价格、批发金额、零售金额和进货金额的计算。

(2) 在“销售利润”工作表中，完成进货金额、批发金额、零售金额和利润的查询统计。

最终效果

本案例最终效果如图 8-5 和图 8-6 所示。

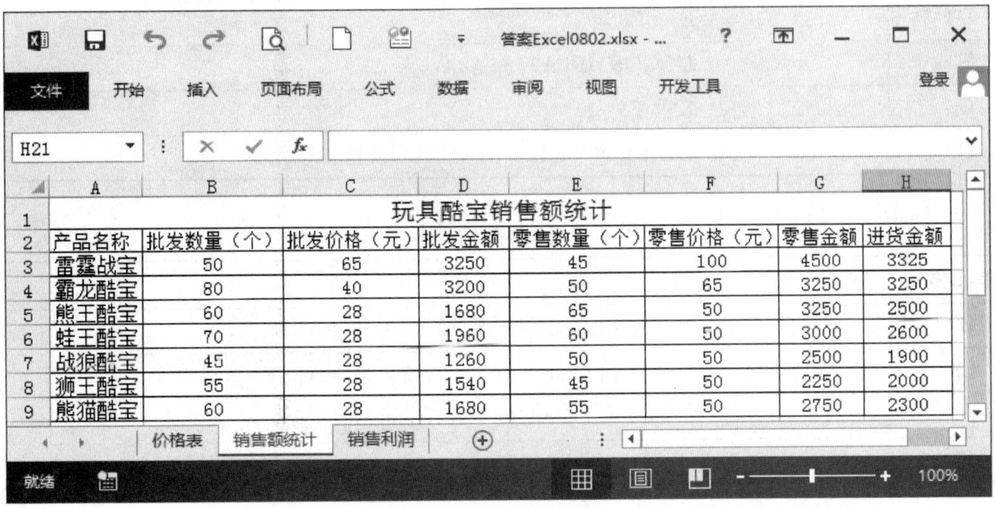

玩具酷宝销售额统计							
产品名称	批发数量（个）	批发价格（元）	批发金额	零售数量（个）	零售价格（元）	零售金额	进货金额
雷霆战宝	50	65	3250	45	100	4500	3325
霸龙酷宝	80	40	3200	50	65	3250	3250
熊王酷宝	60	28	1680	65	50	3250	2500
蛙王酷宝	70	28	1960	60	50	3000	2600
战狼酷宝	45	28	1260	50	50	2500	1900
狮王酷宝	55	28	1540	45	50	2250	2000
熊猫酷宝	60	28	1680	55	50	2750	2300

图 8-5 “销售额统计”工作表

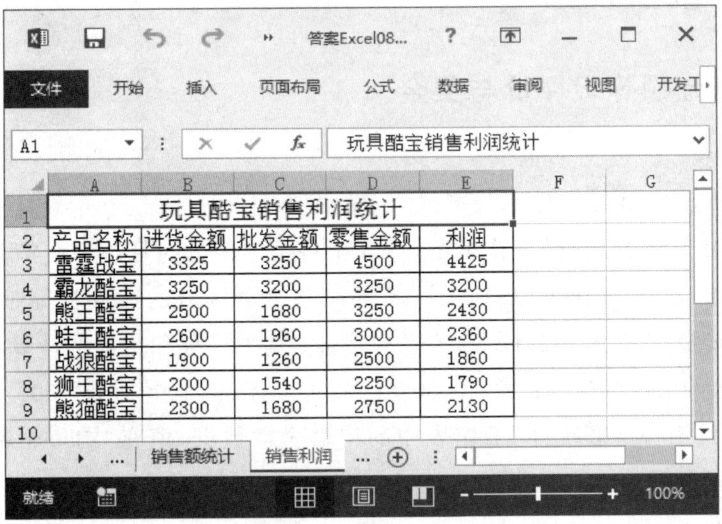

玩具酷宝销售利润统计				
产品名称	进货金额	批发金额	零售金额	利润
雷霆战宝	3325	3250	4500	4425
霸龙酷宝	3250	3200	3250	3200
熊王酷宝	2500	1680	3250	2430
蛙王酷宝	2600	1960	3000	2360
战狼酷宝	1900	1260	2500	1860
狮王酷宝	2000	1540	2250	1790
熊猫酷宝	2300	1680	2750	2130

图 8-6 “销售利润”工作表

案例实现

(1) 在“价格表”工作表中定义数据区域名称“价格”，引用位置为“=价格表!$B$2:$H$5”。

(2) 在“销售额统计”工作表定义如表 8-6 所示的公式并向下复制填充。

(3) 在“销售额统计”工作表中定义名称“销售”，引用位置为“=销售额统计!$A$3:$H$9”。

(4) 在“销售利润”工作表中定义如表 8-7 所示的公式并向下复制填充。

表 8-6　销售额统计公式

单元格	公　　式
C3	＝HLOOKUP(A3,价格,3,FALSE)
D3	＝B3 * C3
F3	＝HLOOKUP(A3,价格,4,FALSE)
G3	＝E3 * F3
H3	＝(B3＋E3) * HLOOKUP(A3,价格,2,FALSE)

表 8-7　销售利润计算公式

单元格	公　　式
B3	＝VLOOKUP($A3,销售,8,FALSE)
C3	＝VLOOKUP($A3,销售,4,FALSE)
D3	＝VLOOKUP($A3,销售,7,FALSE)
E3	＝C3＋D3－B3

8.3　销售业绩管理

8.3.1　销售金额等级评价与奖金

📖**案例描述**

打开 Excel0803.xlsx 工作簿,进行如下操作:

(1) 在"月销售金额统计"工作表中,计算出每位销售员的月销售金额。

(2) 在"评价等级"工作表中,给出了不同销售金额区域的评分和等级标准,计算"销售金额评价与奖金"工作表中的评分、等级和奖金;其中等级和奖金的计算用 CHOOSE 函数来完成。奖金的发放标准为:优＋5000 元、优 3000 元、良 1000 元、中 500 元、差 0 元。

(3) 根据"月销售金额统计"工作表中的销售金额数据,填充"销售金额评价与奖金"工作表中的销售金额。

🖥**最终效果**

本案例完成后的 3 个工作表如图 8-7～图 8-9 所示。

✍**案例实现**

(1) 在"月销售金额统计"工作表中 D2 单元格输入公式"＝B2 * C2",并向下复制公式完成销售金额的计算。

(2) 定义数据区域名称"评分",引用位置为"＝评价等级!$A$3:$C$7";"销售金额",引用位置为"＝月销售金额统计!$A$2:$D$32"。

(3) 在"销售金额评价与奖金"工作表中,定义如表 8-8 所示的公式,之后向下复制公式填充数据。

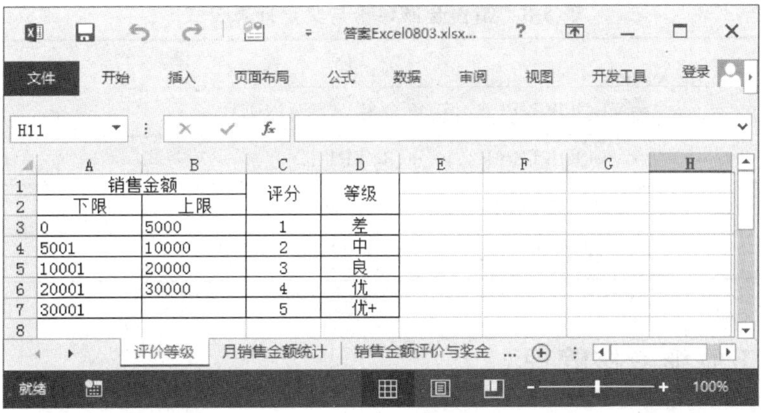

销售金额		评分	等级
下限	上限		
0	5000	1	差
5001	10000	2	中
10001	20000	3	良
20001	30000	4	优
30001		5	优+

图 8-7 “评价等级”工作表

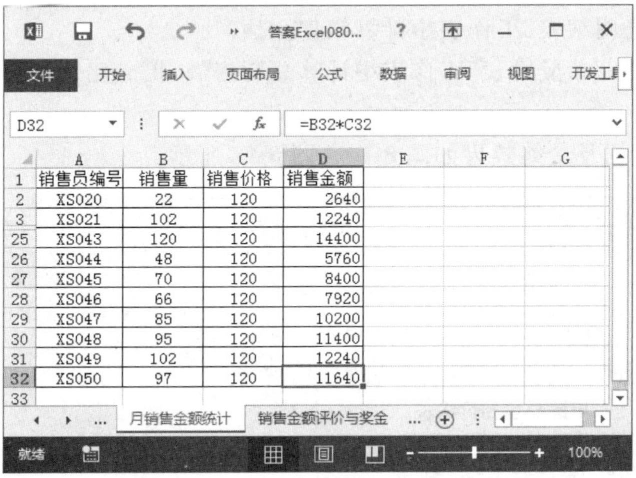

D32 =B32*C32

销售员编号	销售量	销售价格	销售金额
XS020	22	120	2640
XS021	102	120	12240
XS043	120	120	14400
XS044	48	120	5760
XS045	70	120	8400
XS046	66	120	7920
XS047	85	120	10200
XS048	95	120	11400
XS049	102	120	12240
XS050	97	120	11640

图 8-8 “月销售金额统计”表

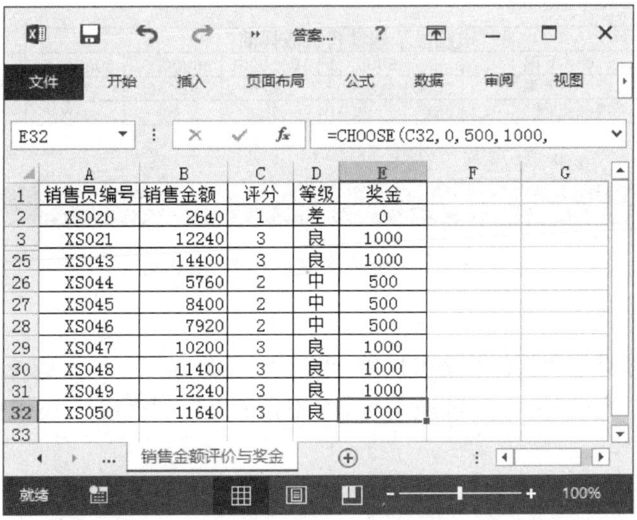

E32 =CHOOSE(C32, 0, 500, 1000,

销售员编号	销售金额	评分	等级	奖金
XS020	2640	1	差	0
XS021	12240	3	良	1000
XS043	14400	3	良	1000
XS044	5760	2	中	500
XS045	8400	2	中	500
XS046	7920	2	中	500
XS047	10200	3	良	1000
XS048	11400	3	良	1000
XS049	12240	3	良	1000
XS050	11640	3	良	1000

图 8-9 “销售金额评价与奖金”工作表

表 8-8　销售金额评价与奖金计算公式

单元格	公　式
B2	＝VLOOKUP(A2,销售金额,4,FALSE)
C2	＝VLOOKUP(B2,评分,3,TRUE)
D2	＝CHOOSE(C2,"差","中","良","优","优＋")
E2	＝CHOOSE(C2,0,500,1000,3000,5000)

8.3.2　员工业绩考核管理

📖**案例描述**

打开 Excel0804.xlsx 工作簿,进行如下操作:

(1) 在"月销售明细表"工作表中计算销售金额。

(2) 在"月销售业绩奖励表"工作表中计算总销售额、提成比例和奖金。

🖥**最终效果**

本案例素材数据及最终效果如图 8-10～图 8-12 所示。

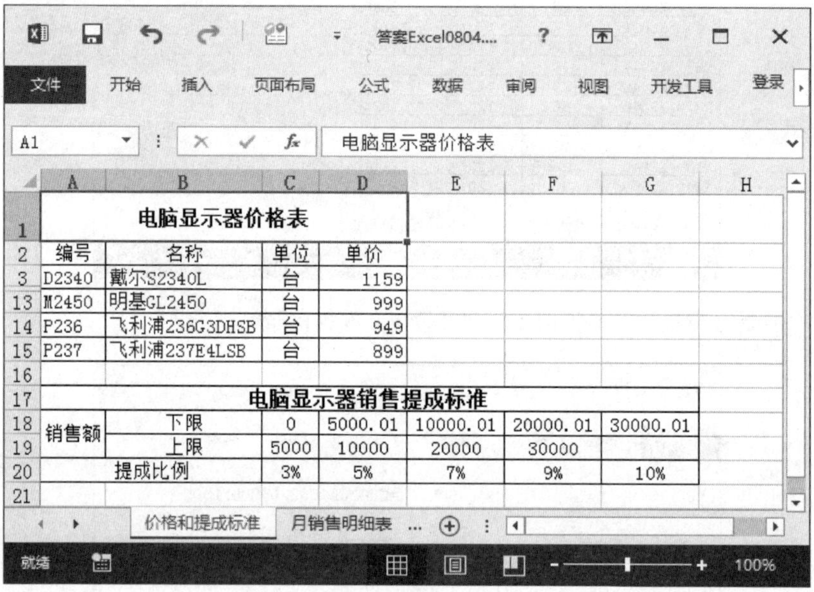

图 8-10　"价格和提成标准"工作表

✍**案例实现**

(1) 在"月销售明细表"工作表 D4 单元格中定义公式"＝C4＊VLOOKUP(A4,单价,4,FALSE)",其中"单价"是数据区域名称,引用位置为"＝价格和提成标准!＄A＄3:＄D＄15"。

(2) 在"月销售业绩奖励表"工作表中定义如表 8-9 所示公式并向下复制填充,其中"标准"是定义的名称,引用位置为"＝价格和提成标准!＄C＄18:＄G＄20"。

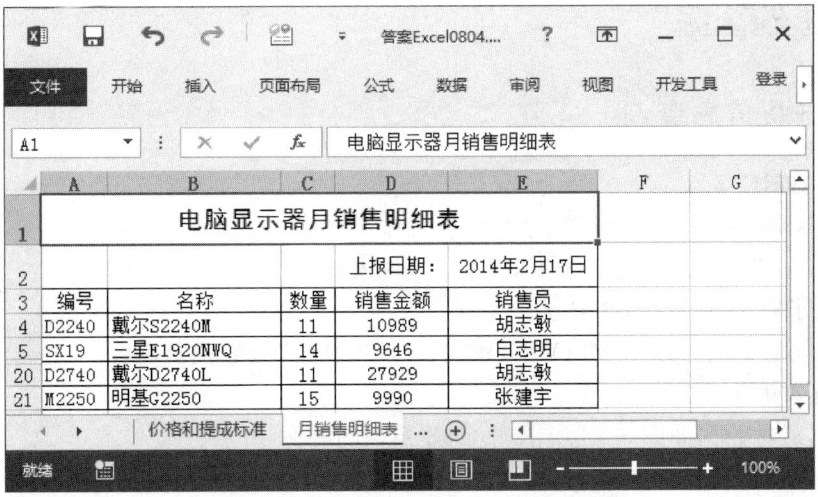

Excel在销售和业绩管理中的应用

图 8-11 "月销售明细表"工作表

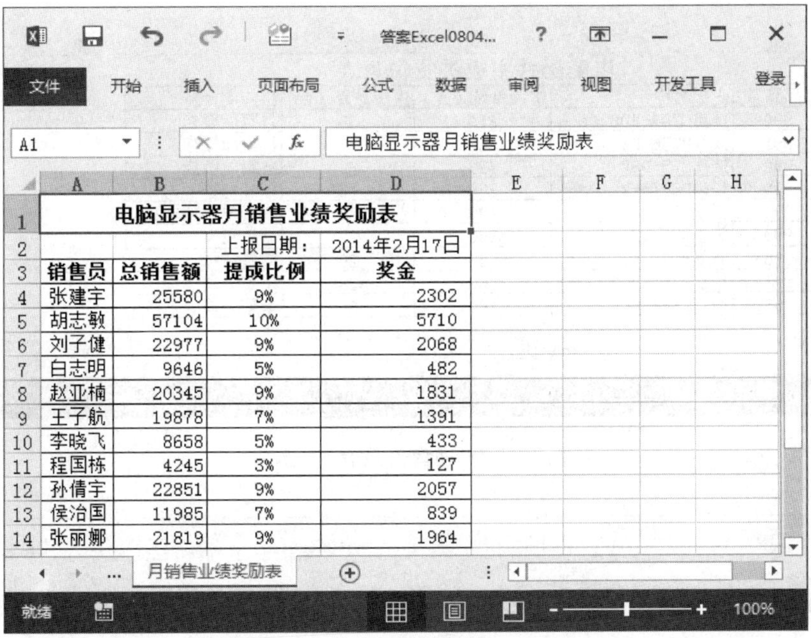

图 8-12 "月销售业绩奖励表"工作表

表 8-9 月销售业绩奖励金额计算公式

单元格	公 式
B4	＝SUMIF(月销售明细表!E:E,A4,月销售明细表!D:D)
C4	＝HLOOKUP(B4,标准,3,TRUE)
D4	＝B4 * C4

8.4 课外实验

8.4.1 进货信息查询

📖案例描述

打开 Ekw0801.xlsx 工作簿,进行如下操作:

(1) 在"进货信息查询"工作表中,完成查询设计。

(2) 要求查询用 LOOKUP 函数实现。

(3) 思考:查询可以用 VLOOKUP 和 HLOOKUP 函数代替吗?

🖥最终效果

本案例素材数据如图 8-13 所示,查询效果如图 8-14 所示。

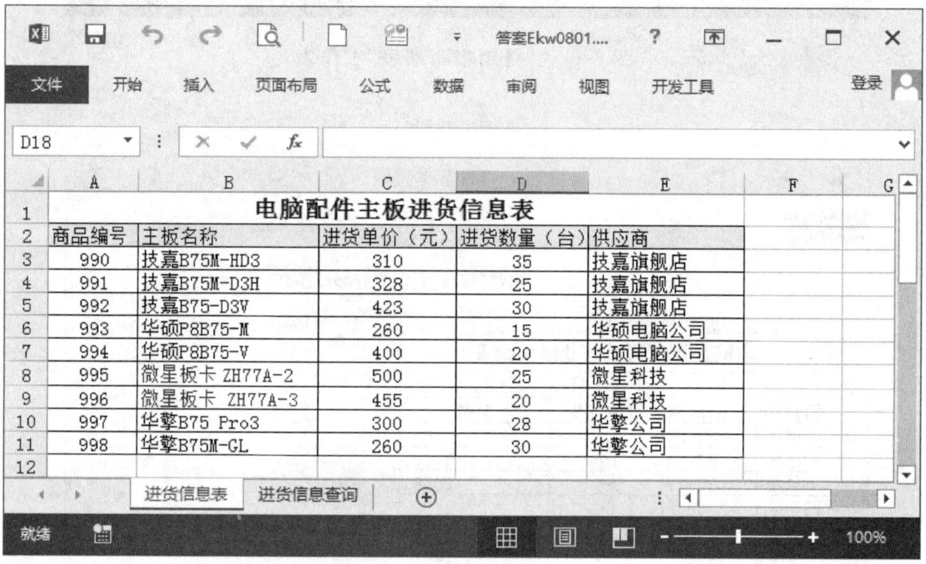

图 8-13 "进货信息表"工作表

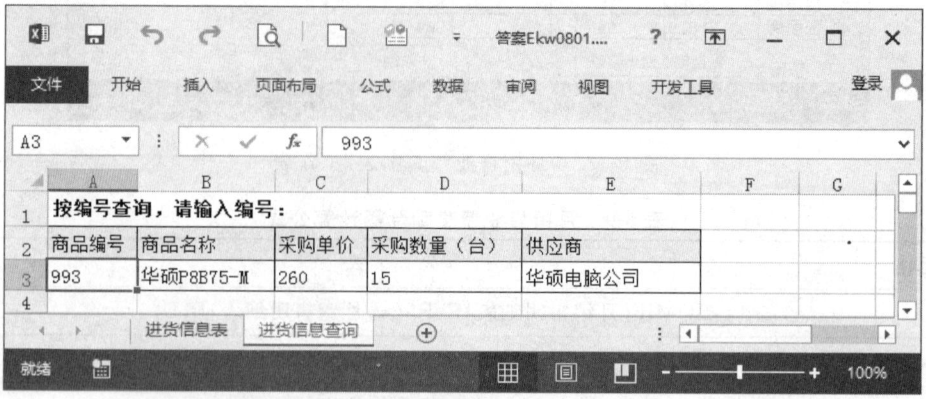

图 8-14 "进货信息查询"工作表

8.4.2 编制进货单

🕮案例描述

打开 Ekw0802.xlsx 工作簿，在“电脑配件分类表”工作表中，给出了各类配件的信息，要求完成进货单未完成部分的设计和计算。其中：

(1) 单价、合计金额、定金及余款设定为“会计专用”显示格式。

(2) 利用数据验证定义下拉列表，输入商品名称。

(3) 利用 IF 和 VLOOKUP 函数设置依据商品的名称自动显示单价数据。

(4) 利用 IF 和 OR 函数设置自动计算合计金额。

(5) 利用“自动求和”工具，计算所有商品的总金额。

(6) 总价金额设定为大写数字显示方式。

(7) 预定交货日期设定为日期格式显示。

(8) 付款方式通过数据验证定义下拉列表选择输入，付款方式有现金、本票、支票和信用卡 4 种。

(9) 报表编号格式通过自定义方式设定，制表日期通过日期函数 TODAY()实现。

💻最终效果

本案例最终效果如图 8-15 所示。

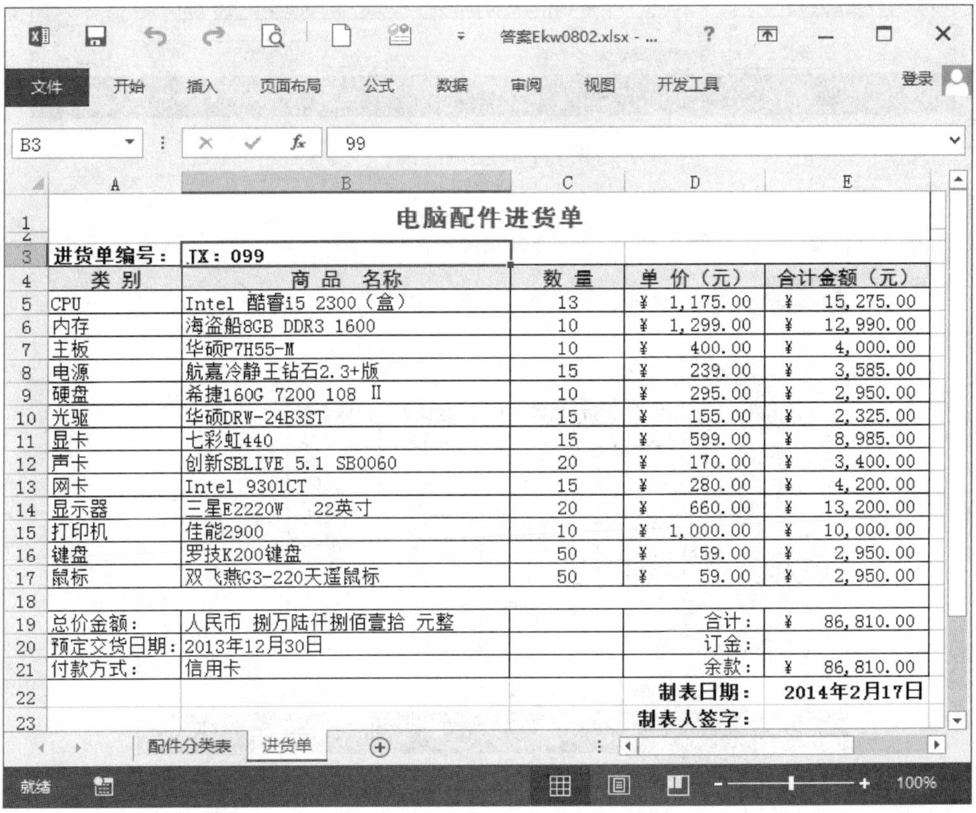

	A	B	C	D	E
1	电脑配件进货单				
2					
3	进货单编号：	JX：099			
4	类 别	商 品 名称	数 量	单 价（元）	合计金额（元）
5	CPU	Intel 酷睿i5 2300（盒）	13	¥ 1,175.00	¥ 15,275.00
6	内存	海盗船8GB DDR3 1600	10	¥ 1,299.00	¥ 12,990.00
7	主板	华硕P7H55-M	10	¥ 400.00	¥ 4,000.00
8	电源	航嘉冷静王钻石2.3+版	15	¥ 239.00	¥ 3,585.00
9	硬盘	希捷160G 7200 108 Ⅱ	10	¥ 295.00	¥ 2,950.00
10	光驱	华硕DRW-24B3ST	15	¥ 155.00	¥ 2,325.00
11	显卡	七彩虹440	15	¥ 599.00	¥ 8,985.00
12	声卡	创新SBLIVE 5.1 SB0060	20	¥ 170.00	¥ 3,400.00
13	网卡	Intel 9301CT	15	¥ 280.00	¥ 4,200.00
14	显示器	三星E2220W 22英寸	20	¥ 660.00	¥ 13,200.00
15	打印机	佳能2900	10	¥ 1,000.00	¥ 10,000.00
16	键盘	罗技K200键盘	50	¥ 59.00	¥ 2,950.00
17	鼠标	双飞燕G3-220天遥鼠标	50	¥ 59.00	¥ 2,950.00
18					
19	总价金额：	人民币 捌万陆仟捌佰壹拾 元整		合计：	¥ 86,810.00
20	预定交货日期：	2013年12月30日		订金：	
21	付款方式：	信用卡		余款：	¥ 86,810.00
22				制表日期：	2014年2月17日
23				制表人签字：	

图 8-15 进货单

8.4.3 员工月销售提成计算

案例描述

打开 Ekw0803.xlsx 工作簿，进行如下操作：

(1) 在“提成标准”工作表中，按工龄给出了不同销售额范围的提成标准。

(2) 在“月销售额提成”工作表完成提成比例和提成金额的计算。

最终效果

本案例的提成标准如图 8-16 所示，最终效果如图 8-17 所示。

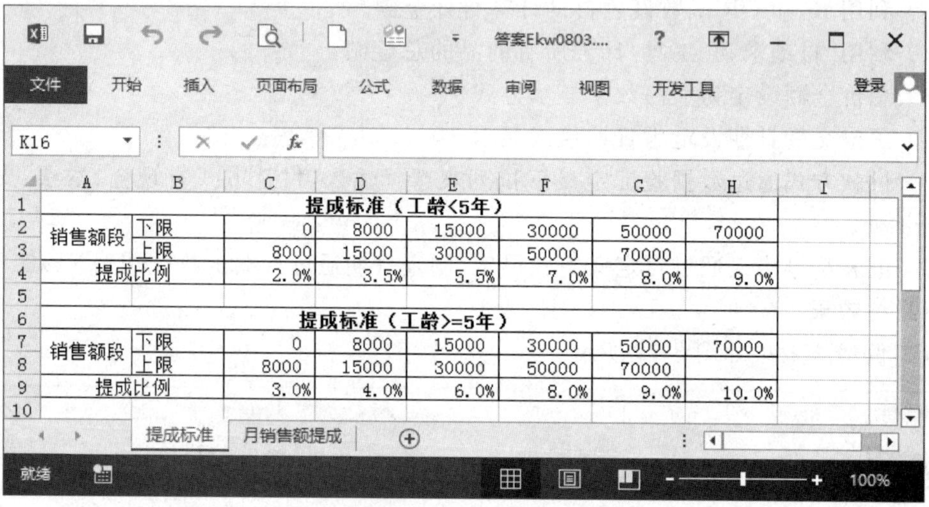

	A	B	C	D	E	F	G	H
1	提成标准（工龄<5年）							
2	销售额段	下限	0	8000	15000	30000	50000	70000
3		上限	8000	15000	30000	50000	70000	
4	提成比例		2.0%	3.5%	5.5%	7.0%	8.0%	9.0%
5								
6	提成标准（工龄>=5年）							
7	销售额段	下限	0	8000	15000	30000	50000	70000
8		上限	8000	15000	30000	50000	70000	
9	提成比例		3.0%	4.0%	6.0%	8.0%	9.0%	10.0%

图 8-16 提成标准

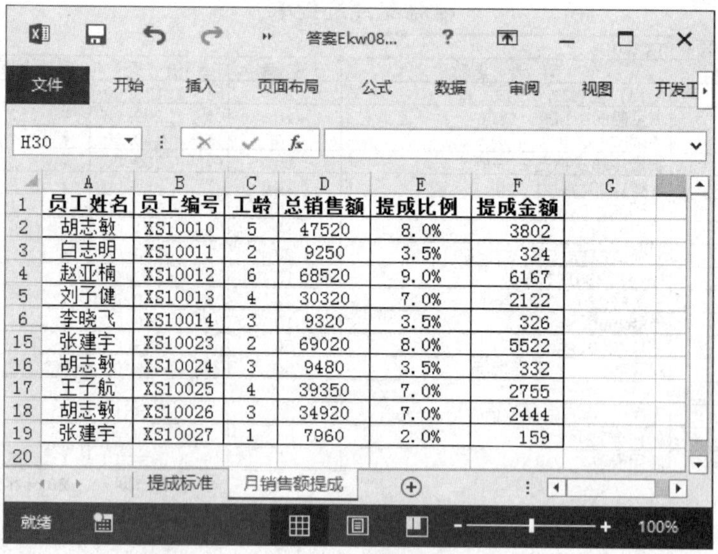

	A	B	C	D	E	F
1	员工姓名	员工编号	工龄	总销售额	提成比例	提成金额
2	胡志敏	XS10010	5	47520	8.0%	3802
3	白志明	XS10011	2	9250	3.5%	324
4	赵亚楠	XS10012	6	68520	9.0%	6167
5	刘子健	XS10013	4	30320	7.0%	2122
6	李晓飞	XS10014	3	9320	3.5%	326
15	张建宇	XS10023	2	69020	8.0%	5522
16	胡志敏	XS10024	3	9480	3.5%	332
17	王子航	XS10025	4	39350	7.0%	2755
18	胡志敏	XS10026	3	34920	7.0%	2444
19	张建宇	XS10027	1	7960	2.0%	159

图 8-17 月销售额提成

第 9 章　Excel 在信息管理中的应用

本章说明：

　　信息管理包括人员基本信息、档案信息、考勤信息和工资信息以及调查问卷信息的处理等方面的管理，本章通过 Excel 的函数对这些信息进行分析和处理，通过本章的学习有助于提高学生处理数据的能力，掌握工作中信息管理的实际应用技术。

本章主要内容：

- ➢ 逻辑函数与文本函数
- ➢ 员工信息管理
- ➢ 考勤管理
- ➢ 工资管理

本章拟解决的重要问题：

1. 多个条件同时成立时结果为 TRUE 的函数是什么？
2. 多个条件中有一个成立结果就为 TRUE 的函数是什么？
3. 任意位置任意长度的字符串截取用什么函数？
4. 字符串左截取或右截取用什么函数？
5. 如何将文本转换为数值？
6. 查找一个字符串在另一个字符串中出现的起始位置，用什么函数？
7. 如何进行字符串大小写的转换？
8. 熟练使用 LOOKUP、VLOOKUP 和 HLOOKUP 函数进行查询操作。
9. 熟练使用 FREQUENCY 和 SUMPRODUCT 函数进行统计。

9.1 逻辑函数与文本函数

9.1.1 逻辑函数

逻辑函数是指返回值为 TRUE 或 FALSE 的函数，主要是进行条件判断，根据判断结果处理数据，常见的逻辑函数如表 9-1 所示。

表 9-1　逻辑函数

序号	函数名	用　　法
1	AND	如果其所有参数均为 TRUE，则返回 TRUE，否则返回 FALSE
2	FALSE	返回逻辑值 FALSE
3	IF	对指定的逻辑条件进行判断，如果条件成立返回第二个参数的值，否则返回第三个参数的值
4	IFERROR	如果公式计算出错误则返回指定的值；否则返回公式结果
5	NOT	对其参数的逻辑值求反
6	OR	如果有一个参数为 TRUE，则返回 TRUE
7	TRUE	返回逻辑值 TRUE

9.1.2 文本函数

文本函数主要是对文本数据进行处理的函数，常见的文本函数如表 9-2 所示。

表 9-2　文本函数

序号	函数名	用　　法
1	ASC	将全角（双字节）英文字母转换成半角
2	CHAR	将 ASCII 值转换成字符
3	LEFT	截取字符串左边从第一个字符开始的指定长度字符
4	LEFTB	按照字节指定返回字符串左边从第一个字符开始的若干字符
5	RIGHT	截取字符串右边从第一个字符开始的指定长度字符

续表

序号	函数名	用　　法
6	RIGHTB	按照字节指定返回字符串右边从第一个字符开始的若干字符
7	MID	返回文本字符串中从指定位置开始的指定长度的字符
8	MIDB	根据指定的字节数,返回文本字符串中从指定位置开始的指定数目的字符(适用于双字节字符)
9	TRIM	删除字符串的前导空格和尾部空格
10	LEN	返回字符串中字符的个数
11	LENB	返回文本字符串的字节数
12	REPLACE	将部分文本字符串替换为不同的文本字符串
13	REPLACEB	使用其他文本字符串并根据所指定的字节数替换某文本字符串中的部分文本
14	LOWER	将字符串转换为小写
15	UPPER	将字符串转换为大写
16	PROPER	将字符串中每个单词的首字母设置为大写
17	VALUE	将文本参数转换为数字
18	TEXT	将数值转换为文本
19	DOLLAR	按照货币格式将小数四舍五入到指定的位数并转换成文本
20	FIND	返回第一个文本串在第二个文本串中出现的起始位置的值,该值从第二个文本串的第一个字符算起

9.2　员工信息管理

9.2.1　员工信息录入与处理

📖案例描述

打开名称为 Excel0901.xlsx 的工作簿,进行如下操作:

(1) 根据"员工信息表"工作表中给出的身份证号,计算并得出该员工的出生年月和性别(说明:身份证号的倒数第二位为奇数则性别为男,为偶数则性别为女)。

(2) 设置出生日期的显示格式为"yyyy-mm-dd"的格式。

(3) 对身份证号进行检查,删除重复值。

(4) 对部门、职位和学历字段设置数据验证下拉列表,选择输入。

🖥最终效果

本案例最终效果如图 9-1 所示。

✍案例实现

(1) 在"员工信息表"工作表中,根据已经给出的身份证号计算性别和出生年月,定义公式如表 9-3 所示。

(2) 将 C3 和 E3 单元格中的公式向下复制填充。

(3) DATE 函数将已经提取出来的年月日信息连接成标准的日期格式,一般是以"/"分隔的;将"出生年月"列的标准日期自定义,分隔符设置为"－"。

图 9-1 "员工信息表"最终效果

表 9-3 性别和出生年月计算公式

单元格	公 式
C3	=IF(MOD(MID(D3,17,1),2)=0,"女","男")
E3	=DATE(MID(D3,7,4),MID(D3,11,2),MID(D3,13,2))

（4）设置部门、职位和学历的数据验证下拉列表（略）。

（5）确定"身份证"号的唯一性，单击数据清单中的任意单元格，然后单击"数据"→"数据工具"→"删除重复项"命令，打开如图 9-2 所示的"删除重复项"对话框。

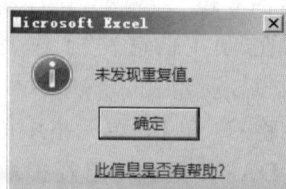

单击"取消全选"按钮后，选中"身份证号"复选框，单击"确定"按钮，弹出如图 9-3 所示的结果对话框。

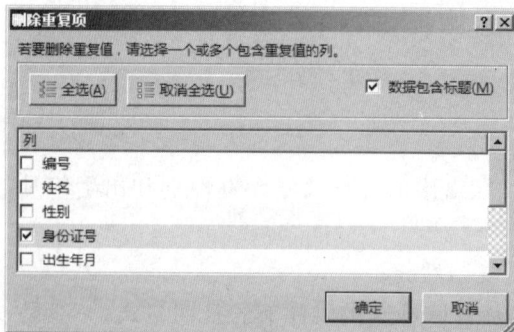

图 9-2 "删除重复项"对话框

图 9-3 删除重复项结果对话框

单击"确定"按钮后,完成身份证号重复值的筛选。

9.2.2 员工信息查询

📖**案例描述**

打开名称为 Excel0901.xlsx 的工作簿,进行如下操作:

(1) 在"员工信息查询"工作表中,实现按照员工编号来查询员工各类信息的功能。

(2) 思考:用 LOOKUP 函数,可以实现吗?

🖥**最终效果**

本案例最终效果如图 9-4 所示。

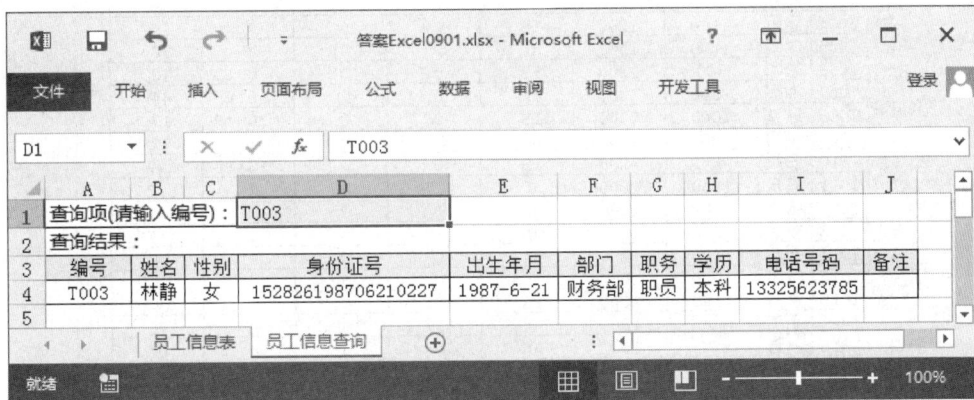

图 9-4 "员工信息查询"最终效果

✍**案例实现**

(1) 在"员工信息查询"工作表中,定义如表 9-4 所示的公式。

表 9-4 员工信息查询公式

单元格	公 式
A4	=VLOOKUP($D$1,员工信息表!$A:$J,1,FALSE)
J4	=IF((VLOOKUP($D$1,员工信息表!$A:$J,10,FALSE))="","",VLOOKUP($D$1,员工信息表!$A:$J,10,FALSE))

(2) 将 A4 单元格中的公式在行上复制到 I4,依次修改 VLOOKUP 函数的第 3 个参数数值为从 2～9。

9.3 考勤管理

9.3.1 员工考勤统计与扣款计算

📖**案例描述**

打开名称为 Excel0902.xlsx 的工作簿,在"考勤记录"工作表中已经录入了各类考勤类型的统计数据,在"考勤扣款"工作表中,计算各类考勤扣款及扣款合计。

最终效果

本案例最终效果如图 9-5 所示。

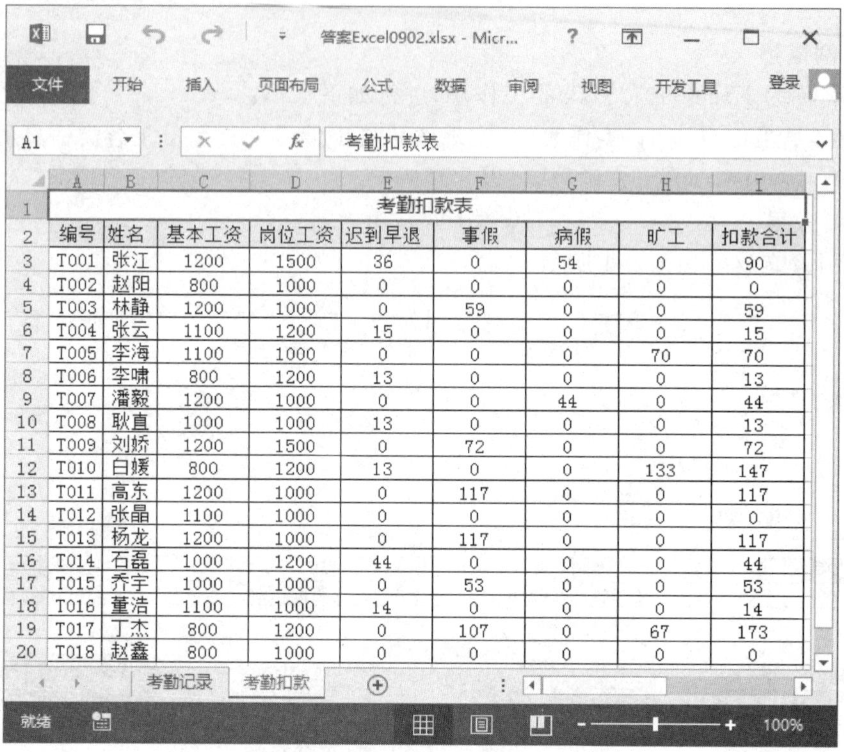

考勤扣款表

编号	姓名	基本工资	岗位工资	迟到早退	事假	病假	旷工	扣款合计
T001	张江	1200	1500	36	0	54	0	90
T002	赵阳	800	1000	0	0	0	0	0
T003	林静	1200	1000	0	59	0	0	59
T004	张云	1100	1200	15	0	0	0	15
T005	李海	1100	1000	0	0	0	70	70
T006	李啸	800	1200	13	0	0	0	13
T007	潘毅	1200	1000	0	0	44	0	44
T008	耿直	1000	1000	13	0	0	0	13
T009	刘娇	1200	1500	0	72	0	0	72
T010	白媛	800	1200	13	0	0	133	147
T011	高东	1200	1000	0	117	0	0	117
T012	张晶	1100	1000	0	0	0	0	0
T013	杨龙	1200	1000	0	117	0	0	117
T014	石磊	1000	1200	44	0	0	0	44
T015	乔宇	1000	1000	0	53	0	0	53
T016	董浩	1100	1000	14	0	0	0	14
T017	丁杰	800	1200	0	107	0	67	173
T018	赵鑫	800	1000	0	0	0	0	0

图 9-5 “考勤扣款”最终效果

在“考勤扣款”工作表中提供了扣款系数数据，如图 9-6 所示。

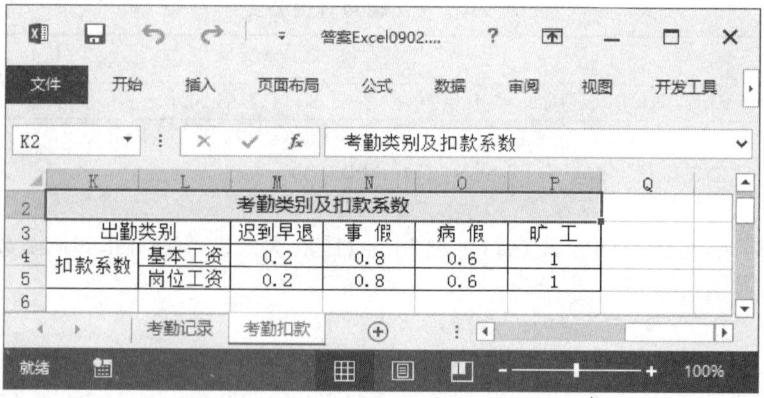

考勤类别及扣款系数

出勤类别		迟到早退	事 假	病 假	旷 工
扣款系数	基本工资	0.2	0.8	0.6	1
	岗位工资	0.2	0.8	0.6	1

图 9-6 考勤扣款系数

案例实现

(1) 在“考勤记录”工作表中，定义数据区域名称“考勤记录”，引用位置为“＝考勤记录!$A$4:$F$21”。

(2) 在“考勤扣款”工作表中，定义如表 9-5 所示的公式。

Excel在信息管理中的应用 ———

表 9-5　考勤扣款计算公式

单元格	公　　式
E3	=VLOOKUP($ A3,考勤记录,3,FALSE) * ($ C3+ $ D3)/30 * M $ 5
F3	=VLOOKUP($ A3,考勤记录,4,FALSE) * ($ C3+ $ D3)/30 * N $ 5
G3	=VLOOKUP($ A3,考勤记录,5,FALSE) * ($ C3+ $ D3)/30 * O $ 5
H3	=VLOOKUP($ A3,考勤记录,6,FALSE) * ($ C3+ $ D3)/30 * P $ 5
I3	=SUM(E3:H3)

9.3.2　员工加班管理

📖案例描述

打开名称为 Excel0903.xlsx 的工作簿,进行如下操作:

(1) 在"加班记录"工作表中计算加班时间,保留一位小数。

(2) 在"加班奖金"工作表中,计算加班时数(保留一位小数)和加班奖金,其中加班奖金每小时按照正常上班每小时基本工资和岗位工资的 5 倍给付。

💻最终效果

本案例最终效果如图 9-7 和图 9-8 所示。

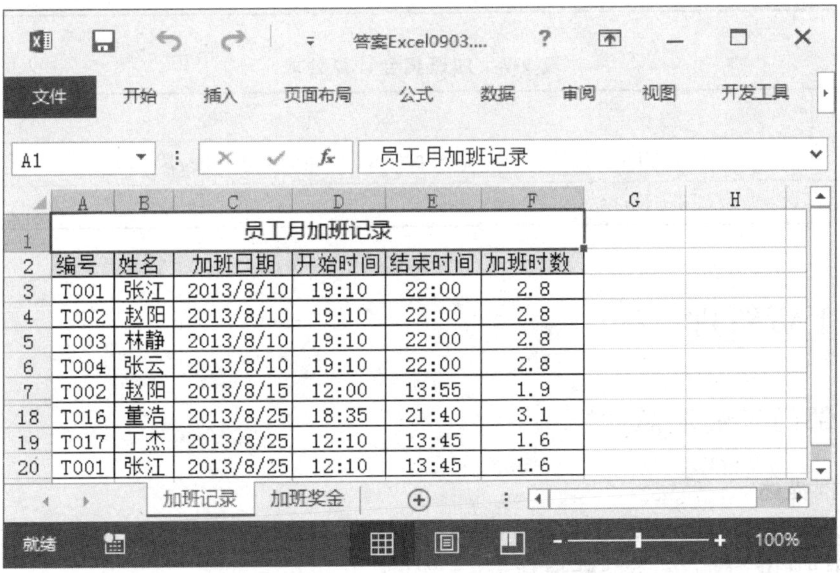

图 9-7　"加班记录"表

✎案例实现

(1) 在"加班记录"工作表中定义如表 9-6 所示的公式。

(2) 在"加班奖金"工作表中定义如表 9-7 所示的公式。

(3) 将定义的公式在列中向下复制填充。

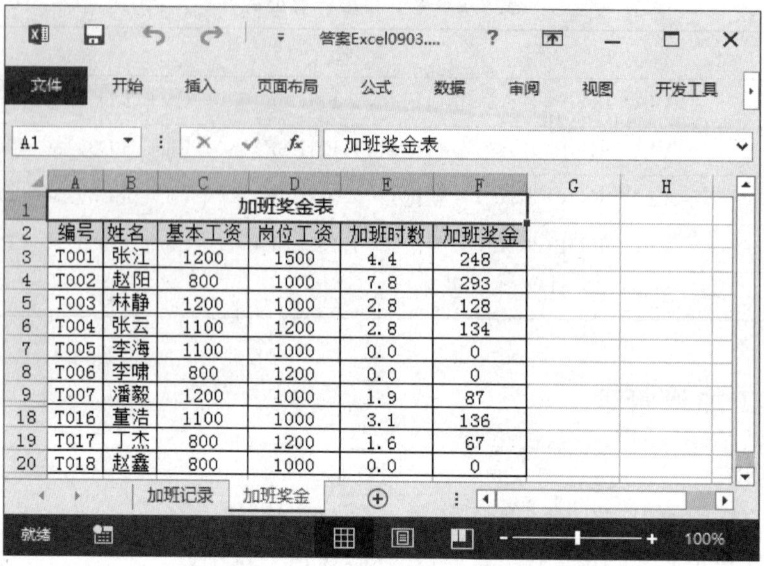

	A	B	C	D	E	F
1	加班奖金表					
2	编号	姓名	基本工资	岗位工资	加班时数	加班奖金
3	T001	张江	1200	1500	4.4	248
4	T002	赵阳	800	1000	7.8	293
5	T003	林静	1200	1000	2.8	128
6	T004	张云	1100	1200	2.8	134
7	T005	李海	1100	1000	0.0	0
8	T006	李啸	800	1200	0.0	0
9	T007	潘毅	1200	1000	1.9	87
18	T016	董浩	1100	1000	3.1	136
19	T017	丁杰	800	1200	1.6	67
20	T018	赵鑫	800	1000	0.0	0

图 9-8 “加班奖金”表

表 9-6 加班时数计算公式

单元格	公　式
F3	=HOUR(E3-D3)+ROUND(MINUTE(E3-D3)/60,1)

表 9-7 加班奖金计算公式

单元格	公　式
E3	=ROUND(SUMIF(加班记录!A:A,A3,加班记录!F:F),1)
F3	=(C3+D3)/30/8 * E3 * 5

9.4 工资管理

9.4.1 部门工资汇总

案例描述

打开名称为 Excel0904.xlsx 的工作簿,进行如下操作:

(1) 根据“部门”工作表的数据填充“工资”工作表中的部门。

(2) 在“工资”工作表中,根据给出的基本工资和岗位工资的标准计算基本工资和岗位工资。

(3) 在“工资”表中,计算工资合计。

(4) 在“部门”表中,计算部门人数和部门工资汇总。

最终效果

本案例最终效果如图 9-9 和图 9-10 所示。

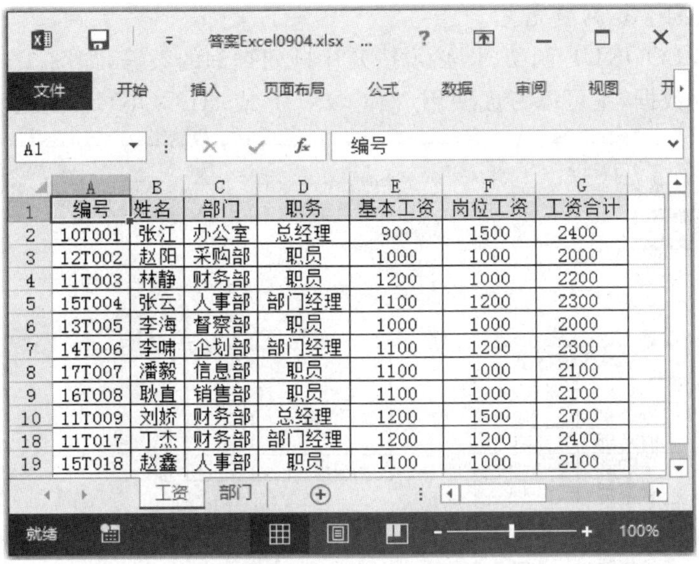

	A	B	C	D	E	F	G
1	编号	姓名	部门	职务	基本工资	岗位工资	工资合计
2	10T001	张江	办公室	总经理	900	1500	2400
3	12T002	赵阳	采购部	职员	1000	1000	2000
4	11T003	林静	财务部	职员	1200	1000	2200
5	15T004	张云	人事部	部门经理	1100	1200	2300
6	13T005	李海	督察部	职员	1000	1000	2000
7	14T006	李啸	企划部	部门经理	1100	1200	2300
8	17T007	潘毅	信息部	职员	1100	1000	2100
9	16T008	耿直	销售部	职员	1100	1000	2100
10	11T009	刘娇	财务部	总经理	1200	1500	2700
18	11T017	丁杰	财务部	部门经理	1200	1200	2400
19	15T018	赵鑫	人事部	职员	1100	1000	2100

图 9-9 “工资”表

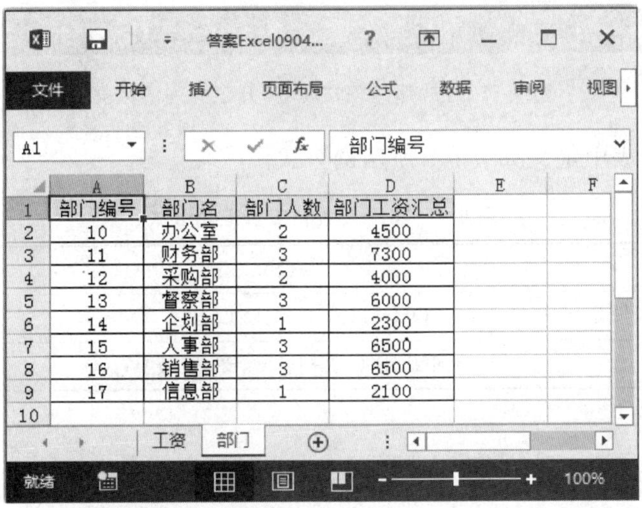

	A	B	C	D
1	部门编号	部门名	部门人数	部门工资汇总
2	10	办公室	2	4500
3	11	财务部	3	7300
4	12	采购部	2	4000
5	13	督察部	3	6000
6	14	企划部	1	2300
7	15	人事部	3	6500
8	16	销售部	3	6500
9	17	信息部	1	2100

图 9-10 “部门”表

✍案例实现

(1) 在“工资”表中定义如表 9-8 所示的公式。

表 9-8 职工工资计算公式

单元格	公　式
C2	=VLOOKUP(VALUE(LEFT(A2,2)),部门,2,FALSE)
E2	=LOOKUP(C2,I$3:J$10)
	=VLOOKUP(C2,I$3:J$10,2,FALSE)
F2	=LOOKUP(D2,L$3:M$5)
	=VLOOKUP(D2,L$3:M$5,2,false)
G2	=E2+F2

（2）将公式向下复制填充。

说明：在用 LOOKUP 函数时，必须按升序排列查询的数据，如图 9-11 所示。如果无法使用升序排列数据，则可以考虑使用 VLOOKUP 或 HLOOKUP 函数。

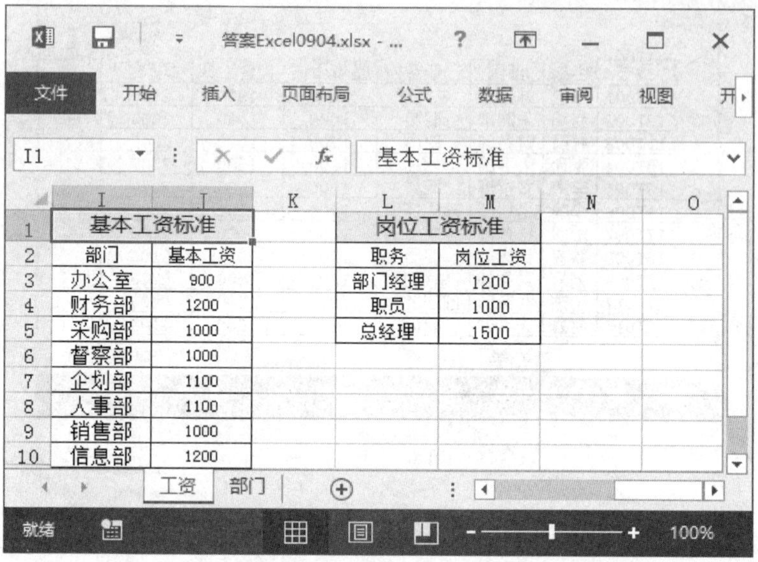

图 9-11　按"部门"和"职务"升序排列的数据

（3）在"部门"表中定义如表 9-9 所示的公式。

表 9-9　部门人数和工资汇总公式

单元格	公　　式
C2	＝COUNTIF(工资!C:C,B2)
D2	＝SUMIF(工资!C:C,B2,工资!G:G)

9.4.2　员工完整工资汇总

📖案例描述

打开名称为 Excel0905.xlsx 的工作簿，在"标准"工作表中给出了基本工资、岗位工资、保险公积金和个人所得税的标准。要求在"工资明细表"工作表中，计算基本工资、岗位工资、加班奖金、考勤扣款、应发合计、失业保险、医疗保险、养老保险、住房公积金、应纳税所得额、个人所得税、实发合计。

🖥最终效果

本案例最终效果如图 9-12 所示。

✍案例实现

（1）在"标准"表中定义数据区域名称基本工资、岗位工资、保险和税率，在"答案 Excel0902.xlsx"和"答案 Excel0903.xlsx"工作簿中定义考勤扣款和加班奖金，各名称的引用位置如表 9-10 所示。

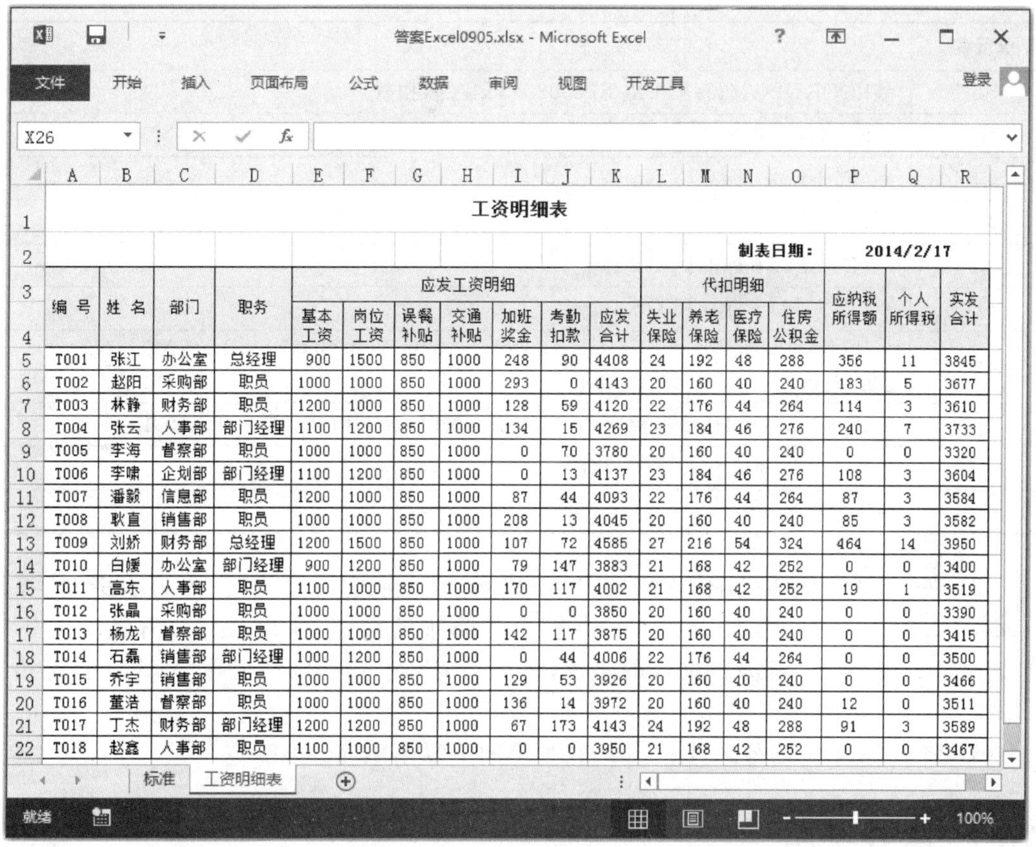

工资明细表

制表日期： 2014/2/17

编号	姓名	部门	职务	应发工资明细							代扣明细				应纳税所得额	个人所得税	实发合计
				基本工资	岗位工资	误餐补贴	交通补贴	加班奖金	考勤扣款	应发合计	失业保险	养老保险	医疗保险	住房公积金			
T001	张江	办公室	总经理	900	1500	850	1000	248	90	4408	24	192	48	288	356	11	3845
T002	赵阳	采购部	职员	1000	1000	850	1000	293	0	4143	20	160	40	240	183	5	3677
T003	林静	财务部	职员	1200	1000	850	1000	128	59	4120	22	176	44	264	114	3	3610
T004	张云	人事部	部门经理	1100	1200	850	1000	134	15	4269	23	184	46	276	240	7	3733
T005	李海	督察部	职员	1000	1000	850	1000	0	70	3780	20	160	40	240	0	0	3320
T006	李啸	企划部	部门经理	1100	1200	850	1000	0	13	4137	23	184	46	276	108	3	3604
T007	潘毅	信息部	职员	1200	1000	850	1000	87	44	4093	22	176	44	264	87	3	3584
T008	耿直	销售部	职员	1000	1000	850	1000	208	13	4045	20	160	40	240	85	3	3582
T009	刘娇	财务部	总经理	1200	1500	850	1000	107	72	4585	27	216	54	324	464	14	3950
T010	白媛	办公室	部门经理	900	1200	850	1000	79	147	3883	21	168	42	252	0	0	3400
T011	高东	人事部	职员	1100	1000	850	1000	170	117	4002	21	168	42	252	19	1	3519
T012	张晶	采购部	职员	1000	1000	850	1000	0	0	3850	20	160	40	240	0	0	3390
T013	杨龙	督察部	职员	1000	1000	850	1000	142	117	3875	20	160	40	240	0	0	3415
T014	石磊	销售部	部门经理	1000	1200	850	1000	0	44	4006	22	176	44	264	0	0	3500
T015	乔宇	销售部	职员	1000	1000	850	1000	129	53	3926	20	160	40	240	0	0	3466
T016	董浩	督察部	职员	1000	1000	850	1000	136	14	3972	20	160	40	240	12	0	3511
T017	丁杰	财务部	部门经理	1200	1200	850	1000	67	173	4143	24	192	48	288	91	3	3589
T018	赵鑫	人事部	职员	1100	1000	850	1000	0	0	3950	21	168	42	252	0	0	3467

图 9-12 工资明细表

表 9-10 数据区域名称定义表

名称	引用位置
基本工资	=标准!$A$3:$B$10
岗位工资	=标准!$D$3:$E$5
保险	=标准!$D$10:$G$13
税率	=标准!$B$18:$E$24
考勤扣款	=考勤扣款!$A$3:$I$20(在“答案 Excel0902”工作簿中的“考勤扣款”工作表中定义)
加班奖金	=加班奖金!$A$3:$F$20(在“答案 Excel0903”工作簿中的“加班奖金”工作表中定义)

(2) 在“工资明细表”工作表中定义公式如表 9-11 所示。

表 9-11 工资明细计算公式

单元格	公式
E5	=LOOKUP(C5,基本工资)
F5	=LOOKUP(D5,岗位工资)
I5	=LOOKUP(A5,答案 EXCEL0903.xlsx!加班奖金)

续表

单元格	公 式
J5	＝LOOKUP(A5,答案 EXCEL0902.xlsx!考勤扣款)
K5	＝SUM(E5:I5)－J5
L5	＝(E5＋F5)＊标准!＄G＄12
M5	＝(E5＋F5)＊标准－!＄G＄10
N5	＝(E5＋F5)＊标准!＄G＄11
O5	＝(E5＋F5)＊标准!＄G＄13
P5	＝IF(K5－L5－M5－N5－O5－3500＜＝0,0,ROUND(K5－L5－M5－N5－O5－3500,2))
Q5	＝P5＊VLOOKUP(P5,税率,3,TRUE)－VLOOKUP(P5,税率,4,TRUE)
R5	＝K5－L5－M5－N5－O5－Q5
P2	＝TODAY()

（3）在"工资明细表"工作表中定义 I5 和 J5 单元格中的公式时，因为引用到"答案 Excel0902.xlsx"和"答案 Excel0903.xlsx"工作簿中的数据，所以最好打开这两个工作簿，定义公式时就无须涉及到文件的路径，而且又定义了数据区域名称，公式就变得相对简单些。

（4）将表 9-11 中的公式（除了 P2）在列上向下复制填充。

9.5 课外实验

9.5.1 员工档案信息管理与统计

📖**案例描述**

打开名称为 Ekw0901.xlsx 的工作簿，进行如下操作：

（1）根据"人事档案信息"工作表中计算并填充首字母大写、年龄、区号和邮箱网站。

（2）在"按部门统计"工作表中统计各部门的人数。

（3）在"按年龄统计"工作表中统计各年龄段的人数。

💻**最终效果**

本案例最终效果如图 9-13～图 9-15 所示。

9.5.2 员工月出勤奖的计算

📖**案例描述**

打开名称为 Ekw0902.xlsx 的工作簿，进行如下操作：

（1）在"员工月考勤记录表"工作表中统计每个员工各考勤类型的次数。

（2）在"出勤奖"工作表中根据"员工月考勤记录表"的数据，计算并填充各考勤类型的次数，计算扣款、出勤奖和加班奖金。其中，全勤奖为 500 元，病假一次扣款 20 元，事假一次扣款 50 元，旷工一次扣款 100 元，加班一次奖励 200 元。

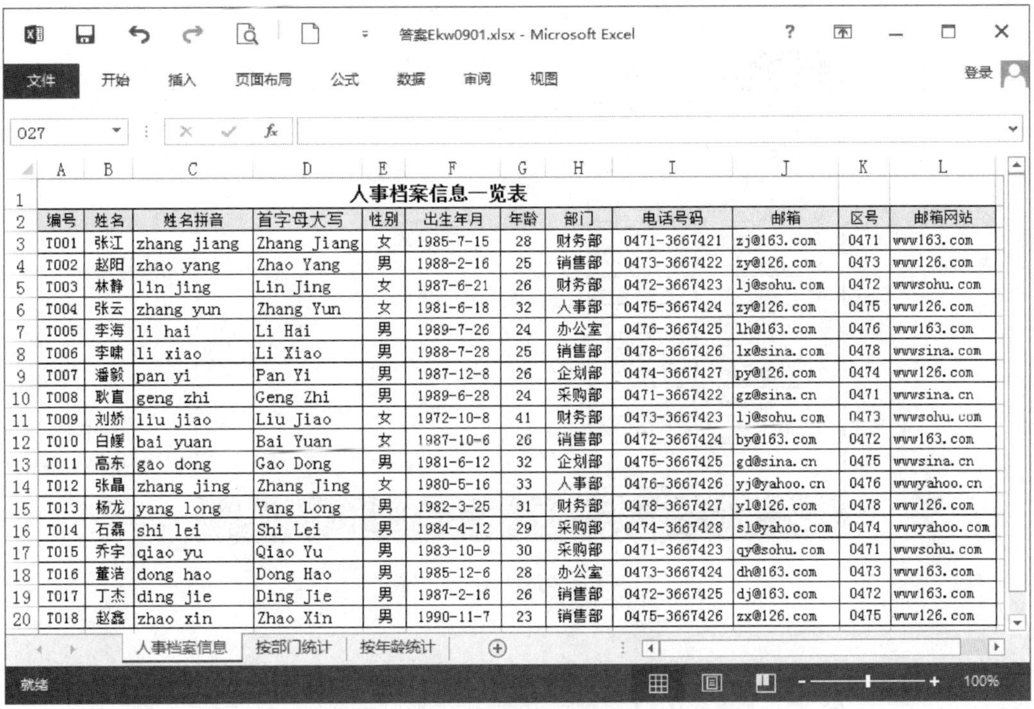

人事档案信息一览表

编号	姓名	姓名拼音	首字母大写	性别	出生年月	年龄	部门	电话号码	邮箱	区号	邮箱网站
T001	张江	zhang jiang	Zhang Jiang	女	1985-7-15	28	财务部	0471-3667421	zj@163.com	0471	www163.com
T002	赵阳	zhao yang	Zhao Yang	男	1988-2-16	25	销售部	0473-3667422	zy@126.com	0473	www126.com
T003	林静	lin jing	Lin Jing	女	1987-6-21	26	财务部	0472-3667423	lj@sohu.com	0472	wwwsohu.com
T004	张云	zhang yun	Zhang Yun	女	1981-6-18	32	人事部	0475-3667424	zy@126.com	0475	www126.com
T005	李海	li hai	Li Hai	男	1989-7-26	24	办公室	0476-3667425	lh@163.com	0476	www163.com
T006	李啸	li xiao	Li Xiao	男	1988-7-28	25	销售部	0478-3667426	lx@sina.com	0478	wwwsina.com
T007	潘毅	pan yi	Pan Yi	男	1987-12-8	26	企划部	0474-3667427	py@126.com	0474	www126.com
T008	耿直	geng zhi	Geng Zhi	男	1989-6-28	24	采购部	0471-3667422	gz@sina.cn	0471	wwwsina.cn
T009	刘娇	liu jiao	Liu Jiao	女	1972-10-8	41	财务部	0473-3667423	lj@sohu.com	0473	wwwsohu.com
T010	白媛	bai yuan	Bai Yuan	女	1987-10-6	26	销售部	0472-3667424	by@163.com	0472	www163.com
T011	高东	gao dong	Gao Dong	男	1981-6-12	32	企划部	0475-3667425	gd@sina.cn	0475	wwwsina.cn
T012	张晶	zhang jing	Zhang Jing	女	1980-5-16	33	人事部	0476-3667426	yj@yahoo.cn	0476	wwwyahoo.cn
T013	杨龙	yang long	Yang Long	男	1982-3-25	31	财务部	0478-3667427	yl@126.com	0478	www126.com
T014	石磊	shi lei	Shi Lei	男	1984-4-12	29	采购部	0474-3667428	sl@yahoo.com	0474	wwwyahoo.com
T015	乔宇	qiao yu	Qiao Yu	男	1983-10-9	30	采购部	0471-3667423	qy@sohu.com	0471	wwwsohu.com
T016	董浩	dong hao	Dong Hao	男	1985-12-6	28	办公室	0473-3667424	dh@163.com	0473	www163.com
T017	丁杰	ding jie	Ding Jie	男	1987-2-16	26	销售部	0472-3667425	dj@163.com	0472	www163.com
T018	赵鑫	zhao xin	Zhao Xin	男	1990-11-7	23	销售部	0475-3667426	zx@126.com	0475	www126.com

图 9-13 “人事档案信息”表

部门统计

部门	人数
人事部	2
财务部	4
销售部	5
企划部	2
办公室	2
采购部	3

图 9-14 “按部门统计”表

最终效果

本案例最终效果如图 9-16 和图 9-17 所示。

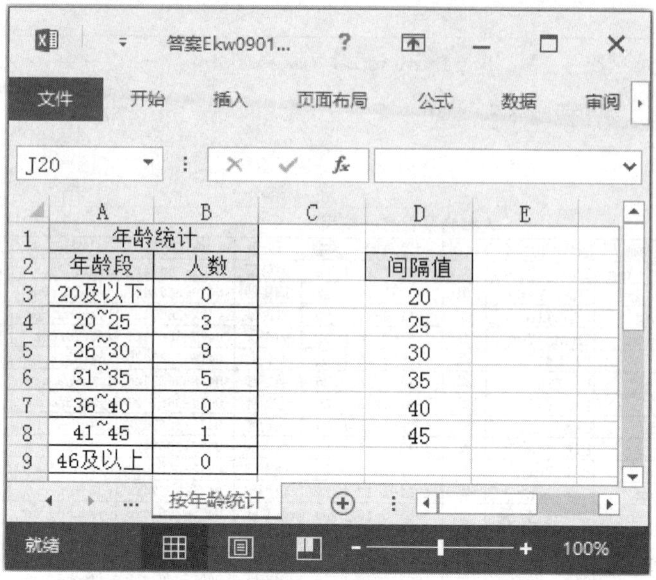

年龄统计			
年龄段	人数		间隔值
20及以下	0		20
20~25	3		25
26~30	9		30
31~35	5		35
36~40	0		40
41~45	1		45
46及以上	0		

图 9-15 “按年龄统计”表

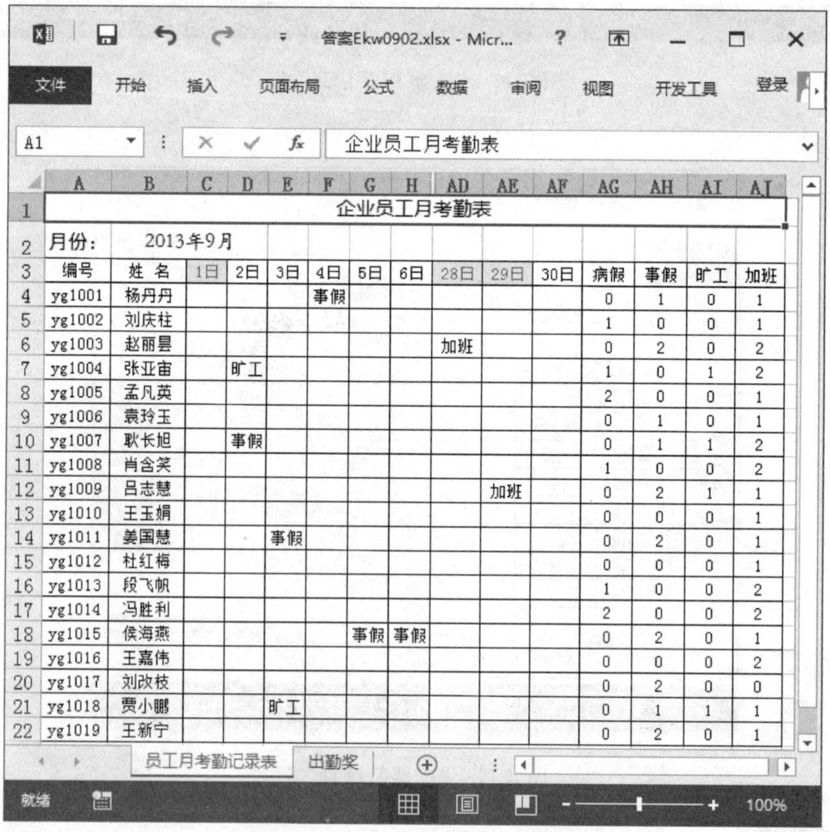

企业员工月考勤表

月份： 2013年9月

编号	姓 名	1日	2日	3日	4日	5日	6日	28日	29日	30日	病假	事假	旷工	加班
yg1001	杨丹丹				事假						0	1	0	1
yg1002	刘庆柱										1	0	0	1
yg1003	赵丽昙							加班			0	2	0	2
yg1004	张亚宙		旷工								1	0	1	2
yg1005	孟凡英										2	0	0	1
yg1006	袁玲玉										0	1	0	1
yg1007	耿长旭		事假								0	1	1	2
yg1008	肖含笑										1	0	0	2
yg1009	吕志慧								加班		0	2	1	1
yg1010	王玉娟										0	0	0	1
yg1011	姜国慧			事假							0	2	0	1
yg1012	杜红梅										0	0	0	1
yg1013	段飞帆										1	0	0	2
yg1014	冯胜利										2	0	0	2
yg1015	侯海燕					事假	事假				0	2	0	1
yg1016	王嘉伟										0	0	0	2
yg1017	刘改枝										0	2	0	0
yg1018	贾小鹏			旷工							0	1	1	1
yg1019	王新宁										0	2	0	1

图 9-16 “员工月考勤记录表”表

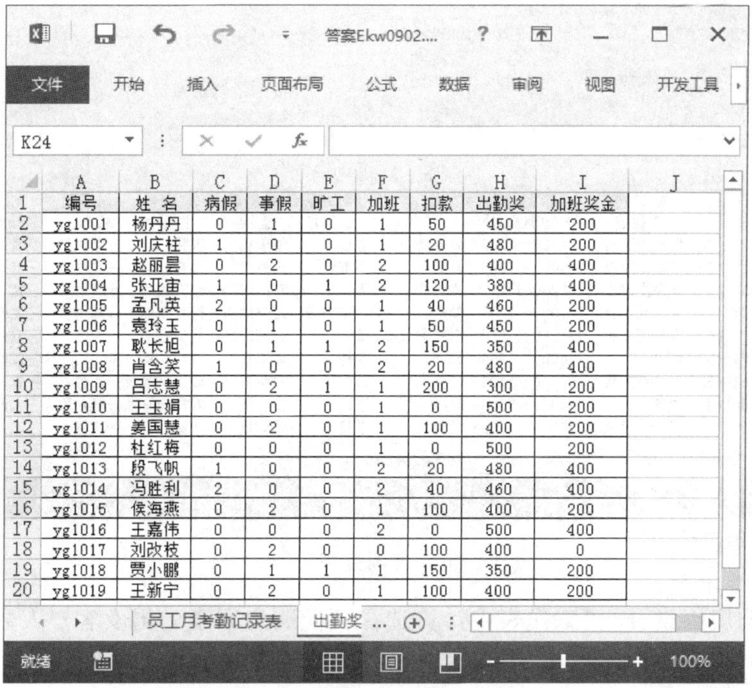

	A	B	C	D	E	F	G	H	I
1	编号	姓 名	病假	事假	旷工	加班	扣款	出勤奖	加班奖金
2	yg1001	杨丹丹	0	1	0	1	50	450	200
3	yg1002	刘庆柱	1	0	0	1	20	480	200
4	yg1003	赵丽昙	0	2	0	2	100	400	400
5	yg1004	张亚宙	1	0	1	2	120	380	400
6	yg1005	孟凡英	2	0	0	1	40	460	200
7	yg1006	袁玲玉	0	1	0	1	50	450	200
8	yg1007	耿长旭	0	1	1	2	150	350	400
9	yg1008	肖含笑	1	0	0	2	20	480	400
10	yg1009	吕志慧	0	2	1	1	200	300	200
11	yg1010	王玉娟	0	0	0	1	0	500	200
12	yg1011	姜国慧	0	2	0	1	100	400	200
13	yg1012	杜红梅	0	0	0	1	0	500	200
14	yg1013	段飞帆	1	0	0	2	20	480	400
15	yg1014	冯胜利	2	0	0	2	40	460	400
16	yg1015	侯海燕	0	2	0	1	100	400	200
17	yg1016	王嘉伟	0	0	0	2	0	500	400
18	yg1017	刘改枝	0	2	0	0	100	400	0
19	yg1018	贾小鹏	0	1	1	1	150	350	200
20	yg1019	王新宁	0	2	0	1	100	400	200

图 9-17 “出勤奖”表

9.5.3 市场调研问卷结果信息的分析

案例描述

打开名称为 Ekw0903.xlsx 的工作簿,进行如下操作:

(1) 这是一个比较综合的案例,共有 6 个工作表。在“代码设置”工作表中给出了调查问卷不同题目答案对应的代码。编制代码的目的是为了方便进行问卷结果的录入。

(2) 在“结果录入”工作表中已经录入了代码,要求将代码替换为实际数据,并将实际结果数据复制到“调查结果”工作表中。这两步完成的效果如图 9-18 和图 9-19 所示。

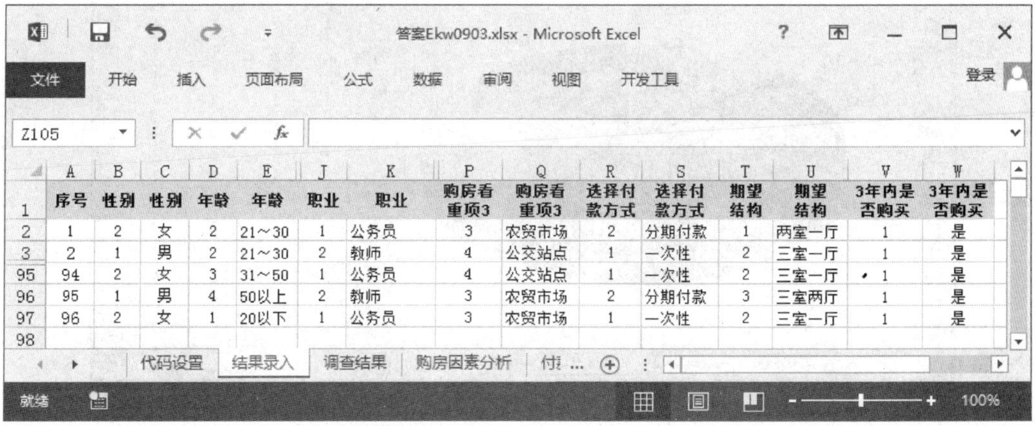

	A	B	C	D	E	J	K	P	Q	R	S	T	U	V	W
1	序号	性别	性别	年龄	年龄	职业	职业	购房看重项3	购房看重项3	选择付款方式	选择付款方式	期望结构	期望结构	3年内是否购买	3年内是否购买
2	1	2	女	2	21～30	1	公务员	3	农贸市场	2	分期付款	1	两室一厅	1	是
3	2	1	男	2	21～30	2	教师	4	公交站点	1	一次性	2	三室一厅	1	是
95	94	2	女	3	31～50	1	公务员	4	公交站点	1	一次性	2	三室一厅	1	是
96	95	1	男	4	50以上	2	教师	3	农贸市场	2	分期付款	3	三室两厅	1	是
97	96	2	女	1	20以下	1	公务员	3	农贸市场	1	一次性	2	三室一厅	1	是
98															

图 9-18 “结果录入”表

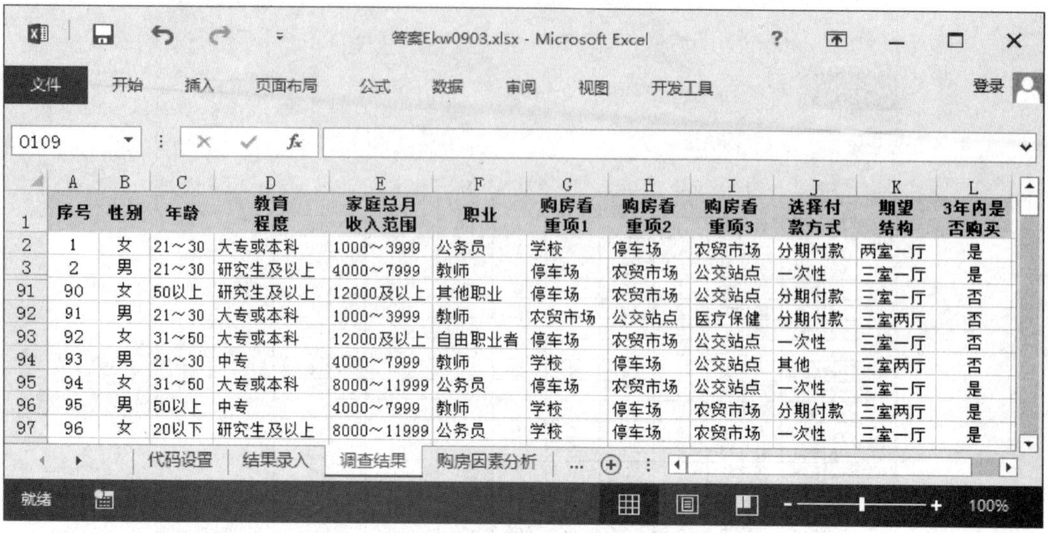

序号	性别	年龄	教育程度	家庭总月收入范围	职业	购房看重项1	购房看重项2	购房看重项3	选择付款方式	期望结构	3年内是否购买
1	女	21～30	大专或本科	1000～3999	公务员	学校	停车场	农贸市场	分期付款	两室一厅	是
2	男	21～30	研究生及以上	4000～7999	教师	停车场	农贸市场	公交站点	一次性	三室一厅	是
90	女	50以上	研究生及以上	12000及以上	其他职业	停车场	农贸市场	公交站点	分期付款	三室一厅	否
91	男	21～30	大专或本科	1000～3999	教师	农贸市场	公交站点	医疗保健	分期付款	三室两厅	否
92	女	31～50	大专或本科	12000及以上	自由职业者	停车场	农贸市场	公交站点	一次性	三室一厅	否
93	男	21～30	中专	4000～7999	教师	学校	停车场	公交站点	其他	三室两厅	否
94	女	31～50	大专或本科	8000～11999	公务员	停车场	农贸市场	公交站点	一次性	三室一厅	是
95	男	50以上	中专	4000～7999	教师	学校	停车场	农贸市场	分期付款	三室两厅	是
96	女	20以下	研究生及以上	8000～11999	公务员	学校	停车场	农贸市场	一次性	三室一厅	是

图 9-19 “调查结果”表

(3) 在“购房因素分析”工作表中计算选择不同购房因素的男女客户人数。并生成“影响客户购房的因素分析饼图”和“不同性别客户的购买因素分析柱形图”，效果如图 9-20 和图 9-21 所示。

影响客户购房的因素分析

性别	学校	停车场	农贸市场	公交站点	医疗保健	购物场所
男	19	37	48	26	18	5
女	26	38	32	18	13	8
合计	45	75	80	44	31	13

性别	购房看重项1	购房看重项2	购房看重项3
2	1	2	3
1	2	3	4
1	2	3	6
2	2	3	5
2	1	2	3
2	1	2	3
1	1	2	3
1	3	3	4
1	3	4	5
1	2	3	4
1	2	3	6
1	1	2	4
1	2	3	5
2	1	2	3
1	2	3	6
2	1	2	3
1	1	2	3
2	6	2	6
1	2	3	5
2	1	2	3

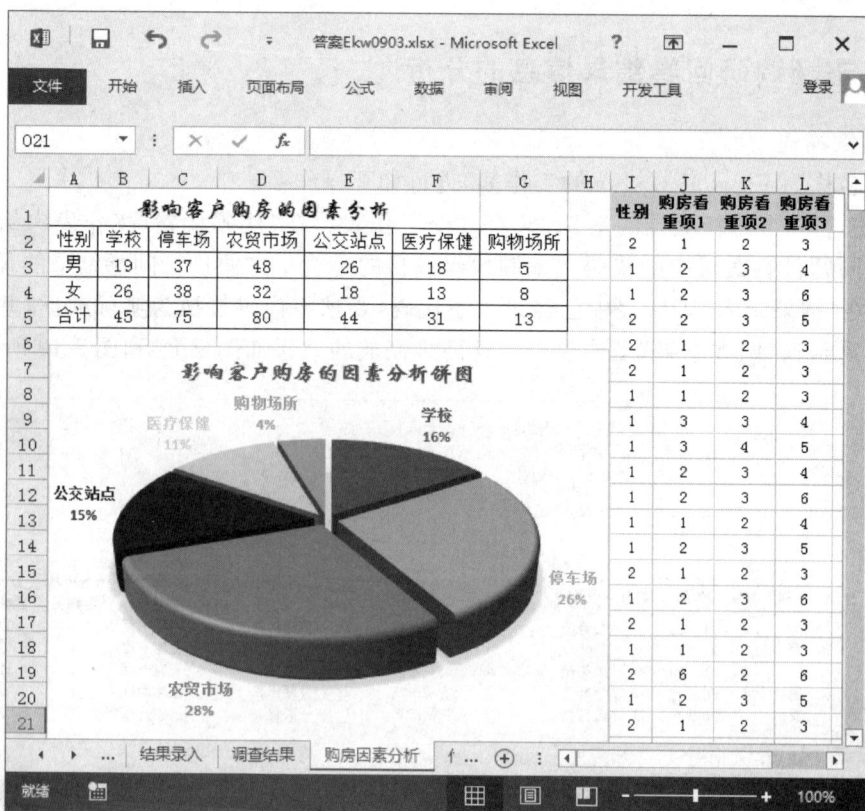

图 9-20 “购房因素分析”饼图效果

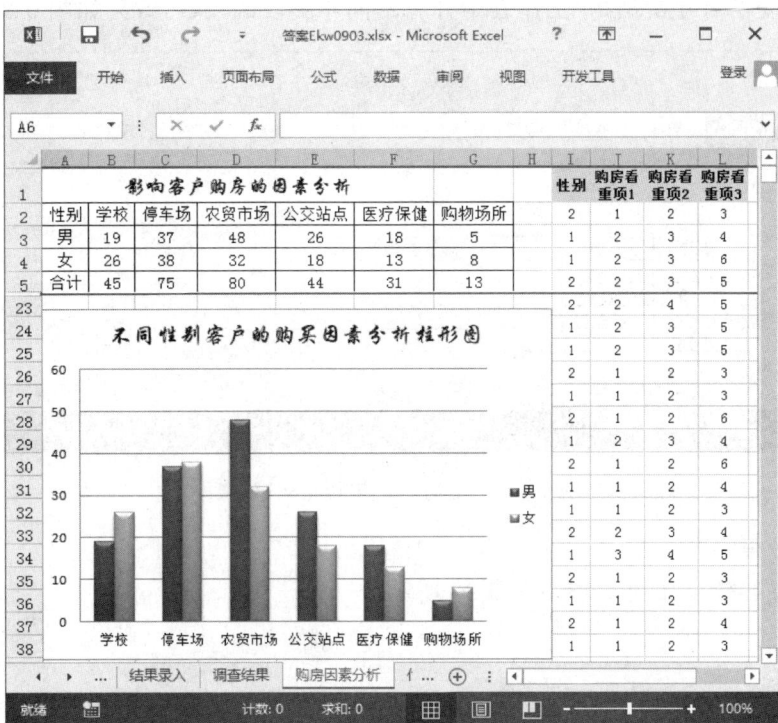

图 9-21 "不同性别客户的购房因素分析"柱形图效果

（4）在"付款方式分析"工作表中计算客户选择不同付款方式的人数，并生成"客户付款方式选择分析图"，效果如图 9-22 所示。

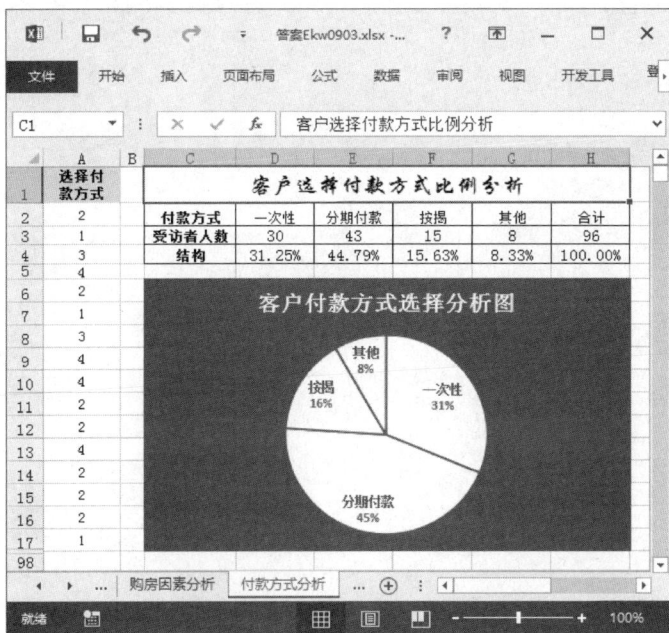

图 9-22 "付款方式分析"效果

（5）在"受访者年龄结构"工作表中计算不同年龄段的人数，效果如图 9-23 所示。

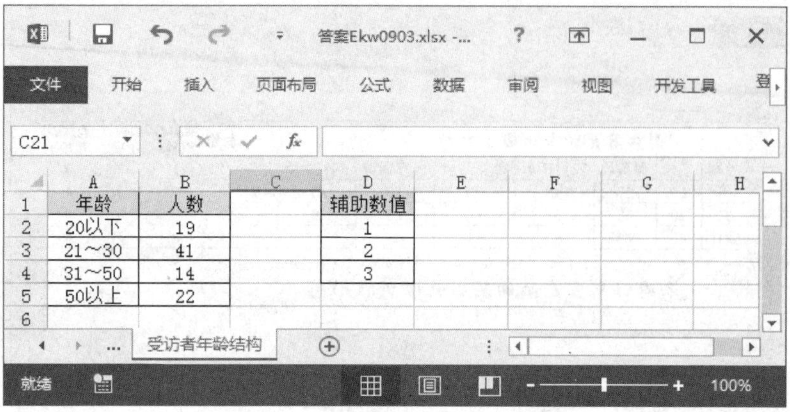

图 9-23　"受访对象年龄结构"效果

⌨**最终效果**

本案例最终效果如图 9-18～图 9-23 所示。

第 10 章 Excel 在会计业务处理中的应用

本章说明:

本章通过总分类账编制资产负债表、损益表；通过资金管理把 Excel 处理数据的方法应用到会计中,通过固定资产折旧掌握 Excel 资产折旧函数的用法。

本章主要内容:

➢ 总分类账与会计报表
➢ 资金管理
➢ 固定资产折旧

本章拟解决的重要问题：

1. 如何计算总分类账的余额？
2. 如何编制资产负债表？
3. 如何编制损益表？
4. 如何对企业进行资金管理？
5. 固定资产折旧有哪几种？如何操作？

10.1 总分类账与会计报表

10.1.1 计算总分类账期末余额

📖 案例描述

打开 Excel1001.xlsx 工作簿，根据"总分类账"工作表中所登记的借贷方发生额，计算期末余额。

期末余额的计算方法是按照资产类借增贷减，负债类借减贷增进行的。具体的计算公式如下：

如果是资产类，即"借"，公式为：期末余额＝期初余额＋本期借方合计－本期贷方合计。

如果是负债类，即"贷"，公式为：期末余额＝期初余额－本期借方合计＋本期贷方合计。

🖥 最终效果

本案例最终效果如图 10-1 所示。

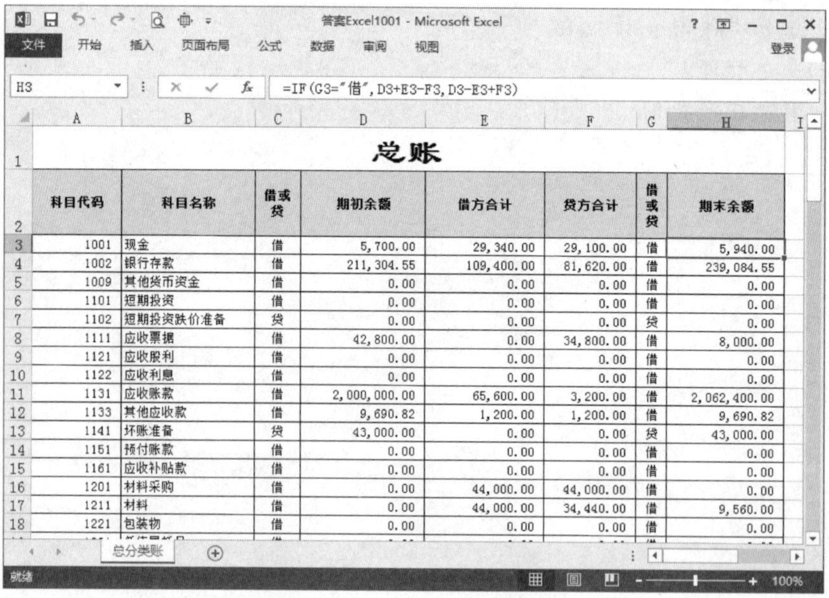

图 10-1 总账期末余额

✍ 案例实现

（1）在总分类账工作表中，单击 H3 单元格，定义公式：

=IF(G3="借",D3+E3−F3,D3−E3+F3)

（2）向下填充公式至完成所有科目的计算。

10.1.2 编制资产负债表

🕮案例描述

打开 Excel1002.xlsx 工作簿，根据“总分类账”工作表中所登记的各账户发生额，计算“资产负债表”工作表中需要的数据：

（1）利用公式定义资产负债表中的相应单元格，使其能够自动计算出相应科目的期初余额、期末余额以及对应资产、负债、所有者权益合计。

（2）资产负债表中各个项目的计算规则：

货币资金＝现金＋银行存款＋其他货币资金

应收账款净额＝应收账款－坏账准备

流动资金＝货币资金＋应收账款＋存货－坏账准备

固定资产＝固定资产原值－累计折旧

流动负债＝短期负债＋应付账款＋应付票据＋其他应付款＋预收账款＋应付工资＋应付福利费＋应交税金＋预提费用

所有者权益＝实收资本＋资本公积＋盈余公积＋未分配利润

（3）最后计算的结果必须符合会计恒等式：

资产＝负债＋所有者权益

💻最终效果

本案例最终效果如图 10-2 所示。

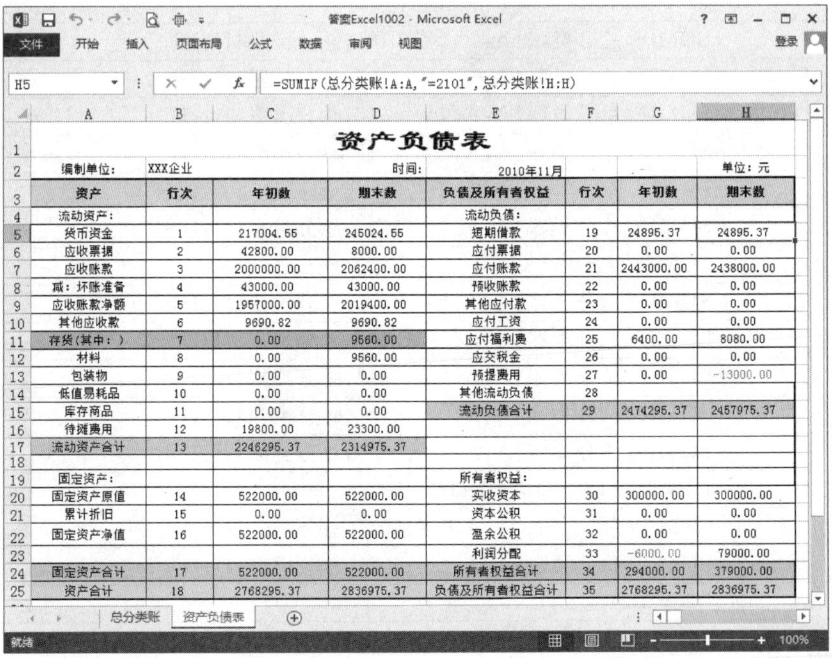

资产负债表

编制单位：XXX企业　　时间：2010年11月　　单位：元

资产	行次	年初数	期末数	负债及所有者权益	行次	年初数	期末数
流动资产：				流动负债：			
货币资金	1	217004.55	245024.55	短期借款	19	24895.37	24895.37
应收票据	2	42800.00	8000.00	应付票据	20	0.00	0.00
应收账款	3	2000000.00	2062400.00	应付账款	21	2443000.00	2438000.00
减：坏账准备	4	43000.00	43000.00	预收账款	22	0.00	0.00
应收账款净额	5	1957000.00	2019400.00	其他应付款	23	0.00	0.00
其他应收款	6	9690.82	9690.82	应付工资	24	0.00	0.00
存货（其中：）	7	0.00	9560.00	应付福利费	25	6400.00	8080.00
材料	8	0.00	9560.00	应交税金	26	0.00	0.00
包装物	9	0.00	0.00	预提费用	27	0.00	-13000.00
低值易耗品	10	0.00	0.00	其他流动负债	28		
库存商品	11	0.00	0.00	流动负债合计	29	2474295.37	2457975.37
待摊费用	12	19800.00	23300.00				
流动资产合计	13	2246295.37	2314975.37				
固定资产：				所有者权益：			
固定资产原值	14	522000.00	522000.00	实收资本	30	300000.00	300000.00
累计折旧	15	0.00	0.00	资本公积	31	0.00	0.00
固定资产净值	16	522000.00	522000.00	盈余公积	32	0.00	0.00
				利润分配	33	-6000.00	79000.00
固定资产合计	17	522000.00	522000.00	所有者权益合计	34	294000.00	379000.00
资产合计	18	2768295.37	2836975.37	负债及所有者权益合计	35	2768295.37	2836975.37

图 10-2 资产负债表

✍ **案例实现**

在资产负债表中的相应位置,利用会计科目代码作为条件区域,将满足条件的总分类账中的数值求和。

(1)首先在"资产负债表"工作表中定义资产类年初数和期末数公式,如表 10-1 所示。

表 10-1 资产年初数和期末数计算公式

单元格	公 式
C5	=SUMIF(总分类账!A:A,"<1010",总分类账!D:D)
C6	=SUMIF(总分类账!A:A,"=1111",总分类账!D:D)
C7	=SUMIF(总分类账!A:A,"=1131",总分类账!D:D)
C8	=SUMIF(总分类账!A:A,"=1141",总分类账!D:D)
C9	=C7-C8
C10	=SUMIF(总分类账!A:A,"=1133",总分类账!D:D)
C11	=SUM(C12:C15)
C12	=SUMIF(总分类账!A:A,"=1211",总分类账!D:D)
C13	=SUMIF(总分类账!A:A,"=1221",总分类账!D:D)
C14	=SUMIF(总分类账!A:A,"=1231",总分类账!D:D)
C15	=SUMIF(总分类账!A:A,"=1243",总分类账!D:D)
C16	=SUMIF(总分类账!A:A,"=1301",总分类账!D:D)
C17	=C5+C6+C9+C10+C11+C16
C20	=SUMIF(总分类账!A:A,"=1501",总分类账!D:D)
C21	=SUMIF(总分类账!A:A,"=1502",总分类账!D:D)
C22	=C20-C21
C24	=C22
C25	=C17+C24
D5	=SUMIF(总分类账!A:A,"<1010",总分类账!H:H)
D6	=SUMIF(总分类账!A:A,"=1111",总分类账!H:H)
D7	=SUMIF(总分类账!A:A,"=1131",总分类账!H:H)
D8	=SUMIF(总分类账!A:A,"=1141",总分类账!H:H)
D9	=D7-D8
D10	=SUMIF(总分类账!A:A,"=1133",总分类账!H:H)
D11	=SUM(D12:D15)
D12	=SUMIF(总分类账!A:A,"=1211",总分类账!H:H)
D13	=SUMIF(总分类账!A:A,"=1221",总分类账!H:H)
D14	=SUMIF(总分类账!A:A,"=1231",总分类账!H:H)
D15	=SUMIF(总分类账!A:A,"=1243",总分类账!H:H)
D16	=SUMIF(总分类账!A:A,"=1301",总分类账!H:H)
D17	=D5+D6+D9+D10+D11+D16
D20	=SUMIF(总分类账!A:A,"=1501",总分类账!H:H)
D21	=SUMIF(总分类账!A:A,"=1502",总分类账!H:H)
D22	=D20-D21
D24	=D22
D25	=D17+D24

Excel在会计业务处理中的应用

（2）定义负债及所有者权益年初数和期末数公式，如表 10-2 所示。

表 10-2　负债及所有者权益年初数和期末数计算公式

单元格	公　式
G5	=SUMIF(总账!A:A,"=2101",总账!D:D)
G6	=SUMIF(总账!A:A,"=2111",总账!D:D)
G7	=SUMIF(总账!A:A,"=2121",总账!D:D)
G8	=SUMIF(总账!A:A,"=2131",总账!D:D)
G9	=SUMIF(总账!A:A,"=2181",总账!D:D)
G10	=SUMIF(总账!A:A,"=2151",总账!D:D)
G11	=SUMIF(总账!A:A,"=2153",总账!D:D)
G12	=SUMIF(总账!A:A,"=2171",总账!D:D)
G13	=SUMIF(总账!A:A,"=2191",总账!D:D)
G15	=SUM(G5:G14)
G20	=SUMIF(总账!A:A,"=3101",总账!D:D)
G21	=SUMIF(总账!A:A,"=3111",总账!D:D)
G22	=SUMIF(总账!A:A,"=3121",总账!D:D)
G23	=SUMIF(总账!A:A,"=3141",总账!D:D)
G24	=SUM(G20:G23)
G25	=G15+G25
H5	=SUMIF(总账!A:A,"=2101",总账!H:H)
H6	=SUMIF(总账!A:A,"=2111",总账!H:H)
H7	=SUMIF(总账!A:A,"=2121",总账!H:H)
H8	=SUMIF(总账!A:A,"=2131",总账!H:H)
H9	=SUMIF(总账!A:A,"=2181",总账!H:H)
H10	=SUMIF(总账!A:A,"=2151",总账!H:H)
H11	=SUMIF(总账!A:A,"=2153",总账!H:H)
H12	=SUMIF(总账!A:A,"=2171",总账!H:H)
H13	=SUMIF(总账!A:A,"=2191",总账!H:H)
H15	=SUM(H5:H14)
H20	=SUMIF(总账!A:A,"=3101",总账!H:H)
H21	=SUMIF(总账!A:A,"=3111",总账!H:H)
H22	=SUMIF(总账!A:A,"=3121",总账!H:H)
H23	=SUMIF(总账!A:A,"=3141",总账!H:H)
H24	=SUM(H20：H23)
H25	=H15+H25

（3）当全部填制完成后，从最后的结果可以得出：

资产期初合计＝负债＋所有者权益期初合计

资产期末合计＝负债＋所有者权益期末合计

这正符合会计恒等式：资产＝负债＋所有者权益，说明编制的资产负债表是正确的，如图 10-2 所示。

10.1.3　编制损益表

📖案例描述

打开 Excel1003.xlsx 工作簿，根据"总分类账"工作表中所登记的各账户发生额，计算“损益表”工作表中需要的数据。

(1) 设置主营业务利润计算公式，公式计算方法是：

主营业务利润＝主营业务收入－主营业务成本－主营业务税金及附加

(2) 设置营业利润计算公式，公式计算方法是：

营业利润＝主营业务利润＋其他业务收入－其他业务支出
－营业费用－管理费用－财务费用

(3) 设置利润总额计算公式，公式计算方法是：

利润总额＝营业利润＋投资收益＋补贴收入＋营业外收入－营业外支出

(4) 设置净利润计算公式，公式计算方法是：

净利润＝利润总额－所得税

(5) 利用SUMIF函数根据总账工作表中数据，计算出主营业务利润、营业利润、利润总额、净利润。

(6) 根据上月累计数，求出本年累计数。

最终效果

本案例最终效果如图10-3所示。

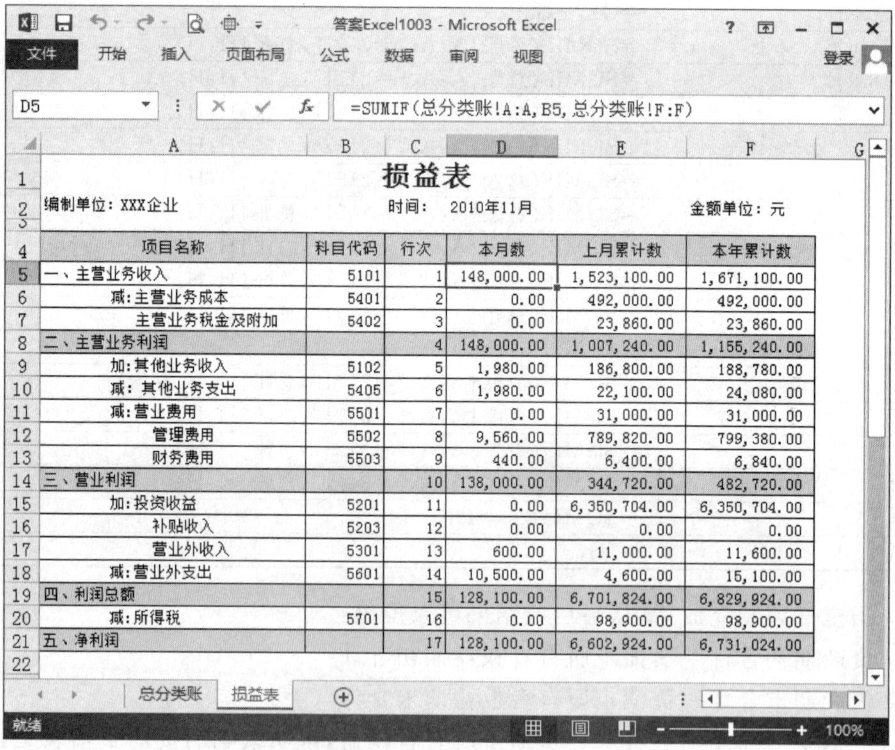

项目名称	科目代码	行次	本月数	上月累计数	本年累计数
一、主营业务收入	5101	1	148,000.00	1,523,100.00	1,671,100.00
减:主营业务成本	5401	2	0.00	492,000.00	492,000.00
主营业务税金及附加	5402	3	0.00	23,860.00	23,860.00
二、主营业务利润		4	148,000.00	1,007,240.00	1,155,240.00
加:其他业务收入	5102	5	1,980.00	186,800.00	188,780.00
减: 其他业务支出	5405	6	1,980.00	22,100.00	24,080.00
减:营业费用	5501	7	0.00	31,000.00	31,000.00
管理费用	5502	8	9,560.00	789,820.00	799,380.00
财务费用	5503	9	440.00	6,400.00	6,840.00
三、营业利润		10	138,000.00	344,720.00	482,720.00
加:投资收益	5201	11	0.00	6,350,704.00	6,350,704.00
补贴收入	5203	12	0.00	0.00	0.00
营业外收入	5301	13	600.00	11,000.00	11,600.00
减:营业外支出	5601	14	10,500.00	4,600.00	15,100.00
四、利润总额		15	128,100.00	6,701,824.00	6,829,924.00
减:所得税	5701	16	0.00	98,900.00	98,900.00
五、净利润		17	128,100.00	6,602,924.00	6,731,024.00

图10-3　损益表

案例实现

(1) 在“损益表”中定义主营业务利润、营业利润、利润总额、净利润公式，如表10-3所示。

Excel在会计业务处理中的应用

表 10-3 利润计算公式

单元格	公 式
D8	$=D5-D6-D7$
D14	$=D8+D9-D10-D11-D12-D13$
D19	$=D14+D15+D16+D17-D18$
D21	$=D19-D20$

（2）利用 SUMIF() 函数根据"总分类账"工作表中数据，获得"损益表"工作表中本月收入类数据，在"损益表"中定义公式如表 10-4 所示。

表 10-4 计算"本月数"收入类数据的公式

单元格	公 式
D5	$=SUMIF(总分类账!A:A,B5,总分类账!F:F)$
D9	$=SUMIF(总分类账!A:A,B9,总分类账!F:F)$
D15	$=SUMIF(总分类账!A:A,B15,总分类账!F:F)$
D16	$=SUMIF(总分类账!A:A,B16,总分类账!F:F)$
D17	$=SUMIF(总分类账!A:A,B17,总分类账!F:F)$

（3）利用 SUMIF() 函数根据"总分类账"工作表中数据，获得"损益表"工作表中本月费用类数据，在"损益表"中定义公式如表 10-5 所示。

表 10-5 定义本月费用类数据的公式

单元格	公 式
D6	$=SUMIF(总分类账!A:A,B6,总分类账!E:E)$
D7	$=SUMIF(总分类账!A:A,B7,总分类账!E:E)$
D10	$=SUMIF(总分类账!A:A,B10,总分类账!E:E)$
D11	$=SUMIF(总分类账!A:A,B11,总分类账!E:E)$
D12	$=SUMIF(总分类账!A:A,B12,总分类账!E:E)$
D13	$=SUMIF(总分类账!A:A,B13,总分类账!E:E)$
D18	$=SUMIF(总分类账!A:A,B18,总分类账!E:E)$
D20	$=SUMIF(总分类账!A:A,B20,总分类账!E:E)$

（4）根据"损益表"模板中给定的上月累计数和求出的本月数，计算出本年累计数，在"损益表"中相应位置定义公式如表 10-6 所示。

表 10-6 本年累计数计算公式

单元格	公 式	单元格	公 式
F5	$=D5+E5$	F14	$=D14+E14$
F6	$=D6+E6$	F15	$=D15+E15$
F7	$=D7+E7$	F16	$=D16+E16$
F8	$=D8+E8$	F17	$=D17+E17$
F9	$=D9+E9$	F18	$=D18+E18$
F10	$=D10+E10$	F19	$=D19+E19$
F11	$=D11+E11$	F20	$=D20+E20$
F12	$=D12+E12$	F21	$=D21+E21$
F13	$=D13+E13$		

10.2 资金管理

案例描述

打开 Excel1004. xlsx 工作簿，编制现金日记账模板，模板的功能是根据现收、现付凭证填制好某个分录后，自动计算现金余额以及发生额。

(1) 编制的现金日记账模板，必须要有上月的余额即本月的期初余额，并且能够选择借贷标记来标示余额类型，是借方余额还是贷方余额。

(2) 凭证类型需手动选择，凭证号码手动输入，摘要以及借贷发生额均由手动输入。每次余额自动计算。

(3) 现金日记账模板还要有本月余额及发生额合计，发生额合计自动计算。本期余额以及余额借贷标记也由模板利用公式自动生成。

最终效果

本案例最终效果如图 10-4 所示。

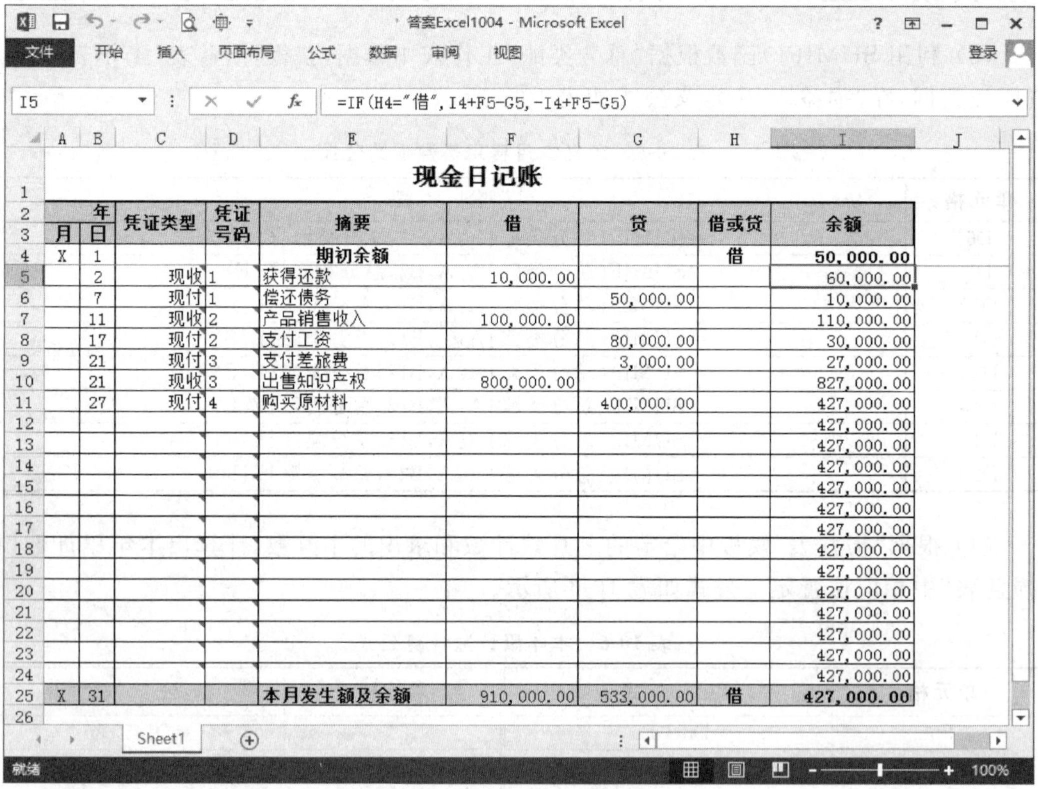

现金日记账

年 月	日	凭证类型	凭证号码	摘要	借	贷	借或贷	余额
X	1			期初余额			借	50,000.00
	2	现收	1	获得还款	10,000.00			60,000.00
	7	现付	1	偿还债务		50,000.00		10,000.00
	11	现收	2	产品销售收入	100,000.00			110,000.00
	17	现付	2	支付工资		80,000.00		30,000.00
	21	现付	3	支付差旅费		3,000.00		27,000.00
	21	现收	3	出售知识产权	800,000.00			827,000.00
	27	现付	4	购买原材料		400,000.00		427,000.00
								427,000.00
								427,000.00
								427,000.00
								427,000.00
								427,000.00
								427,000.00
								427,000.00
								427,000.00
								427,000.00
								427,000.00
								427,000.00
								427,000.00
								427,000.00
X	31			本月发生额及余额	910,000.00	533,000.00	借	427,000.00

图 10-4 现金日记账

案例实现

(1) 按照图 10-4 制作模板。

(2) 选定 C5:C24，单击“数据”→“数据工具”→“数据验证”命令，打开“数据验证”对话框，设置“凭证类型”只能选择输入“现收”或“现付”，如图 10-5 所示。

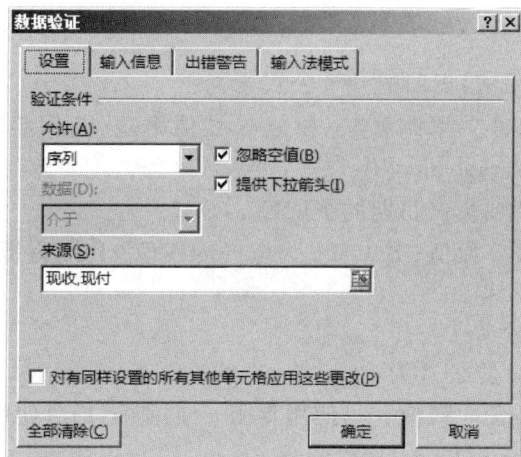

图 10-5 数据验证设置凭证类型输入限制

（3）单击"审阅"→"批注"→"新建批注"命令，批注内容为"手动输入凭证号"。

（4）定义公式如表 10-7 所示。

表 10-7 公式

单元格	公　　式
I4	手工输入 50000
I5	＝IF(H4＝"借",I4＋F5－G5,－I4＋F5－G5)
I6	＝I5＋F6－G6,填充到 I24 行
F25	＝SUM(F5:F24)
G25	＝SUM(G5:G24)
H25	＝IF(IF(H4＝"借",I4＋F25－G25,－I4＋F25－G25)＞0,"借","贷")
I25	＝IF(H4＝"借",I4＋F25－G25,－I4＋F25－G25)

10.3　固定资产折旧

10.3.1　固定资产折旧概述

固定资产折旧的方法，常用的有直线法、年数总和法、双倍余额递减法等。年数总和法和双倍余额递减法属于加速折旧的方法，按我国会计制度规定，企业使用加速折旧需上报当地税务部门批准，不能随意使用。固定折旧在 Excel 计算中使用函数如表 10-8 所示。

表 10-8 固定资产折旧函数

序号	函　数　名	用　　　　法
1	SLN	用直线法计提固定资产折旧
2	SYD	用年数总和法计提固定资产折旧
3	DDB	用双倍余额递减法计提固定资产折旧

1．直线法

直线法也称平均年限法,折旧的计算公式为:

$$折旧额 = (原值 - (原值 × 残值率)) / 折旧年限$$

(1) 函数:SLN(cost,salvage,life)。

(2) 功能:是返回一项资产每期的折旧额。

(3) 说明:cost 为资产原值;Salvage 为资产的残值;Life 为折旧期限。

2．年数总和法

年数总和法折旧的计算公式为:

$$折旧额 = (原值 - 残值) * (使用年限 - 期别 + 1) / (使用年限总和)$$

(1) 函数:SYD(cost,salvage,life,per)。

(2) 功能:计算一笔资产按年数总和法计算的折旧值。

(3) 说明:Cost 为资产原值;Salvage 为资产残值;Life 为折旧期限;Per 为期别。

3．双倍余额递减法

在计提折旧双倍余额递减法中,折旧的计算公式为:

$$折旧额 = (原值 - 前期累计折旧) * 2 / 使用年限,最后两年使用直线法$$

(1) 函数:DDB(cost,salvage,life,period,[factor])。

(2) 功能:计算一笔资产按双倍余额递减法计算的折旧值。

(3) 说明:Cost 为资产原值;Salvage 为资产残值;Life 为折旧期限;Period 为需要计算折旧值的期间;Factor 为余额递减速率,如果省略则默认值为 2。

10.3.2 直线法计提折旧

打开 Excel1005.xlsx 工作簿,用直线法计提固定资产折旧。

(1) 固定资产原值 10 000。

(2) 预计残值 1000。

(3) 使用年限为 10 年。

(4) 折旧额 1 用直接法折旧原理计算,折旧额 2 使用函数计算。

⌨最终效果

本案例最终效果如图 10-6 所示。

✎案例实现

(1) 定义公式如表 10-9 所示。

表 10-9 直线法计提折旧公式

单元格	公 式
B5	=($C$2 - $D$2) / 10
C5	=SLN($C$2,$D$2,$E$2)

(2) 定义完如表 10-9 所示公式后,向下填充。

Excel在会计业务处理中的应用

图 10-6　直线法计提折旧

10.3.3　年数总和法计提折旧

打开 Excel1006.xlsx 工作簿,用年数总和法计提固定资产折旧。

(1) 固定资产原值 10 000。

(2) 预计残值 1000。

(3) 使用年限为 10 年。

(4) 折旧额 1 用年数总和法折旧原理计算,折旧额 2 使用函数计算。

最终效果

本案例最终效果如图 10-7 所示。

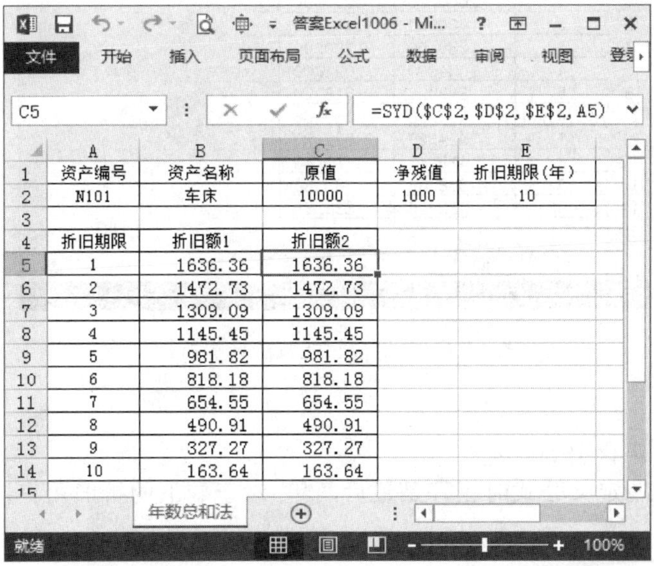

图 10-7　年数总和法计提折旧

✍案例实现

(1) 定义公式如表 10-10 所示。

表 10-10　年数总和法计提折旧公式

单元格	公　　式
B5	=($C$2-$D$2)*($E$2-A5+1)/SUM($A$5:$A$14)
C5	=SYD($C$2,$D$2,$E$2,A5)

(2) 定义完如表 10-10 所示公式后,向下填充。

10.3.4　双倍余额递减法计提折旧

打开 Excel1007.xlsx 工作簿,用双倍余额递减法计提固定资产折旧。

(1) 固定资产原值 10 000。

(2) 预计残值 1000。

(3) 使用年限为 10 年。

(4) 折旧额 1 用双倍余额递减法折旧原理计算,折旧额 2 使用函数计算。

最终效果

本案例最终效果如图 10-8 所示。

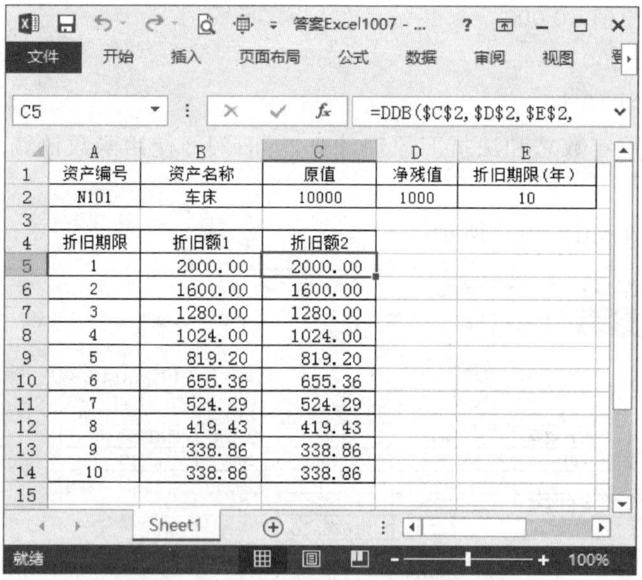

	A	B	C	D	E
1	资产编号	资产名称	原值	净残值	折旧期限(年)
2	N101	车床	10000	1000	10
3					
4	折旧期限	折旧额1	折旧额2		
5	1	2000.00	2000.00		
6	2	1600.00	1600.00		
7	3	1280.00	1280.00		
8	4	1024.00	1024.00		
9	5	819.20	819.20		
10	6	655.36	655.36		
11	7	524.29	524.29		
12	8	419.43	419.43		
13	9	338.86	338.86		
14	10	338.86	338.86		
15					

图 10-8　双倍余额递减法计提折旧

✍案例实现

(1) 定义公式如表 10-11 所示。

(2) B13 和 C13 定义公式时正好是最后两年,对于剩下的折旧用直接线计提。

表 10-11　双倍余额递减法计提折旧公式

单元格	公　　式
B5	=($C$2-0)*2/$E$2
B6	=($C$2-SUM($B$5:B5))*2/$E$2 向下填充到 B12
B13	=($C$2-$D$2-SUM($B$5:$B$12))/2 向下填充到 B14
C5	=DDB($C$2,$D$2,$E$2,A5) 向下填充到 C12
C13	=($C$2-$D$2-SUM($C$5:$C$12))/2 向下填充到 C14

10.4 本章课外实验

10.4.1 现金日记账与银行存款日记账

打开 Ekw1001.xlsx 工作簿，根据业务清单工作表，分解出现金日记账和银行存款日记账，现金日记账的期初余额为 10 万，银行存款日记账的期初余额为 100 万，最终效果如图 10-9 和图 10-10 所示。

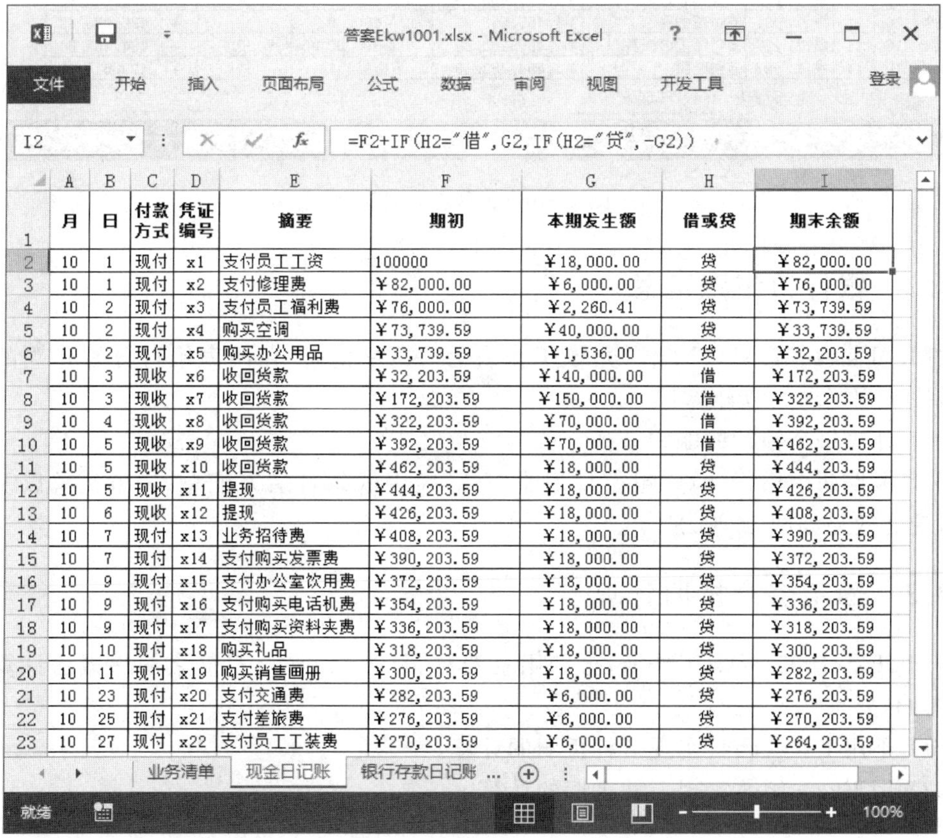

	月	日	付款方式	凭证编号	摘要	期初	本期发生额	借或贷	期末余额
2	10	1	现付	x1	支付员工工资	100000	¥18,000.00	贷	¥82,000.00
3	10	1	现付	x2	支付修理费	¥82,000.00	¥6,000.00	贷	¥76,000.00
4	10	2	现付	x3	支付员工福利费	¥76,000.00	¥2,260.41	贷	¥73,739.59
5	10	2	现付	x4	购买空调	¥73,739.59	¥40,000.00	贷	¥33,739.59
6	10	2	现付	x5	购买办公用品	¥33,739.59	¥1,536.00	贷	¥32,203.59
7	10	3	现收	x6	收回货款	¥32,203.59	¥140,000.00	借	¥172,203.59
8	10	3	现收	x7	收回货款	¥172,203.59	¥150,000.00	借	¥322,203.59
9	10	4	现收	x8	收回货款	¥322,203.59	¥70,000.00	借	¥392,203.59
10	10	5	现收	x9	收回货款	¥392,203.59	¥70,000.00	借	¥462,203.59
11	10	5	现收	x10	收回货款	¥462,203.59	¥18,000.00	贷	¥444,203.59
12	10	5	现收	x11	提现	¥444,203.59	¥18,000.00	贷	¥426,203.59
13	10	6	现收	x12	提现	¥426,203.59	¥18,000.00	贷	¥408,203.59
14	10	7	现付	x13	业务招待费	¥408,203.59	¥18,000.00	贷	¥390,203.59
15	10	7	现付	x14	支付购买发票费	¥390,203.59	¥18,000.00	贷	¥372,203.59
16	10	9	现付	x15	支付办公室饮用费	¥372,203.59	¥18,000.00	贷	¥354,203.59
17	10	9	现付	x16	支付购买电话机费	¥354,203.59	¥18,000.00	贷	¥336,203.59
18	10	9	现付	x17	支付购买资料夹费	¥336,203.59	¥18,000.00	贷	¥318,203.59
19	10	10	现付	x18	购买礼品	¥318,203.59	¥18,000.00	贷	¥300,203.59
20	10	11	现付	x19	购买销售画册	¥300,203.59	¥18,000.00	贷	¥282,203.59
21	10	23	现付	x20	支付交通费	¥282,203.59	¥6,000.00	贷	¥276,203.59
22	10	25	现付	x21	支付差旅费	¥276,203.59	¥6,000.00	贷	¥270,203.59
23	10	27	现付	x22	支付员工工装费	¥270,203.59	¥6,000.00	贷	¥264,203.59

图 10-9　现金日记账

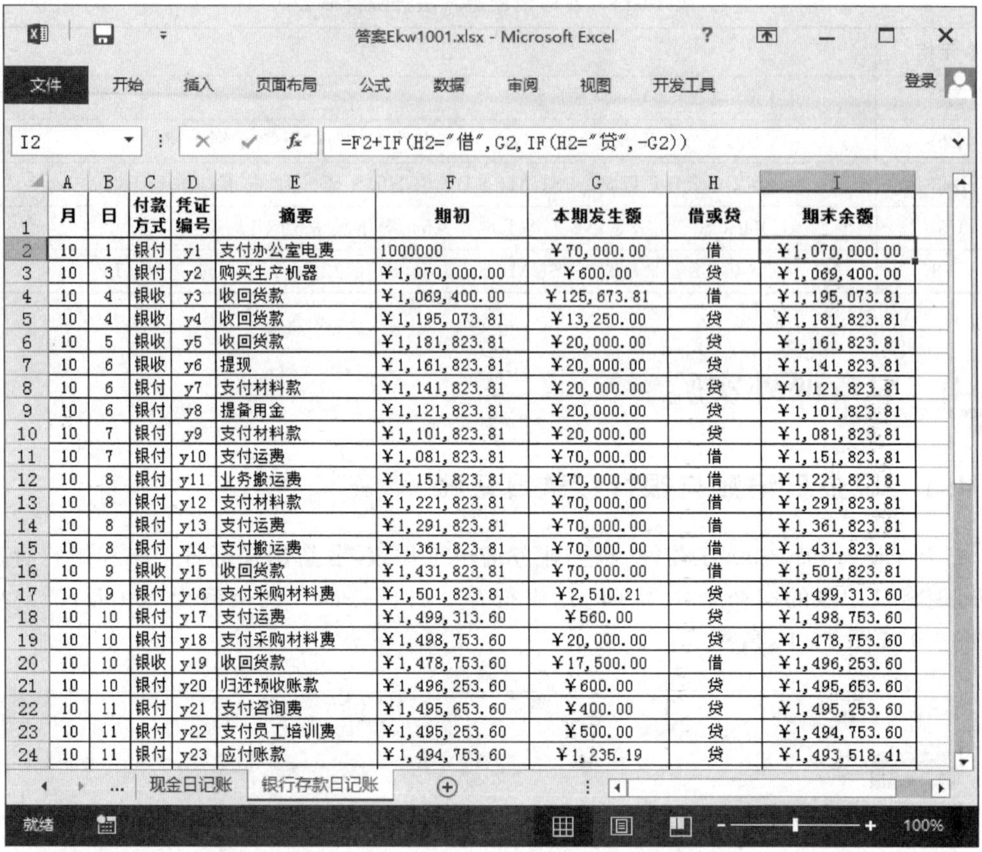

	A	B	C	D	E	F	G	H	I
1	月	日	付款方式	凭证编号	摘要	期初	本期发生额	借或贷	期末余额
2	10	1	银付	y1	支付办公室电费	1000000	¥70,000.00	借	¥1,070,000.00
3	10	3	银付	y2	购买生产机器	¥1,070,000.00	¥600.00	贷	¥1,069,400.00
4	10	4	银收	y3	收回货款	¥1,069,400.00	¥125,673.81	借	¥1,195,073.81
5	10	4	银收	y4	收回货款	¥1,195,073.81	¥13,250.00	贷	¥1,181,823.81
6	10	5	银收	y5	收回货款	¥1,181,823.81	¥20,000.00	贷	¥1,161,823.81
7	10	6	银收	y6	提现	¥1,161,823.81	¥20,000.00	贷	¥1,141,823.81
8	10	6	银付	y7	支付材料款	¥1,141,823.81	¥20,000.00	贷	¥1,121,823.81
9	10	6	银付	y8	提备用金	¥1,121,823.81	¥20,000.00	贷	¥1,101,823.81
10	10	7	银付	y9	支付材料款	¥1,101,823.81	¥20,000.00	贷	¥1,081,823.81
11	10	7	银付	y10	支付运费	¥1,081,823.81	¥70,000.00	借	¥1,151,823.81
12	10	8	银付	y11	业务搬运费	¥1,151,823.81	¥70,000.00	借	¥1,221,823.81
13	10	8	银付	y12	支付材料款	¥1,221,823.81	¥70,000.00	借	¥1,291,823.81
14	10	8	银付	y13	支付运费	¥1,291,823.81	¥70,000.00	借	¥1,361,823.81
15	10	8	银付	y14	支付搬运费	¥1,361,823.81	¥70,000.00	借	¥1,431,823.81
16	10	9	银收	y15	收回货款	¥1,431,823.81	¥70,000.00	借	¥1,501,823.81
17	10	9	银付	y16	支付采购材料费	¥1,501,823.81	¥2,510.21	贷	¥1,499,313.60
18	10	10	银付	y17	支付运费	¥1,499,313.60	¥560.00	贷	¥1,498,753.60
19	10	10	银付	y18	支付采购材料费	¥1,498,753.60	¥20,000.00	贷	¥1,478,753.60
20	10	10	银收	y19	收回货款	¥1,478,753.60	¥17,500.00	借	¥1,496,253.60
21	10	10	银付	y20	归还预收账款	¥1,496,253.60	¥600.00	贷	¥1,495,653.60
22	10	11	银付	y21	支付咨询费	¥1,495,653.60	¥400.00	贷	¥1,495,253.60
23	10	11	银付	y22	支付员工培训费	¥1,495,253.60	¥500.00	贷	¥1,494,753.60
24	10	11	银付	y23	应付账款	¥1,494,753.60	¥1,235.19	贷	¥1,493,518.41

图 10-10　银行存款日记账

10.4.2　银行日记账汇总

打开“Ekw1002.xlsx”工作簿，该工作表为“XXX 企业”在两家银行分别建立的银行账户，按下列要求完成计算：

(1) 计算每个银行的账户余额。

(2) 根据两个银行计算“银行日记账汇总”表中的每日借方汇总、贷方汇总以及账户余额，最终效果如图 10-11 所示。

10.4.3　固定资产折旧计算

打开 Ekw1003.xlsx 工作簿，分别用直线法、年数总和法、双倍余额递减法计算固定资产折旧，要求：

(1) 不用 Excel 函数实现三种折旧的计算。

(2) 用 Excel 函数实现三种折旧的计算。

Excel在会计业务处理中的应用

月	日	借入	贷出	帐户余额
		统计：	审核：	金额单位：元

银行日记账10月份汇总

月	日	借入	贷出	帐户余额
10		期初余额		¥30,000.00
10	1	¥0.00	¥2,020.00	¥27,980.00
10	2	¥0.00	¥3,050.00	¥24,930.00
10	3	¥15,000.00	¥500.00	¥39,430.00
10	4	¥15,300.00	¥0.00	¥54,730.00
10	5	¥0.00	¥3,400.00	¥51,330.00
10	6	¥5,000.00	¥300.00	¥56,030.00
10	7	¥5,800.00	¥200.00	¥61,630.00
10	8	¥5,000.00	¥3,000.00	¥63,630.00
10	9	¥400.00	¥300.00	¥63,730.00
10	10	¥500.00	¥200.00	¥64,030.00
10	11	¥20,500.00	¥0.00	¥84,530.00
10	12	¥500.00	¥600.00	¥84,430.00
10	13	¥5,000.00	¥300.00	¥89,130.00
10	14	¥0.00	¥1,200.00	¥87,930.00
10	15	¥0.00	¥3,700.00	¥84,230.00

图 10-11　银行日记账汇总

第 11 章　Excel 在金融理财中的应用

本章说明：

    本章主要是通过银行业与金融理财相结合，通过 Excel 函数掌握数据的计算与数据原理分析。通过本章的学习可以掌握年金的应用与贷款管理。

本章主要内容：

>   ➢ 金融理财中的函数
>   ➢ 金融理财的应用

本章拟解决的重要问题:

    1. 什么是年金?

    2. 什么是等额分期付款?

    3. 如何分解年金中的利息?

    4. 如何分解年金中的本金?

    5. 什么是固定利率?

    6. 固定利率下的年金现值如何计算?

11.1 金融理财中的函数

金融理财函数如表 11-1 所示。

表 11-1　金融理财函数

序号	函数名	用　　法
1	PMT	计算固定利率等额分期付款的年金
2	IPMT	计算固定利率等额分期付款的利息
3	CUMIPMT	计算固定利率等额分期付款的两期间贷款利息和
4	PPMT	计算固定利率等额分期付款的每期还款的本金
5	CUMPRINC	计算固定利率等额分期付款的两期间还款的本金和
6	FV	计算固定利率等额分期投资的未来值
7	FVSCHEDULE	计算初始本金在变动利率下的未来值
8	ISPMT	计算等额分期付款期间内的利息
9	NPER	计算机固定年金还款期数
10	COUPNUM	计算成交日和到期日之间的利息应付次数
11	NPV	计算非固定年金的净现值
12	XNPV	计算一组现金流的净现值
13	PV	计算固定年金的现值
14	NOMINAL	基于给定的实际利率和年复利期数,计算名义年利率
15	EFFECT	利用给定的名义年利率和每年的复利期数,计算有效的年利率
16	RATE	计算年金的各期利率

11.2 金融理财的应用

11.2.1 复利计算本利合计

📖案例描述

打开 Excel1101. xlsx 工作簿,完成下列计算。

某人往银行存款 10 000 元,年利率为 6%,根据复利计算原则在"复利计算十年期存款本利合计"工作表中,计算期初余额、利息和本利合计。

最终效果

本案例最终效果如图 11-1 所示。

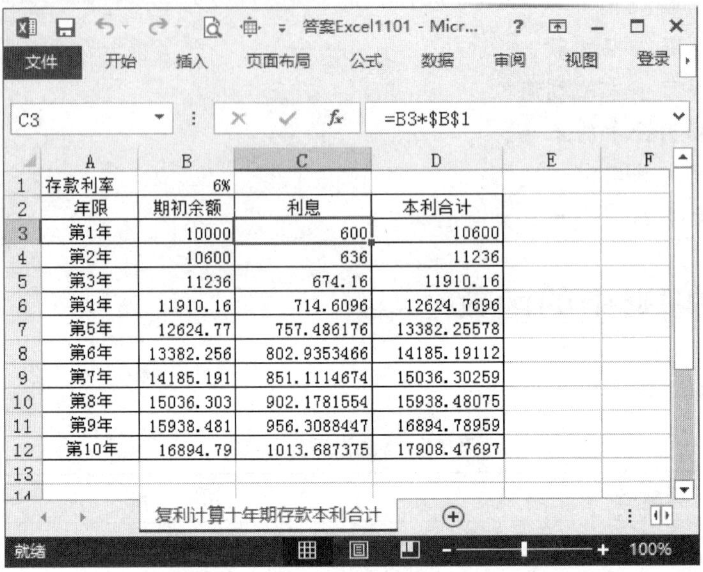

图 11-1　复利计算十年期存款本利合计结果

案例实现

（1）定义如表 11-2 所示的公式。

表 11-2　复利计算十年期存款本利合计公式

单元格	公　　式	单元格	公　　式
B3	输入 10000	D3	＝B3＋C3
C3	＝B3 * ＄B＄1	B4	＝D3

（2）定义完如表 11-2 所示的公式后向下填充。

11.2.2　变动利率的存款计算

案例描述

打开 Excel1102. xlsx 工作簿，完成下列计算。

某人往银行存款 10 000 元，存款年限为 10 年，每期的存款年利率值为变动利率。

（1）在 Sheet1 工作表中，根据每期变化的利率和存入本金，计算未来值（即存 10 年之后的本利合计）。

（2）计算期初余额、每期利息。

（3）通过常规方式计算本利合计 1（即本金＋利息）。

（4）通过函数计算本利合计 2。

最终效果

本案例最终效果如图 11-2 所示。

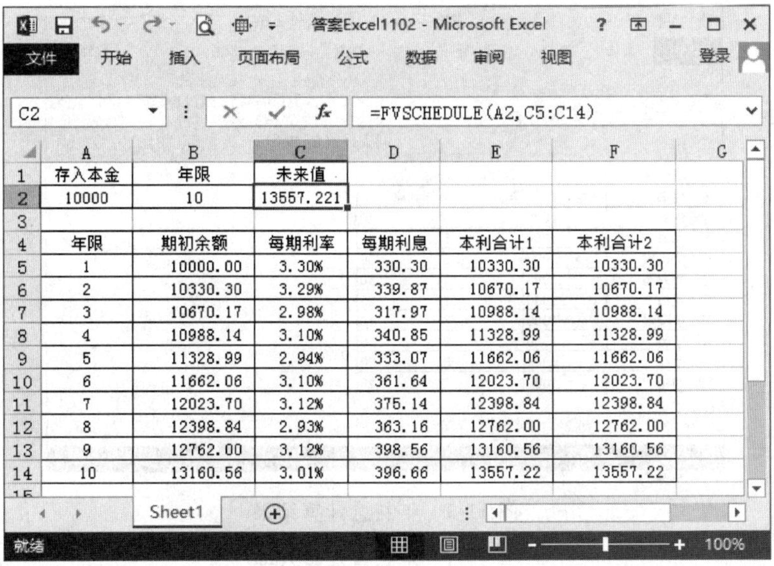

C2 =FVSCHEDULE(A2,C5:C14)

	A	B	C	D	E	F
1	存入本金	年限	未来值			
2	10000	10	13557.221			
3						
4	年限	期初余额	每期利率	每期利息	本利合计1	本利合计2
5	1	10000.00	3.30%	330.30	10330.30	10330.30
6	2	10330.30	3.29%	339.87	10670.17	10670.17
7	3	10670.17	2.98%	317.97	10988.14	10988.14
8	4	10988.14	3.10%	340.85	11328.99	11328.99
9	5	11328.99	2.94%	333.07	11662.06	11662.06
10	6	11662.06	3.10%	361.64	12023.70	12023.70
11	7	12023.70	3.12%	375.14	12398.84	12398.84
12	8	12398.84	2.93%	363.16	12762.00	12762.00
13	9	12762.00	3.12%	398.56	13160.56	13160.56
14	10	13160.56	3.01%	396.66	13557.22	13557.22

图 11-2　变动利率的存款计算结果

✍案例实现

(1) 定义如表 11-3 所示的公式。

表 11-3　变动利率的存款计算本利合计公式

单元格	公　式
C2	=FVSCHEDULE(A2,C5:C14)
B5	=A2
D5	=B5 * C5
E5	=B5+D5
F5	=FVSCHEDULE(B5,C5)
B6	=E5 或 F5

(2) 定义完如表 11-3 所示的公式后将 D5、E5、F5、B6 单元格的公式向下填充。

11.2.3　不同年限的存款年利息计算

🕮案例描述

打开 Excel1103.xlsx 工作簿,完成下列计算。

某银行的 8 位储户,他们的存款本金相同均为 1000 元,但存款年限不同,存款业务由于存款年限不同,存款利率也不同。在"利率"工作表中给出了存款年限与对应年限的利率信息,根据"利率"工作表中的数据计算"存款"工作表中每位储户的年利息。

🖳最终效果

本案例最终效果如图 11-3 所示。

✍案例实现

(1) 在"存款"工作表中定义如表 11-4 所示的公式。

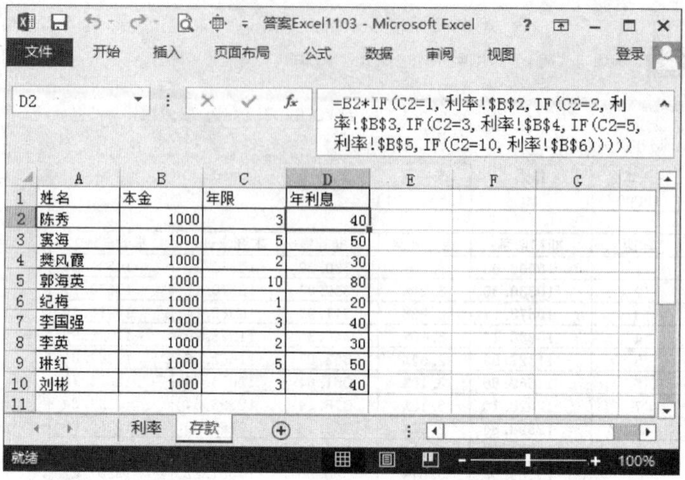

图 11-3　年利息计算结果

表 11-4　年利息计算公式

单元格	公　　式
D2	＝B2＊IF(C2=1,利率!＄B＄2,IF(C2=2,利率!＄B＄3,IF(C2=3,利率!＄B＄4,IF(C2=5,利率!＄B＄5,IF(C2=10,利率!＄B＄6)))))

（2）定义完如表 11-4 所示的公式后向下填充。

11.2.4　固定年金的还款数与本金计算

📖案例描述

打开 Excel1104. xlsx 工作簿,完成下列计算。

某人向银行贷款,贷款本金为 10 000 元,贷款利率为 8%,还款期限为 10 年(即按年进行还款,分 10 年还清)。

（1）计算该用户的年金(即每年还给银行的钱)。

（2）计算该用户在贷款期间的期初余额、年金、利息、本金、本金余额。

🖳最终效果

本案例最终效果如图 11-4 所示。

✍案例实现

（1）定义如表 11-5 所示的公式。

表 11-5　十年还货计划计算公式

单元格	公　　式	单元格	公　　式
D2	＝－PMT(B2,C2,A2)	E5	＝C5－D5
B5	＝A2	F5	＝B5－E5
C5	＝＄D＄2	B6	＝F5
D5	＝B5＊＄B＄2		

（2）定义完如表 11-5 所示公式后将 C5、D5、E5、F5、B6 单元格的公式向下填充。

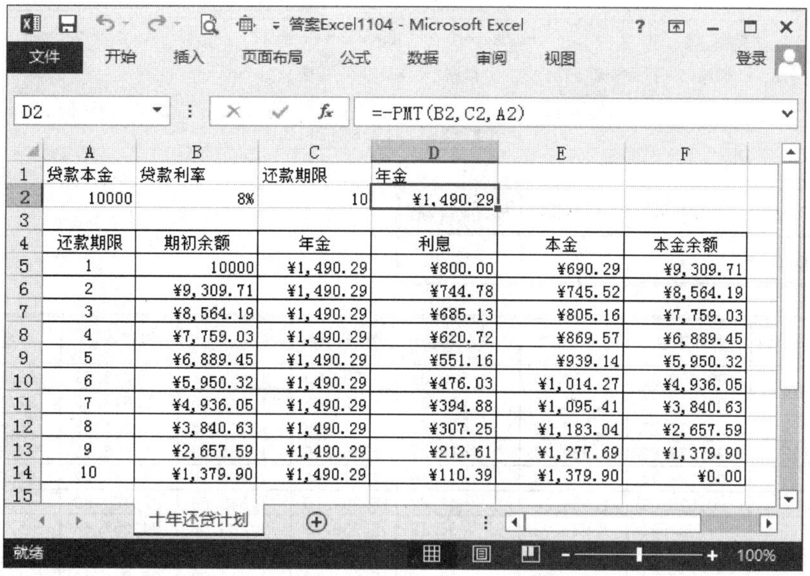

	A	B	C	D	E	F
1	贷款本金	贷款利率	还款期限	年金		
2	10000	8%	10	¥1,490.29		
3						
4	还款期限	期初余额	年金	利息	本金	本金余额
5	1	10000	¥1,490.29	¥800.00	¥690.29	¥9,309.71
6	2	¥9,309.71	¥1,490.29	¥744.78	¥745.52	¥8,564.19
7	3	¥8,564.19	¥1,490.29	¥685.13	¥805.16	¥7,759.03
8	4	¥7,759.03	¥1,490.29	¥620.72	¥869.57	¥6,889.45
9	5	¥6,889.45	¥1,490.29	¥551.16	¥939.14	¥5,950.32
10	6	¥5,950.32	¥1,490.29	¥476.03	¥1,014.27	¥4,936.05
11	7	¥4,936.05	¥1,490.29	¥394.88	¥1,095.41	¥3,840.63
12	8	¥3,840.63	¥1,490.29	¥307.25	¥1,183.04	¥2,657.59
13	9	¥2,657.59	¥1,490.29	¥212.61	¥1,277.69	¥1,379.90
14	10	¥1,379.90	¥1,490.29	¥110.39	¥1,379.90	¥0.00
15						

图 11-4 10 年还贷计划

11.2.5 固定利率等额分期付款的计算

案例描述

打开 Excel1105.xlsx 工作簿，完成下列计算。

某人向银行贷款，贷款本金为 100 000 元，贷款利率为 6%，还款期限为 5 年。

(1) 计算该用户的每月还款数（即 5 年按月进行还款，分 60 个月还清，每月还给银行的钱）。

(2) 计算该用户在贷款期间的贷款本金、每月还款数、贷款利息、累计利息、还款本金、累积本金、本金余额。

最终效果

本案例最终效果如图 11-5 所示。

案例实现

(1) 定义如表 11-6 所示的公式。

表 11-6 固定利率等额分期还款 5 年期按月还款计算公式

单元格	公　　式
D2	=-PMT($B$2/12,$C$2*12,$A$2)
B5	=A2
C5	=$D$2
D5	=-IPMT($B$2/12,A5,$C$2*12,$A$2,0)
E5	=-CUMIPMT($B$2/12,$C$2*12,$A$2,$A$5,A5,0)
F5	=-PPMT($B$2/12,A5,$C$2*12,$A$2)
G5	=-CUMPRINC($B$2/12,$C$2*12,$A$2,$A$5,A5,0)
H5	=B5-F5
B6	=H5

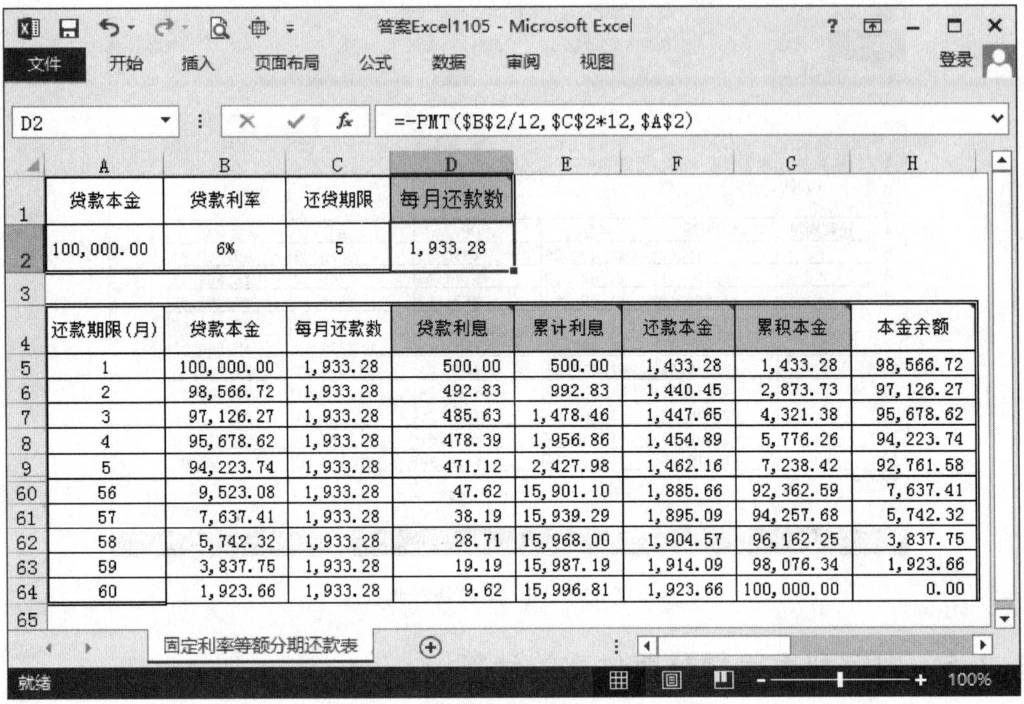

图 11-5　固定利率等额分期还款结果

（2）定义完如表 11-6 所示的公式后将 C5、D5、E5、F5、G5、H5、B6 单元格的公式向下填充。

11.2.6　固定利率等额分期存入的未来值计算

📖**案例描述**

打开 Excel1106.xlsx 工作簿，完成下列计算。

某人进行定期投资，每期期初投资 10 000 元，共投资 10 期，固定利率为 4％。

（1）计算该投资者的未来值（即以固定期限固定年金复利计息的未来收益）。

（2）通过常规方式计算期初合计 1（即当期存入＋上期合计）。

（3）通过函数计算期初合计 2。

（4）计算本期利息。

（5）通过常规方式计算本期合计 1（即本期期初合计＋本期利息）。

（6）通过函数计算本期合计 2。

（7）结合常规方式和函数计算本期合计 3。

🖥**最终效果**

本案例最终效果如图 11-6 所示。

✍**案例实现**

（1）定义如表 11-7 所示的公式。

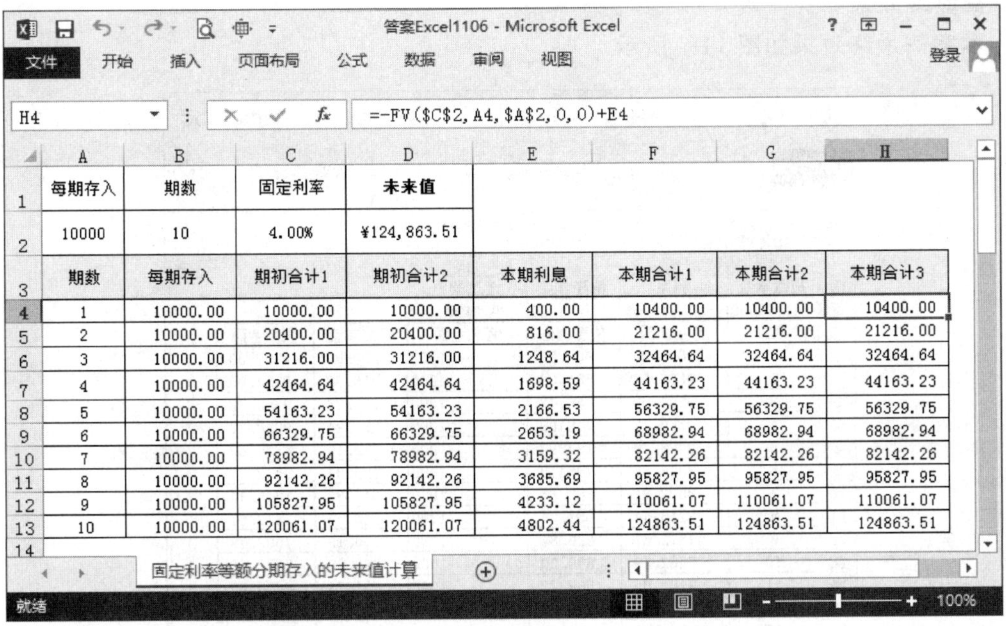

Excel在金融理财中的应用

图 11-6　固定利率等额分期存入的未来值计算

表 11-7　固定利率等额分期存入的未来值计算公式

单元格	公　式
D2	＝－FV(C2,B2,A2,0,1)
C4	＝B4
D4	＝－FV(＄C＄2,A4,＄A＄2,0,0)
E4	＝C4＊＄C＄2
F4	＝C4＋E4
G4	＝－FV(＄C＄2,A4,＄A＄2,0,1)
H4	＝－FV(＄C＄2,A4,＄A＄2,0,0)＋E4
C5	＝F4＋B5

（2）定义完如表 11-7 所示的公式后将 D4、E4、F4、G4、H4、C5 单元格的公式向下填充。

11.2.7　固定年金的还款期数计算

📖案例描述

打开 Excel1107. xlsx 工作簿，完成下列计算。

某人向银行贷款，贷款本金为 10 000 元，贷款利率为 8%，每期偿还给银行的年金为 1000 元。

（1）计算该用户以固定年金向银行还款的还款期数。

（2）将计算出的还款期数用序列填充期数列。

（3）计算该用户在贷款期间的期初余额、贷款利息、还款金额、还款本金、剩余金额。

最终效果

本案例最终效果如图 11-7 所示。

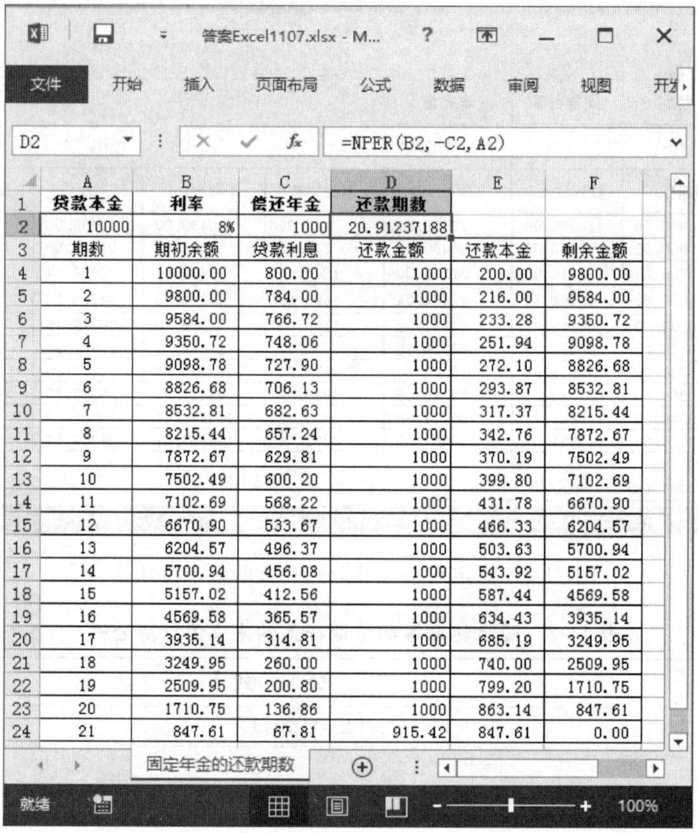

	A	B	C	D	E	F
1	贷款本金	利率	偿还年金	还款期数		
2	10000	8%	1000	20.91237188		
3	期数	期初余额	贷款利息	还款金额	还款本金	剩余金额
4	1	10000.00	800.00	1000	200.00	9800.00
5	2	9800.00	784.00	1000	216.00	9584.00
6	3	9584.00	766.72	1000	233.28	9350.72
7	4	9350.72	748.06	1000	251.94	9098.78
8	5	9098.78	727.90	1000	272.10	8826.68
9	6	8826.68	706.13	1000	293.87	8532.81
10	7	8532.81	682.63	1000	317.37	8215.44
11	8	8215.44	657.24	1000	342.76	7872.67
12	9	7872.67	629.81	1000	370.19	7502.49
13	10	7502.49	600.20	1000	399.80	7102.69
14	11	7102.69	568.22	1000	431.78	6670.90
15	12	6670.90	533.67	1000	466.33	6204.57
16	13	6204.57	496.37	1000	503.63	5700.94
17	14	5700.94	456.08	1000	543.92	5157.02
18	15	5157.02	412.56	1000	587.44	4569.58
19	16	4569.58	365.57	1000	634.43	3935.14
20	17	3935.14	314.81	1000	685.19	3249.95
21	18	3249.95	260.00	1000	740.00	2509.95
22	19	2509.95	200.80	1000	799.20	1710.75
23	20	1710.75	136.86	1000	863.14	847.61
24	21	847.61	67.81	915.42	847.61	0.00

图 11-7 固定年金的还款期数计算结果

案例实现

(1) 定义如表 11-8 所示的公式。

表 11-8 固定年金的还款期数及每期还款明细计算公式

单元格	公　式	单元格	公　式
D2	=NPER(B2,-C2,A2)	E4	=D4-C4
B4	=A2	F4	=B4-E4
C4	=B4 * $B$2	B5	=F4
D4	=$C$2	D24	=B24+C24

(2) 定义完如表 11-8 所示的公式后将 C4、D4、E4、F4、B5 单元格的公式向下填充。

11.2.8 固定年金的现值计算——期末

案例描述

打开 Excel1108.xlsx 工作簿,完成下列计算。

Excel在金融理财中的应用

某人购买福利彩票中 500 万大奖,该奖金分 5 期领取,年利率为 4%,每期支出 100 万。

（1）选择期末领取 100 万。

（2）计算在期末领取方案下的存款期初、存款利息、本利合计。

🖳 最终效果

本案例最终效果如图 11-8 所示。

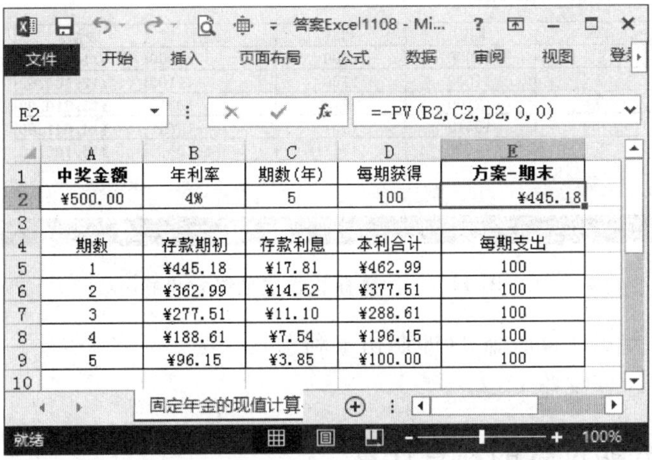

图 11-8　固定年金的现值计算最终效果

✍ 案例实现

（1）定义如表 11-9 所示的公式。

表 11-9　固定年金的现值计算公式

单元格	公　式	单元格	公　式
E2	＝－PV(B2,C2,D2,0,1)	C5	＝B5＊＄B＄2
F2	＝－PV(B2,C2,D2,0,0)	D5	＝B5＋C5
B5	＝F2	B6	＝D5－E5

（2）定义完如表 11-9 所示公式后将 C5、D5、B6 单元格的公式向下填充。

11.3　本章课外实验

11.3.1　通过函数计算存款收益

打开 Ekw1101.xlsx 工作簿,完成下列计算,最终效果如图 11-9 所示。

某人往银行存款 10 000 元,年利率为 10%,存款年限为 5 年。

（1）通过函数计算该储户的到期收益(即以复利计算的原则计算存款 5 年后可以得到的本利合计)。

（2）计算每年的期初、利息。

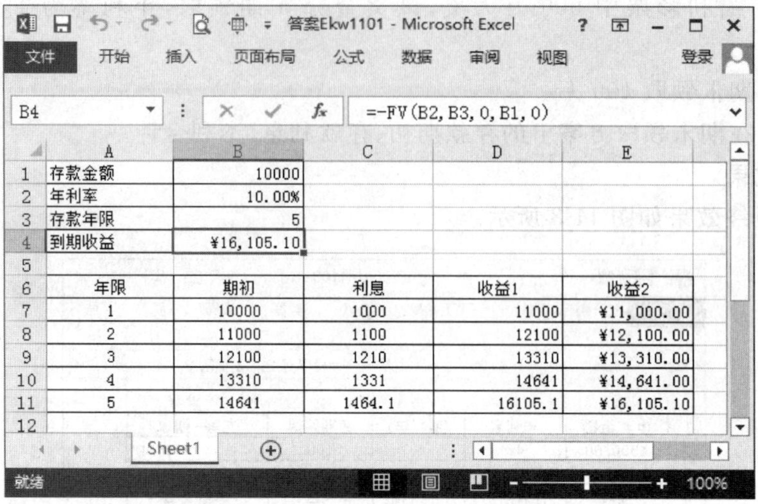

	A	B	C	D	E
1	存款金额	10000			
2	年利率	10.00%			
3	存款年限	5			
4	到期收益	¥16,105.10			
5					
6	年限	期初	利息	收益1	收益2
7	1	10000	1000	11000	¥11,000.00
8	2	11000	1100	12100	¥12,100.00
9	3	12100	1210	13310	¥13,310.00
10	4	13310	1331	14641	¥14,641.00
11	5	14641	1464.1	16105.1	¥16,105.10

图 11-9　计算存款收益最终效果

(3) 通过常规方式计算收益 1(即期初＋利息)。

(4) 通过函数计算收益 2。

11.3.2　等额分期付款的利息计算

打开 Ekw1102.xlsx 工作簿,完成下列计算,最终效果如图 11-10 所示。

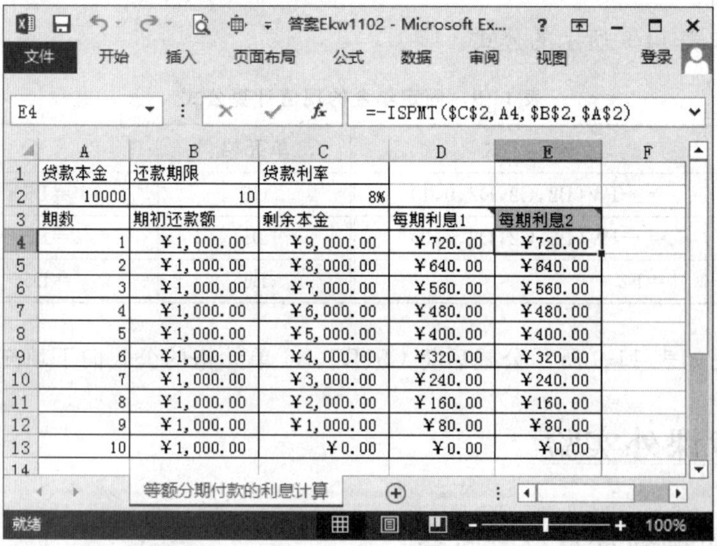

	A	B	C	D	E
1	贷款本金	还款期限	贷款利率		
2	10000	10	8%		
3	期数	期初还款额	剩余本金	每期利息1	每期利息2
4	1	¥1,000.00	¥9,000.00	¥720.00	¥720.00
5	2	¥1,000.00	¥8,000.00	¥640.00	¥640.00
6	3	¥1,000.00	¥7,000.00	¥560.00	¥560.00
7	4	¥1,000.00	¥6,000.00	¥480.00	¥480.00
8	5	¥1,000.00	¥5,000.00	¥400.00	¥400.00
9	6	¥1,000.00	¥4,000.00	¥320.00	¥320.00
10	7	¥1,000.00	¥3,000.00	¥240.00	¥240.00
11	8	¥1,000.00	¥2,000.00	¥160.00	¥160.00
12	9	¥1,000.00	¥1,000.00	¥80.00	¥80.00
13	10	¥1,000.00	¥0.00	¥0.00	¥0.00

图 11-10　等额分期付款的利息计算结果

某人向银行贷款,贷款本金为 10 000 元,贷款利率为 8%,还款期限为 10 年。

(1) 计算该用户的期初还款额、剩余本金。

(2) 通过常规方式计算每期利息 1(即剩余本金 * 贷款利率)。

(3) 通过函数计算每期利息 2。

11.3.3 五年按月还贷计划

打开 Ekw1103.xlsx 工作簿，完成下列计算，最终效果如图 11-11 所示。

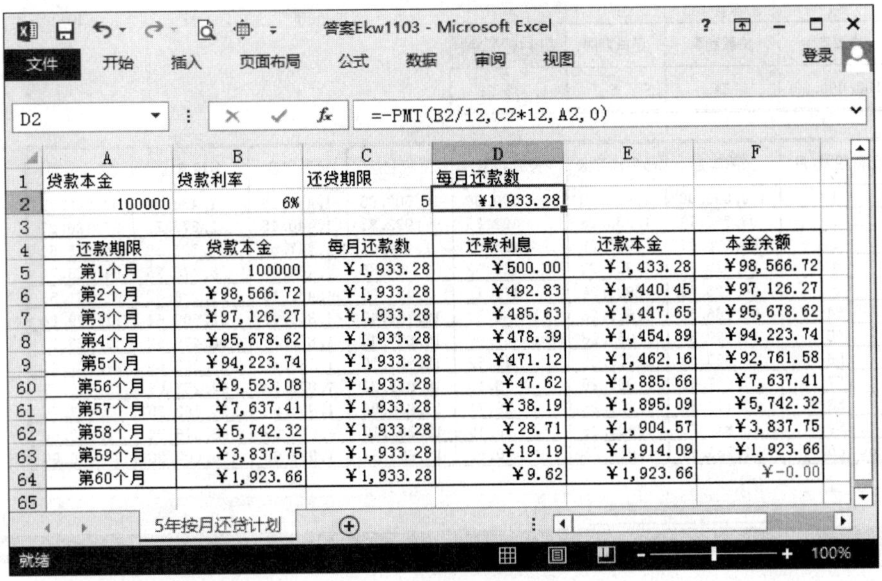

答案Ekw1103 - Microsoft Excel

D2 =-PMT(B2/12,C2*12,A2,0)

	A	B	C	D	E	F
1	贷款本金	贷款利率	还贷期限	每月还款数		
2	100000	6%	5	¥1,933.28		
3						
4	还款期限	贷款本金	每月还款数	还款利息	还款本金	本金余额
5	第1个月	100000	¥1,933.28	¥500.00	¥1,433.28	¥98,566.72
6	第2个月	¥98,566.72	¥1,933.28	¥492.83	¥1,440.45	¥97,126.27
7	第3个月	¥97,126.27	¥1,933.28	¥485.63	¥1,447.65	¥95,678.62
8	第4个月	¥95,678.62	¥1,933.28	¥478.39	¥1,454.89	¥94,223.74
9	第5个月	¥94,223.74	¥1,933.28	¥471.12	¥1,462.16	¥92,761.58
60	第56个月	¥9,523.08	¥1,933.28	¥47.62	¥1,885.66	¥7,637.41
61	第57个月	¥7,637.41	¥1,933.28	¥38.19	¥1,895.09	¥5,742.32
62	第58个月	¥5,742.32	¥1,933.28	¥28.71	¥1,904.57	¥3,837.75
63	第59个月	¥3,837.75	¥1,933.28	¥19.19	¥1,914.09	¥1,923.66
64	第60个月	¥1,923.66	¥1,933.28	¥9.62	¥1,923.66	¥-0.00
65						

5年按月还贷计划

图 11-11　5 年按月还贷计划

某人向银行贷款，贷款本金为 10 000 元，贷款利率为 6%，还款期限为 5 年，该用户采用按月还贷的方式还款。

(1) 计算该用户的每月还款数。

(2) 计算贷款本金、每月还款数、还款利息、还款本金、本金余额。

11.3.4 固定利率等额分期还款表

打开 Ekw1104.xlsx 工作簿，完成下列计算，最终效果如图 11-12 所示。

某人向银行贷款，贷款本金为 100 000 元，贷款利率为 6%，还款期限为 5 年，该用户采用按月还贷的方式还款。

(1) 计算该用户的每月还款数。

(2) 计算贷款本金、每月还款数、贷款利息、累计利息、还款本金、累计本金、本金余额。

11.3.5 固定年金的现值计算——期初

打开 Ekw1105.xlsx 工作簿，完成下列计算，最终效果如图 11-13 所示。

某人购买福利彩票中 500 万大奖，该奖金分 5 期领取，年利率为 4%，每期支出 100 万。

(1) 选择期初领取 100 万。

(2) 计算在期初领取方案下的存款期初、存款利息、本利合计。

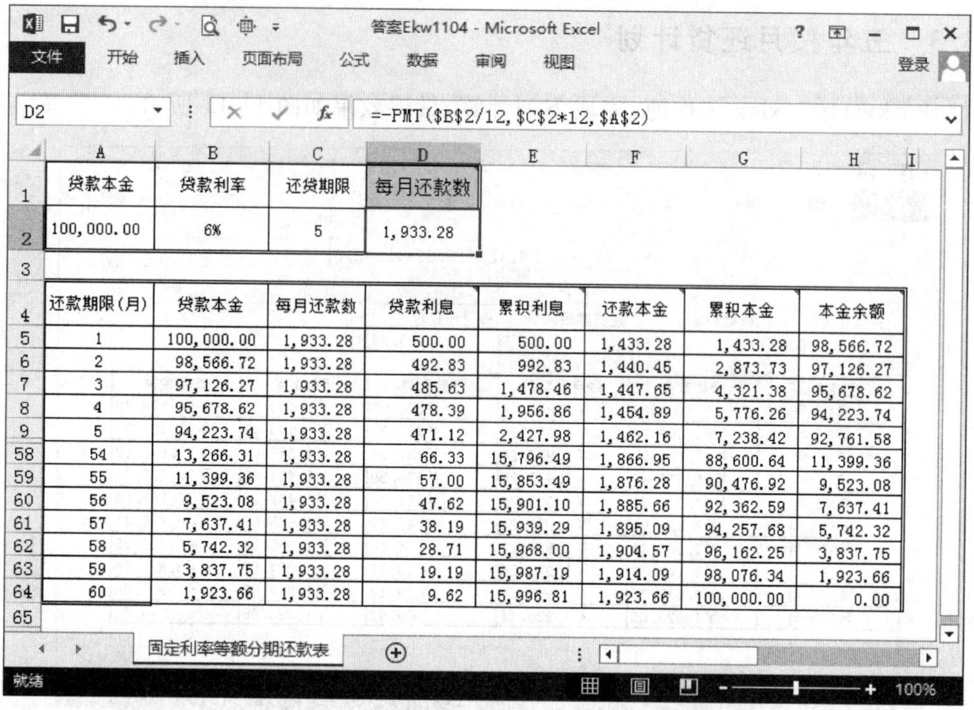

贷款本金	贷款利率	还贷期限	每月还款数
100,000.00	6%	5	1,933.28

还款期限(月)	贷款本金	每月还款数	贷款利息	累积利息	还款本金	累积本金	本金余额
1	100,000.00	1,933.28	500.00	500.00	1,433.28	1,433.28	98,566.72
2	98,566.72	1,933.28	492.83	992.83	1,440.45	2,873.73	97,126.27
3	97,126.27	1,933.28	485.63	1,478.46	1,447.65	4,321.38	95,678.62
4	95,678.62	1,933.28	478.39	1,956.86	1,454.89	5,776.26	94,223.74
5	94,223.74	1,933.28	471.12	2,427.98	1,462.16	7,238.42	92,761.58
54	13,266.31	1,933.28	66.33	15,796.49	1,866.95	88,600.64	11,399.36
55	11,399.36	1,933.28	57.00	15,853.49	1,876.28	90,476.92	9,523.08
56	9,523.08	1,933.28	47.62	15,901.10	1,885.66	92,362.59	7,637.41
57	7,637.41	1,933.28	38.19	15,939.29	1,895.09	94,257.68	5,742.32
58	5,742.32	1,933.28	28.71	15,968.00	1,904.57	96,162.25	3,837.75
59	3,837.75	1,933.28	19.19	15,987.19	1,914.09	98,076.34	1,923.66
60	1,923.66	1,933.28	9.62	15,996.81	1,923.66	100,000.00	0.00

图 11-12　固定利率等额分期还款表

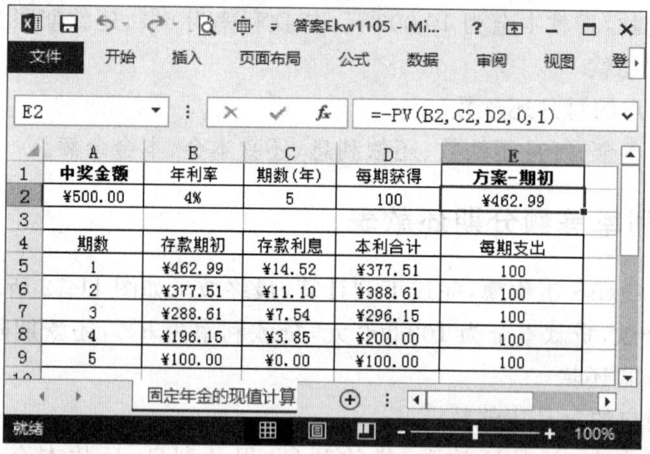

中奖金额	年利率	期数(年)	每期获得	方案-期初
¥500.00	4%	5	100	¥462.99

期数	存款期初	存款利息	本利合计	每期支出
1	¥462.99	¥14.52	¥377.51	100
2	¥377.51	¥11.10	¥388.61	100
3	¥288.61	¥7.54	¥296.15	100
4	¥196.15	¥3.85	¥200.00	100
5	¥100.00	¥0.00	¥100.00	100

图 11-13　固定年金现值——期初

11.3.6　养老储蓄计算

打开 Ekw1106.xlsx 工作簿，完成下列计算，最终效果如图 11-14 所示。

某人缴纳养老储蓄金，31～60 岁现金存入情况为：存 30 年，每年每月月初存入固定金额，从 61 岁起开始领取养老储蓄金，61～90 岁养老储蓄金的领取情况为：每月初领取 3000 元，年利率为 8%，可领取的年限为 30 年。

（1）计算此人每月月初的存款金额。

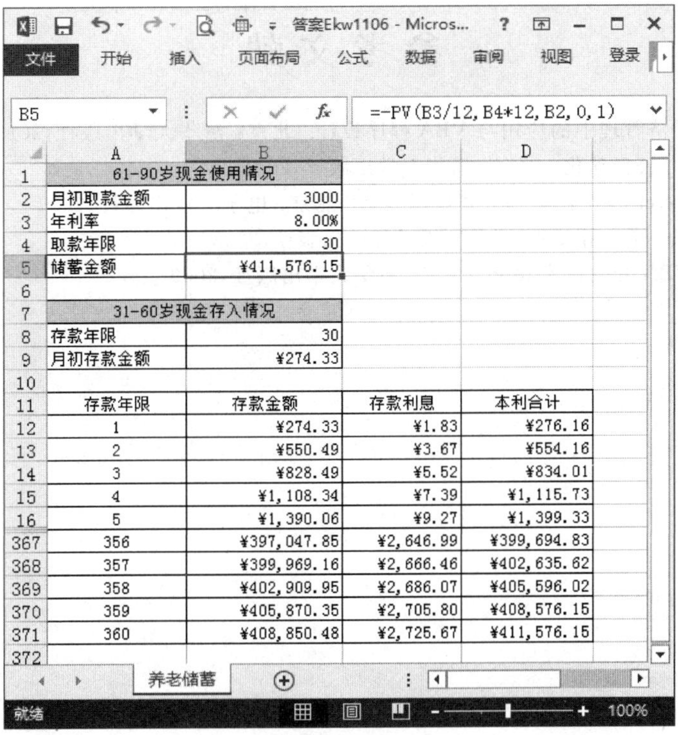

	A	B	C	D
1	61-90岁现金使用情况			
2	月初取款金额	3000		
3	年利率	8.00%		
4	取款年限	30		
5	储蓄金额	¥411,576.15		
6				
7	31-60岁现金存入情况			
8	存款年限	30		
9	月初存款金额	¥274.33		
10				
11	存款年限	存款金额	存款利息	本利合计
12	1	¥274.33	¥1.83	¥276.16
13	2	¥550.49	¥3.67	¥554.16
14	3	¥828.49	¥5.52	¥834.01
15	4	¥1,108.34	¥7.39	¥1,115.73
16	5	¥1,390.06	¥9.27	¥1,399.33
367	356	¥397,047.85	¥2,646.99	¥399,694.83
368	357	¥399,969.16	¥2,666.46	¥402,635.62
369	358	¥402,909.95	¥2,686.07	¥405,596.02
370	359	¥405,870.35	¥2,705.80	¥408,576.15
371	360	¥408,850.48	¥2,725.67	¥411,576.15
372				

图 11-14　养老储蓄计算

（2）计算此人共需要缴纳的储蓄金额。

（3）计算各存款年限的存款金额、存款利息、本利合计。

参 考 文 献

1. 徐军. Excel 在经济管理中的应用与 VBA 程序设计. 北京：清华大学出版社，2013
2. 徐军. 零起点学办公自动化. 北京：清华大学出版社，2011
3. Excel 研究组. Excel 2007 函数与公式应用大全. 北京：电子工业出版社，2008
4. Excel HOME. Excel 应用大全. 北京：人民邮电出版社，2008
5. 伍远高. Excel VBA 开发技术大全. 北京：清华大学出版社，2009

图 书 资 源 支 持

感谢您一直以来对清华版图书的支持和爱护。为了配合本书的使用，本书提供配套的资源，有需求的读者请扫描下方的"书圈"微信公众号二维码，在图书专区下载，也可以拨打电话或发送电子邮件咨询。

如果您在使用本书的过程中遇到了什么问题，或者有相关图书出版计划，也请您发邮件告诉我们，以便我们更好地为您服务。

我们的联系方式：

地　　址：北京海淀区双清路学研大厦 A 座 707

邮　　编：100084

电　　话：010－62770175－4604

资源下载：http://www.tup.com.cn

电子邮件：weijj@tup.tsinghua.edu.cn

QQ：883604(请写明您的单位和姓名)

用微信扫一扫右边的二维码，即可关注清华大学出版社公众号"书圈"。

资源下载、样书申请

书圈